Participations et citoyennetés depuis le Printemps arabe

Collection **Local & Global**
dirigée par Gilles ROUET et François SOULAGES

Cette collection publie des livres réfléchissant au double phénomène articulé qui scande et structure les mondes contemporains, à savoir la précipitation vers le global et la revendication du local.

Pour certains, « globalisation » et « mondialisation » sont synonymes, pour d'autres la confrontation des triplets sémantiques « globe/global/globalisation » et « monde/mondial/mondialisation » articule des analyses, des constats négatifs de cette transformation/évolution avec la positivité d'une ouverture au monde, d'être-au-monde, de découverte de l'autre comme monde, un monde qui dépasse le seul globe, constat physique, l'économique, qui s'inscrit dans une quête de sens. Mais aussi un monde décrit comme global plutôt qu'universel.

Déjà parus

Serge DUFOULON & Mária ROŠTEKOVÁ (dir.), *Migrations, Mobilités, Frontières & Voisinage*
Gilles ROUET (dir.), *Citoyennetés et nationalités en Europe, articulations et enjeux*
Gilles ROUET (dir.), *Nations, cultures et entreprises en Europe*
Helena BÁLINTOVÁ & Janka PÁLKOVÁ (dir.), *Création culturelle, productions locales et perceptions globales*
Ivaylo DITCHEV & Gilles ROUET (dir.), *La photographie, mythe global et usage local*
Dominique BERTHET, *Pratiques artistiques contemporaines en Martinique. Esthétique de la Rencontre 1*
Gilles ROUET (dir.), *Usages de l'Internet, éducation et culture*
Gilles ROUET (dir.), *Usages politiques des nouveaux médias*
Serge DUFOULON (dir.), *Internet ou la boîte à usages*

Sous la direction de
Antoniy GALABOV & Jamil SAYAH

Participations et citoyennetés depuis le Printemps arabe

L'Harmattan

Les directeurs de cette publication remercient tous les contributeurs pour leur implication dans le colloque international « Médias, Internet, Démocratie » qui a donné lieu à plusieurs publications dans cette collection, dont ce volume, ainsi qu'à Anne-Coralie Bonnaire, Iva Debrenlieva, Coline Lett, Christophe Lips et Pauline Rouet pour leur important travail de traduction et de relecture attentive, patiente et efficace.

Publié avec le concours
du département de sciences politiques de la Nouvelle Université Bulgare de Sofia, du centre de recherche *e-Citizenship*, de RETINA.International, de l'équipe *Arts des Images, Art Contemporain* de Paris 8, du *Groupe d'Études pour une Europe de la Culture et de la Solidarité* de Paris Descartes, Sorbonne Paris Cité, du département de sociologie de l'Université Pierre Mendès France de Grenoble, de l'Institut d'études européennes et internationales de Reims, des facultés des sciences humaines et des sciences politiques et des relations internationales et de la Chaire Jean Monnet *Identités et Cultures en Europe* de l'Université Matej Bel de Banská Bystrica, de la revue *Sens Public*
et grâce au soutien de l'Institut Français de Bulgarie.

5-7, rue de l'École polytechnique ; 75005 Paris

http://www.librairieharmattan.com
diffusion.harmattan@wanadoo.fr
harmattan1@wanadoo.fr

ISBN : 978-2-336-00399-3
EAN : 9782336003993

Avant-propos

Après les « Printemps arabes »

Le discours sur « Participation et citoyenneté » est indissociablement propice à la déploration et à l'exaltation. Il est curieux de constater que l'usage des technologies nouvelles de communication peut être simultanément perçu comme un espace naturel de la participation citoyenne et comme un cimetière où on enterre la démocratie. Aux propos enthousiastes accompagnant l'évocation d'un nouveau modèle de « démocratie universelle », lieu d'apprentissage de la politique et de la citoyenneté, répondent comme en écho les considérations désabusées sur le vide démocratique dans lequel peuvent évoluer nos sociétés par un usage intensif de ladite technique. Comment alors rendre compte de ce grand écart ? Comment sortir cette problématique de son catéchisme idéologique ? Comment la repenser pour qu'elle soit une des nouvelles donnes d'une démocratie réelle à venir ? Comment la rendre opérationnelle juridiquement et fonctionnellement ? Telles sont quelques-unes des interrogations que les chercheurs qui ont rédigé cet ouvrage ont estimées centrales pour dévoiler les différentes facettes de ce modèle moderne d'une citoyenneté, désormais en perpétuelle mutation.

En effet, toutes les sociétés contemporaines sont soumises à l'épreuve de bouleversements cumulés et intensifs. Elles sont toutes assujetties à un besoin d'évolution dont les causes de déclenchement restent souvent difficilement prévisibles. Les effets actuels de ce besoin semblent être facteurs de désordre autant que générateurs de nouveau et d'inédit. Les valeurs (participation, citoyenneté, démocratie, liberté, égalité, dignité…) qui nourrissent sa puissance et tiennent les autres valeurs en dépendance sont les premières à en subir toutes les conséquences. Celles-ci, qui permettaient d'accommoder le rationalisme éclairé des Droits de l'homme, proclamant leur normativité absolue, avec une forme libérale de l'organisation politique, ne sont plus considérées comme suffisantes pour créer les conditions objectives d'une réelle démocratie. Le doute et donc l'exigence de la réflexion se précise si l'on examine, d'une part, les carences actuelles du modèle de la démocratie occidentale à prendre en considération la demande de plus en plus pressante d'une participation citoyenne repensée et, d'autre part, le déficit ou l'absence totale aussi bien de participation que de citoyenneté dans l'espace politique arabe.

À la recherche de la démocratie

« Dégage ! » : Cette injonction en six lettres, conjuguée à l'impératif, a suffi à mettre fin à l'exception arabe. Simple, direct, spontané, explicite et sans la moindre ambiguïté, ce slogan né en Tunisie a très vite été repris par les manifestants réunis par milliers dans les rues et les places arabes. Parfois traduit, souvent en français dans le texte, il est devenu le symbole de ce qu'on a pris l'habitude d'appeler le « Printemps arabe ». Lénine disait : « *C'est seulement lorsque ceux d'en bas ne veulent plus et que ceux d'en haut ne peuvent plus continuer à vivre à l'ancienne manière, c'est alors seulement que la révolution peut triompher*[1]. »

Par ce « Dégage », les peuples arabes ont déclaré (avec force) qu'ils ne veulent plus de cette soumission à des dictatures souvent incultes et toujours illégitimes. Une grande lumière a alors jailli de ce monde tandis que tous les observateurs croyaient en son éternelle immobilité.

Tout a commencé dans une petite ville tunisienne (Sidi Bouzid) quand un jeune vendeur ambulant s'est immolé par le feu. Cet acte sacrificiel, qui aurait pu passer inaperçu, a été à l'origine de la première révolution du XXIe siècle. Sa force symbolique constitue une rupture par rapport aux autres actes et mouvements de protestation. Par son suicide, ce vendeur a mis sa tragédie personnelle au service de la collectivité. Ainsi, d'une expression morbide et funeste est née une vague de révolte puissante et généreuse avec un unique mot d'ordre : « un avenir meilleur ». Le

1. Vladimir Illich Lénine, *La maladie infantile du communisme*, Moscou, Éditions de l'Agence de presse *Novosti*, 1954 [1920], p. 87.

paradoxe apparent de cette immolation s'inscrit dans un imaginaire entourant l'action du feu et celle des hommes, le feu comme une dialectique de la mort et de la renaissance. Gaston Bachelard écrivait, dans sa Psychanalyse du feu que « *la destruction [par le feu] est plus qu'un changement, c'est un renouvellement* »[2].

Aussi, ce n'est pas tant le renversement des anciens régimes qui constitue en soi le point de repère sur lequel nous devons nous baser pour qualifier le soulèvement arabe, que l'ensemble du processus qui a été porteur d'une volonté manifeste de rompre avec l'ordre ancien. De ce point de vue, ce qui s'est passé oscille entre la révolte et la révolution. En réalité, cet acte de rupture (peu importe sa qualification étymologique) « *fut la démonstration de la capacité d'un peuple arabe à recouvrir sa pleine souveraineté, à se transcender au nom de l'idéal démocratique et à porter un message universel* »[3]. Ainsi, ce mouvement révolutionnaire a permis un déplacement du niveau des sources de légitimité qui après avoir été coextensives avec le relativisme culturel se sont identifiées à un espace référentiel plus large : l'universel[4].

Mais la nouveauté que ce « Printemps arabe » a mise en exergue, c'est l'usage par la jeunesse des nouveaux moyens de communication, notamment les réseaux sociaux tels que *Facebook* comme instrument pour exprimer sa révolte. Dès lors, l'antique notion d'« engagement » pourrait bien, dans ce contexte, retrouver un regain de ferveur, à condition de bien comprendre que cette « mobilisation » n'est pas une norme fixe, un idéal ou un seuil minimum, mais seulement le produit toujours provisoire d'une mobilisation politique pour défendre une cause en perpétuelle formation.

Utiliser l'espace virtuel comme « lit » de la liberté quasi-absolue constitue le sens de cette démarche. Étrangement, la déficience de cet engagement est dans la dialectique de la reconnaissance d'autrui. Les jeunes *blogueurs* et autres *Facebookeurs* ont les partis politiques et le militantisme (classique) en horreur et ne croient pas aux institutions, mais en une vie organisée en réseau quasi tribal qui nourrit leur engagement politique. L'autrui « réel »

---

2. Gaston Bachelard, *La Psychanalyse du feu*, Paris, Gallimard, 1938, p. 26.
3. Béligh Nabli, « Arabe et révolutionnaire », *Libération,* 30.12.2011.
4. Cf. Jamil Sayah, *Au cœur de la tragédie arabe : la crise du constitutionnalisme*, Paris, Éditions Phénoména, 2009.

reste à découvrir et à rencontrer comme partenaire de combat. Mais franchir ce pas n'est pas prévu dans la démarche. La révolution a fait son *credo* du passage de ce partenariat virtuel au partenariat réel.

Démocratie : quelles citoyennetés et participations ?

Le culte de la « Citoyenneté » et la foi dans la « Participation » représentent les deux piliers sur lesquels repose l'idéal démocratique. Ils ne se sont pas seulement constitués au cours de la même époque, ils sont logiquement et mythologiquement inséparables : la mort de l'un entraîne, en principe, celle de l'autre. Leur synthèse classique aura été la croyance en un « vivre ensemble » toujours fraternel. Cet idéal constitue depuis les Lumières une marche ascendante et irréversible vers l'universel. La temporalité révolutionnaire doit donc être orientée vers le futur pour autant que celui-ci rapproche les individus d'un point de perfection relationnelle dont le rapport à l'Autre amorce une situation toute nouvelle dans l'histoire de l'humanité.

Plus précisément, ce « Printemps » devenu ainsi global a fondé son modèle de communauté politique sur le postulat suivant : l'engagement politique est la résultante d'une volonté collective exprimée par une entité désignée comme un ensemble de citoyens seuls dépositaires de la souveraineté. Ainsi, en vertu de cette construction idéologique, le citoyen n'est pas un individu isolé, mais une posture politique en action.

Ce principe implique essentiellement qu'aux yeux des individus, membres de la société démocratique, il n'existe entre eux aucune hiérarchie, aucune distinction d'ordres ou de rangs légitime en droit. Cette configuration induit forcément le rejet de toute représentation de la société conçue comme un espace dans lequel se structurent des communautés attachées à des expressions qui sont séparées par des barrières réputées infranchissables. En tant que signification instituante, la citoyenneté implique fondamentalement l'équivalence ou l'égale dignité des individus, l'absence de différences d'essence entre eux, indépendamment des inégalités de « fait », de nature économique, culturelle ou autre, qui les séparent.

Sur le plan institutionnel, le postulat de la citoyenneté se trouve concrétisé sous trois formes. D'une part, elle s'exprime dans le principe d'égalité des droits en vertu duquel la jouissance de droits identiques est en principe assurée à tout membre de la communauté nationale. Ainsi, l'idée d'égalité se manifeste notamment à travers le principe d'égalité devant la loi qui implique que les règles législatives soient appliquées de manière impartiale à tous les destinataires. D'autre part, l'idée de la citoyenneté est associée à certains traits essentiels de la société démocratique. Le premier d'entre eux tient en ce que la démocratie repose sur des citoyens possédant un haut degré d'information politique, un profond attachement aux valeurs universelles des Droits fondamentaux et une volonté d'engagement intact. Dans cette perspective, l'ordre politique n'est plus soustrait à la volonté humaine qui apparaît désormais comme la seule source possible des règles qui régissent la vie collective.

Ainsi, l'interrogation qui s'ouvre dans les sociétés démocratiques (établies ou à venir) à propos des formes légitimes de participation ne peut trouver un commencement de réponse que grâce à un processus d'institutionnalisation de la citoyenneté. Rendue explicite dans la démocratie, cette institutionnalisation se traduit par une exigence d'une communauté politique qui s'exprime, en particulier sur le plan de la réflexion politique, dans le principe de la souveraineté du peuple. Dès lors, la participation citoyenne trouve une expression dans diverses théories contemporaines de la démocratie. Cette dernière apparaît de plus en plus comme un droit pour tous les individus, celui de prendre part au gouvernement de la chose publique.

Ce droit résulterait non seulement de l'idée d'égalité intrinsèque des individus, mais aussi d'une présomption d'autonomie selon laquelle chacun d'entre eux serait en principe le meilleur juge de ses intérêts. Cette vision de la citoyenneté fait confiance à la souplesse des institutions et à leur capacité à constituer un sas vers une unité sociétale aboutissant à la dissolution des particularismes religieux ou régionalistes, à leur représentation ou à leur refoulement plus ou moins stigmatisant dans la seule sphère du privé. Résultat, le système politique doit être pensé en des termes autorisant et même promouvant la conciliation du général et du spécifique, de la raison et du droit, d'un côté, et des identités, de l'autre.

Cependant, la portée de ce modèle ne peut pas être mesurée sans tenir compte du fait que la société démocratique est également une société complexe génératrice de conflits. La citoyenneté moderne ne peut alors se réaliser qu'au travers des oppositions, des conflits qui divisent les membres d'une communauté politique. Reste que ces conflits ne peuvent être porteurs de dialectique que lorsqu'ils sont régulés par la médiation du dialogue, car seul le dialogue a une vertu dialectique. En revanche, quand le déficit (ou l'absence totale) de participation au gouvernement de la « chose publique », par exemple, rencontre les inégalités sociales, les conflits générationnels, l'incompréhension, alors les tensions politiques se transforment naturellement en risque de fragmentation du contrat politique, réduisant ainsi le modèle de participation citoyenne en un ensemble de « rouages » tournant à vide. Que reste-t-il alors de l'effectivité d'un « Printemps démocratique » ?

Pour certains, l'élément essentiel pour transcender ce déficit serait le recours à d'autres outils, tels que l'Internet et les réseaux sociaux, pour redonner consistance à la « chose politique ». Il s'agit en clair d'une participation citoyenne qui, à son tour, peut rappeler les valeurs premières de la démocratie (grecque) dans un retour à la liberté remplissant l'espace public (agora) et lui donnant vie. Mais pour assurer l'institution de l'espace politique, il faut aussi préserver la validité de la parole citoyenne en déterminant les conditions dans lesquelles elle peut sceller des rapports sociaux et politiques nouveaux. Sans doute s'agit-il d'une autre version du contrat social, fondée sur le respect de la parole qui s'instaure dans l'espace politique.

Ce processus de lutte et de résistance en question existe en notre monde aussi bien dans les espaces non démocratiques que dans ceux qualifiés habituellement de démocratiques. Devant tant de peuples en lutte, il a semblé aux chercheurs qui ont rédigé cet ouvrage prématuré de proclamer l'inutilité, voire la caducité, d'une raison cherchant à unir stratégie libératrice et création axiologique.

Jamil Sayah

Introduction

Nouvelles participations dans un Nouveau Monde

Nouveaux objets, nouveaux médias, nouveaux usages et… nouvelles politiques. Les espaces publics semblent se transformer alors que les mass-médias cherchent de nouveaux modèles économiques et que l'information est désormais participative.

Des populations, principalement de « convertis » aux technologies informatiques et de communication, de *digital natives* et de connectés en permanence investissent médias et réseaux sociaux qui semblent jouer désormais un rôle incontournable, non seulement dans l'organisation de la communication au quotidien, mais aussi dans la production même de l'information. Les citoyens développent de nouvelles pratiques, ou en renouvellent d'anciennes, avec leurs ordinateurs connectés, leurs téléphones portables, leurs tablettes ou *smartphones*, autant d'évolutions technologiques, de nouveaux objets, souvent multifonctionnels.

Les accès rapides et nombreux aux données numériques, les échanges induits par les outils de communication s'installent ainsi dans les pratiques et bousculent des institutions (l'école, l'université, mais aussi la police ou l'église) dans le cadre d'une nouvelle écologie (économie ?) cognitive. Les données numériques sont produites par les usages et déterminent ces transformations, installent des identités numériques… et politiques. De nouvelles formes d'éditorialisation sont ainsi apparues, car l'interactivité des contenus provoque un éclatement de la notion traditionnelle « d'auteur », et donc « d'autorité », au niveau du travail scientifique comme du journalisme, une évolution centrale à l'heure du Printemps arabe. Les moyens de communication ne font certes pas les Révolutions, mais ils interdisent les *black-out* comme les désinformations officielles et, peut-être surtout, ils autorisent les communications entre acteurs, engagés ou curieux.

Voici de nouvelles manières de participer, de nouvelles formes de participations politiques, une citoyenneté de la pétition et du *like* en même temps que des engagements numériques qui se réalisent concrètement. Des apéros géants parisiens aux occupations des « indignés » espagnols et au Printemps arabe : des engagements bien différents, évidemment, mais des logiques très proches. S'agit-il d'un renouveau du politique, alors que, vingt ans après les révolutions de velours, la corruption et l'irresponsabilité des élites, un désintérêt manifeste pour la politique, en particulier pour l'exercice du droit de vote, et une globalisation économique et idéologique menacent démocratie et citoyenneté ?

Le Printemps arabe est un miroir, celui de la réalité de nos participations politiques et citoyennes, celui de nos fonctionnements « démocratiques ». Et ce miroir est évidemment numérique, qui paraît ainsi réconcilier les jeunes, surtout, non pas *a priori* avec le politique, mais plus généralement avec l'engagement, la participation collective.

Le problème n'est pas de savoir si l'Internet, en lui-même, sert ou non la démocratie. Même si la technologie n'est évidemment pas neutre, il s'agit de tenter de comprendre comment son appropriation et ses usages, l'investissement de chacun, de *Facebook* à *Twitter*, constituent des exercices de citoyenneté, comment des engagements coexistent avec les productions et les partages d'informations les plus banales du quotidien.

Les nouvelles formes de communication et d'expression personnelle s'inscrivent dans le contexte de la vie quotidienne traditionnelle. La vitesse d'accès comme les rôles d'usage prescrits par les moyens d'une participation numérique, rendent visible le décalage entre le sentiment d'une stagnation politique et le vertige de la mondialisation des échanges. Le monde devient plus que jamais accessible et transparent, mais aussi fusionnement expansif et obscurément volatil.

Nous assistons à un changement culturel, transcendé par la vitesse d'accessibilité du contenu numérique. Face aux nouvelles technologies, on parle plus, mais on comprend moins. Une synthèse inattendue se crée entre les nouveaux médias et les traditionnelles structures de communication publique. On cherche à créer du contenu, mais en utilisant une même infrastructure d'interprétation et de compréhension collectivement partagée. La communauté d'interprétations habituellement connues joue un rôle de référence identitaire comme de protection à l'égard de cette diversité inquiétante. La vision d'une mondialisation sans fin renforce le besoin d'un localisme fondé sur l'esprit d'unicité.

S'il faut décrire en bref la situation, en premier lieu se manifeste cette infrastructure « télécommunicationnelle » construite par des investisseurs étrangers, à travers laquelle se transmettent de nouveaux contenus qui finalement sont interprétés collectivement avec l'assistance des autorités traditionnelles. À l'opposé de la frénésie mondialiste – qui s'enthousiasme des changements provoqués par les nouveaux médias – surgit donc une autre combinaison des moyens communicationnels et des pratiques de compréhension, une synergie transitoire entre les nouveaux moyens et les anciens besoins identitaires, accessibles uniquement par une interprétation communautaire.

Les moyens de communication ne sont *a priori* ni neutres ni démocratiques, ni totalitaires ou tyranniques par leurs caractères. Ils construisent la sociabilité d'une vision du monde partagé. Voilà pourquoi les radicaux, comme les militants modérés ou les abstentionnistes, sont prêts à croire que le réseau favorise leurs idées qui deviennent, à travers le réseau, plus puissantes. Mais, dans ce miroir numérique à travers lequel des interprétations deviennent des faits, on trouve plutôt des fragments d'un amalgame de traits différents. Au-delà de ce miroir numérique, les citoyens du Monde arabe ont découvert un autre horizon de solidarité sociale, culturelle et religieuse, qui remet en cause la validité de tout localisme isolé. S'installe une solidarité supranationale, capable de traverser les frontières étatiques pour pouvoir participer au développement, comme d'ailleurs à la correction, du grand monde.

Malgré l'unification universelle (comme résultat indispensable de la mondialisation) les différentes voies de transformation ou de sortie des régimes totalitaires restent dotées d'un même caractère conformiste en ce qui concerne les anciennes élites. Sans doute, dans la création d'un nouvel espace public accessible et transparent, le passé devient moins visible qu'auparavant avec les déclarations du présent. Une critique radicale à l'égard du passé devient un élément clé d'un nouvel esthétisme politique, mais la participation aux processus de changements multiples reste la prérogative de nouvelles élites qui sont souvent enfants des anciennes. Très souvent d'ailleurs, la volonté de changement, déclarée virtuellement, apparaît comme suffisante pour fixer une appartenance politique au quotidien qui ne change pas, en fait, les habitudes des comportements pendant le régime totalitaire.

Un simple accès à l'information ne suffit pas pour avoir ou pour construire une nouvelle politique, inscrite dans un espace public en pleine mutation. La création et la diffusion de contenu anonyme ne répondent pas au besoin de restauration d'une dignité citoyenne longtemps humiliée. Il reste le plus difficile à faire, se mettre d'accord sur les nouvelles exigences d'un ordre commun, fondé sur l'égalité devant la loi, d'une même loi, qu'il faut préparer ensemble. Une simple participation ne suffira plus. Il reste aussi à discuter de tolérance à l'égard de notre propre diversité créatrice dans le champ du politique. Et ce débat sera plus riche et passionnant quand chacun sera capable d'accepter sa propre dignité identitaire comme base commune de compréhension des autres. Parce que l'action politique commence et finit en chacun(e) de nous. Au dehors de la dignité humaine, il n'y pas de politique, mais uniquement une violence unificatrice, présentée comme garantie d'unité communautaire.

Ce recueil d'études et d'analyses[5] propose ainsi, en filigrane, de participer à la réflexion sur les relations internationales, sur les équilibres mondiaux, alors qu'une nouvelle théorie du *smart power* s'impose depuis outre-Atlantique, évidemment en interdépendance avec la révolution numérique et l'évolution des nouveaux médias et des médias sociaux, vecteurs majeurs de la mondialisation, d'une sorte de domination consentie parce qu'invisible, *a priori* douce et subtile, qui s'appuie sur la culture comme sur les modes de vie et les usages. Le fait que les nouveaux « majors » de l'Internet soient américains importe moins que

5. Les chapitres de cet ouvrage collectif sont issus de contributions présentées dans l'une des quatre sessions du colloque international « Médias, Internet, Démocratie », les 23, 25, 27 avril et 5 juin 2012, respectivement à Sofia, Banská Bystrica, Grenoble et Paris.

d'aucuns le prétendent. Ces entreprises semblent bien désormais s'être émancipées des États... Plus important : la planète tout entière s'équipe progressivement de téléphonie mobile, de moyens de connexion et le local s'impose dans ce village global. Le Printemps arabe, étendu à d'autres pays, c'est aussi un dialogue des révoltes, un rapprochement induit par la globalisation numérique.

La première partie de cet ouvrage, après un cadrage général de Dominique Cardon et l'analyse générale du rôle des TIC dans le Printemps arabe (Masoud Imani Kalesar), examine le cas de l'Égypte (Petia Gueorguieva et Daniela Irrera), de la Tunisie (Chririne Ben Abdallah et Samia Mihoud), de l'Algérie (Fayçal Sahbi) et se termine par une mise en perspective des programmes télévisés avec les manifestations en Égypte (Echergui Fouzia).

L'évolution des participations dépasse les 22 pays regroupant officiellement le « monde arabe ». En Iran (Ali Jafari et Mohammad Javad Shafei), en Ukraine (Oksana Kychkovska), en Côte d'Ivoire (Souleymane Kouyate) comme au Bénin (Bellarminus Gildas Kakpovi), les jeunes, en particulier, ont lié leur utilisation des médias sociaux avec une participation politique.

Cette mosaïque d'exemples nationaux ne doit cependant pas faire oublier l'environnement actuel des relations internationales que résume Grzegorz Pożarlik avec une focalisation sur les différenciations entre l'Union européenne et les États-Unis.

Ivaylo Ditchev, enfin, semble s'éloigner des problématiques liées aux réseaux et à l'Internet et propose une réflexion en conclusion sur l'évolution des comportements de ces jeunes citoyens connectés. Il s'agit, d'après lui, d'une « nouvelle esthétisation du politique », induite à l'évidence par une appropriation généralisée de techniques qui autorisent cette évolution. Ces comportements sont peut-être déjà installés dans la « démocratie Internet » décrite par Dominique Cardon, mais s'inscrivent très certainement dans un nouveau rapport à l'esthétique, à l'esthétisation de soi et des autres, du politique et des espaces publics.

Antoniy Galabov & Gilles Rouet

1er Moment

PENDANT ET APRÈS LE PRINTEMPS ARABE

Chapitre 1

Réseaux sociaux numériques et mobilisation d'individus

Du mouvement altermondialiste à celui des indignés, des nouvelles expériences militantes de « sub » ou de « micro » politique aux pratiques de consommation critique, des révoltes arabes aux attaques groupées de sites web par les *Anonymous*, la plupart des initiatives collectives apparues ces dernières années dans l'espace public ont toutes pour racine des formes d'auto-organisation beaucoup plus lâches, souples et indéterminées que les structures traditionnelles de la « société civile » ou du mouvement social. Horizontales, sans centre organisateur ni vecteur programmatique, attentives au respect de la diversité de leurs composantes, obsédées par les procédures permettant de respecter l'égalité de chacun, ces mobilisations s'attachent à faire groupe à partir de singularités individuelles. Ce processus d'individualisation des formes de l'engagement témoigne d'une radicalisation des attentes démocratiques dans nos sociétés. L'autonomisation croissante de la société vis-à-vis des institutions de la démocratie représentative accompagne une augmentation de la mise en réseau des individus, des organisations et des entreprises. De plus en plus, la défiance des citoyens à l'égard de la représentation politique, des journalistes et de toutes formes de médiations institutionnelles se porte vers les structures associatives et militantes traditionnelles. La volonté de ne pas déléguer sa parole et de se réapproprier une fragile puissance d'agir encourage le développement de réseaux d'individus qui, dans le monde réel comme sur l'Internet, dessinent une forme particulière d'engagement.

Cette dynamique contribue à modifier la composition de l'imprécise notion de « société civile ». Revenue en grâce dans les années 1970 avec le développement des ONG et le soutien des Institutions internationales, elle s'immisce, face à l'État et au marché, comme un trouble-fête « citoyen » instaurant un espace propre pour les pratiques organisées des individus, notamment sous forme associative[6]. Cependant, l'autonomie imparfaite de cet espace n'a cessé de fragiliser l'idée de « société civile ». Certains y ont vu une redéfinition individualiste d'inspiration « néolibérale » des rapports sociaux[7]. D'autres ont insisté sur son hétéronomie. La dite « société civile » étant à la fois colonisée par les intérêts sournois du marché et productrice de nouveaux rapports de domination qui voient les ONG se bureaucratiser et prétendre représenter « la société » aux dépens des organisations traditionnelles du rapport capital/travail. Quelques-uns, encore, ont insisté sur la dépendance des organisations de la société civile à l'égard des institutions publiques qui les font vivre[8]. Ces controverses sur la nature de la « société civile » paraissent cependant presque démodées aujourd'hui tant elles restent solidaires des débats des années 1980-90 marqués par le développement de la thématique des droits de l'homme, du secteur de l'économie sociale et solidaire, et des controverses sur la vocation cosmopolite des Institutions internationales et des nouvelles formes de gouvernance.

Le centre de gravité de la « société civile » se déplace de plus en plus des structures associatives et militantes vers des formes floues d'auto-organisation initiées par des individus revendiquant haut et fort leur autonomie. L'Internet constitue sans doute la signature la plus caractéristique de ces nouvelles formes d'expressivité, qui placent la singularité des individus, avant l'appartenance organisationnelle, au cœur des dynamiques collectives. L'Internet n'est en rien cause, ou détermination, de cette transformation des modalités de l'engagement, mais il lui offre une scène sur laquelle elle se rend particulièrement visible.

6. Ces « tissus associatifs », souligne Jürgen Habermas, forment « *le substrat organisationnel de ce public général, pour ainsi dire issu de la sphère privée, constitué de citoyens qui cherchent à donner des interprétations publiques à leurs expériences et à leurs intérêts sociaux et qui exercent une influence sur la formation institutionnalisée de l'opinion et de la volonté* », Jürgen Habermas, *Droit et démocratie. Entre faits et normes*, Paris, Gallimard, 1997, p. 395.

7. Michel Offerlé, « Avant-propos », *La société civile en question. Problèmes politiques et sociaux*, n° 888, mai 2003, pp. 5-12.

8. Jean-François Bayart, « Le "pidgin" de la société civile », *Alternatives économiques*, n° 190, mars 2001.

Au terme d'allers et retours indécidables, il ne fait guère de doute que la culture politique de ces formes d'action collective et l'esprit qui animent l'Internet depuis sa naissance partagent de nombreux traits communs. Aussi voudrait-on essayer de caractériser quelques éléments de ces nouvelles formes d'action collective en portant une attention particulière à leurs expressions numériques.

« Changer la société sans prendre le pouvoir »

Lorsque l'on évoque les vertus démocratiques de l'Internet, on projette souvent des attentes relatives aux transformations de l'espace politique central. Cette focalisation sur la compétition politique et sur l'espace représentatif fait partie de ces malentendus dans lesquels nous projetons sur l'Internet les catégories de l'espace public restreint des médias de masse. Il est certain que l'Internet constitue un nouveau support de communication pour les professionnels de la politique, qu'il peut être un outil de mobilisation électorale, comme l'a montré la campagne de Barak Obama en 2008, ou qu'il peut accompagner les démarches de consultation participatives initiées par les institutions publiques. Il apparaît aussi comme un instrument de vigilance et de contrôle critique des activités des pouvoirs, comme le montre la *twittosphère* bruissante de *fact-checking*, de détournements et de contre-interprétations, ou comme le réclame le mouvement des « données ouvertes » qui milite pour un accès plus ouvert aux données publiques. Dans ces domaines, si l'Internet peut enrichir la démocratie représentative, il ne fait cependant qu'ajouter un nouvel outil de communication à ceux qui existaient déjà, même s'il modifie les règles du jeu, les habitudes et les bienséances. De fait, les vertus démocratiques de l'Internet ne se déploient pas prioritairement dans l'espace de la représentation politique traditionnelle, ni nécessairement contre lui[9]. La principale vertu politique de l'Internet est de donner des ressources nouvelles à un processus de démocratisation de la « société civile ».

9. Pour un développement plus complet, cf. Dominique Cardon, *La démocratie Internet. Promesses et limites*, Paris, Seuil, Coll. La République des idées, 2010.

Épousant les idéaux politiques de la contre-culture de la fin des années 1960, les pratiques politiques sur l'Internet renvoient à l'idée qu'on peut « changer la société sans prendre le pouvoir ». Entre le marché et l'État, l'Internet ouvre un espace à l'expression, à la coordination et à la production de contenus entre internautes. Dans cette logique, les pionniers de l'Internet, notamment les développeurs de logiciels libres, ont mis en place un mode original d'organisation du travail collectif. Celui-ci s'appuie sur une participation bénévole, distribuée, sans incitation hiérarchique et sans délégation à des représentants. Or il est frappant de constater que parmi les usages militants de l'Internet, ceux qui ont été les plus nombreux, les plus efficaces et les plus créatifs sont ceux qui ont épousé de la manière la plus étroite cet « esprit » de l'Internet des pionniers. Ce sont les militants les moins organisés et les groupes les plus périphériques qui se sont saisis les premiers de ces nouvelles possibilités de communication qui privilégient l'horizontalité par rapport à l'organisation verticale et hiérarchique[10]. Le cyberactivisme en est un exemple. La plupart du temps, il a été mis en œuvre par des individus non organisés et souvent éloignés de toute forme d'affiliation politique classique : hackers, artistes numériques, agitateurs autonomes et, plus simplement, individus un peu bricoleurs, participant depuis leur ordinateur à des mouvements collectifs fonctionnant sur la base de liens faibles et d'anonymat. Les mouvements sociaux qui ont été les plus précoces sur le Web étaient aussi ceux qui avaient la structure organisationnelle la moins verticalisée. Les mobilisations internationales, notamment celles qui portaient des thématiques sectorielles et spécialisées, ont aussi fait un usage massif de l'Internet. Celui-ci, par exemple, a joué un rôle indispensable à la coordination des multiples acteurs du mouvement altermondialiste et à l'organisation des Forums sociaux mondiaux[11].

Dans cet esprit, de nombreuses expériences collectives ont développé sur l'Internet une forme organisationnelle particulière. Au-delà de l'incontestable variété des contextes, on trouve des propriétés communes dans l'organisation de collectifs aussi

10. Cf. Fabien Granjon, *L'Internet militant. Mouvement social et usages des réseaux télématiques*, Rennes, Apogée, 2001.

11. Cf. Dominique Cardon, Fabien Granjon, *Médiactivistes*, Paris, Presses de Sciences Po, 2010.

différents que l'*Internet Engineering Task Force* (IETF), le *World Wide Web Consortium* (W3C), *Wikipédia* ou l'organisation des communautés de développeurs de logiciels libres. Et même si cette comparaison doit être conduite avec prudence, il n'est pas rare de retrouver ces caractéristiques dans certains choix organisationnels des mouvements sociaux, comme le collectif altermondialiste des Forums sociaux, les réseaux d'expertise qui se sont constitués au niveau international sur différents sujets transnationaux (l'eau, le climat, l'immigration, etc.) ou dans des formes particulières de mouvements sociaux privilégiant l'action symbolique et l'horizontalité. Trois traits communs, notamment, retiennent l'attention. En premier lieu, la frontière de ces collectifs est très perméable. Ils cherchent à réunir des participations très hétérogènes et encouragent une grande diversité entre leurs membres. En second lieu, ces collectifs refusent de déléguer la représentation des intérêts ou de la cause qu'ils portent à des porte-parole. Enfin, dans ces différentes structures auto-organisées, le vote est banni au profit de techniques de décision par consensus. Ces caractéristiques des formes de gouvernance auto-organisée doivent cependant être reconsidérées au regard de l'émergence de nouvelles formes d'engagements apparues récemment, comme les *Anonymous*, les Indignés/*Occupy*, le parti « Pirate », ou les formes de coordination numérique qui ont accompagné les révoltes arabes. Ces nouvelles expériences collectives héritent des formes d'auto-organisation apparues sur le Web dans les années 1990, mais manifestent également une tendance à la radicalisation des principes d'individualisation de l'engagement en réseau.

Comment faire des collectifs avec des singularités ?

À titre exploratoire, on voudrait mettre l'accent sur trois traits de cette tendance à l'individualisation des engagements dans les mouvements organisés sous forme de réseaux d'individus. Pour ce faire, on puisera des exemples dans les mobilisations numériques du printemps arabe ou les mouvements des Indignés/*Occupy*, mais aussi au sein des formes de militantisme numérique dont les *Anonymous* et les nouveaux partis « Pirate » sont les principaux emblèmes.

Une individualisation de l'engagement

Si les récents mouvements des Indignés/*Occupy* s'inscrivent dans la filiation des mobilisations altermondialistes, ils affichent cependant une transformation significative par rapport à leurs aînées : les acteurs ne s'engagent pas en effet dans le collectif au titre ou au nom d'une affiliation à un groupe organisé (syndicat, ONG, associations, etc.), mais de façon beaucoup plus personnalisée. Cette dynamique d'individualisation ne fait que prolonger, en le radicalisant, un mouvement qui nourrissait déjà certains traits des engagements dans le mouvement altermondialiste[12]. Les participants y présentaient souvent des affiliations multiples et diverses, ce qui contribuait à une personnalisation des figures capables de jouer de leur multi-appartenance et de profiter de leur positionnement à l'intersection de plusieurs réseaux d'organisations – ressource qui, dans le contexte altermondialiste, prend d'autant plus d'importance lorsque les acteurs savent tirer profit de réseaux transnationaux. Comme l'ont montré de nombreuses enquêtes sur les participants aux forums sociaux mondiaux, la multi-appartenance organisationnelle et le jeu avec les étiquettes laissé ouvert aux participants y tiennent un rôle particulièrement crucial[13]. Mais il n'en reste pas moins que les modes d'organisation du mouvement alter et les rapports de force en son sein sont fortement dépendants des appartenances organisationnelles des participants. Les consensus trouvés lors des débats en assemblée, notamment, doivent tenir compte des rapports de force entre les grandes organisations participantes – même si la logique du consensus permet, dans certains contextes, à des minorités actives d'avoir une réelle influence sur certaines prises de décision[14].

---

12. Sur les formes de subjectivation de l'engagement altermondialiste, cf. Geoffrey Pleyers, *Alter-Globalization. Becoming Actors in the Global Age*, Cambridge, Polity Press, 2010.

13. Cf. Eric Agrikoliansky & Isabelle Sommier (dir.), *Radiographie du mouvement altermondialiste. Le deuxième forum social européen*, Paris, La Dispute, 2005 et Eric Agrikoliansky, Olivier Fillieule & Nonna Mayer (dir.), *L'altermondialisme en France. La longue histoire d'une nouvelle cause*, Paris, Flammarion, 2005.

14. Cf. Christophe Aguiton & Dominique Cardon, « De la cooptation à l'agglutination. Culture participative et formes organisationnelles des forums sociaux », in Catherine Neveu (dir.), *Cultures et pratiques participatives. Perspectives comparatives*, Paris, L'Harmattan, 2007, pp. 55-74.

Cette dimension se trouve délibérément effacée des formes de participation et d'organisation des mouvements Indignés/*Occupy*. Dans leurs assemblées, il n'est pas recommandé de se présenter sous une étiquette organisationnelle, mais il est attendu des participants qu'ils s'expriment en leur nom, comme des individus singuliers. L'exhibition d'une étiquette organisationnelle fait souvent l'objet de critiques et de dénigrements et contribue fréquemment à discréditer les intervenants[15]. Il ne fait guère de doute que les principes de sélection interne des leaders et les modes d'organisation sous-jacents font réapparaître les structures militantes à travers des profils et des dispositions qui portent la marque de socialisation militante spécifique, mais il n'en reste pas moins que ces savoir-faire ne sont reconnus et tolérés que lorsqu'ils peuvent être (re)-personnalisés sous la forme de qualité individuelle. Une des caractéristiques observées dans les assemblées des Indignés/*Occupy* est cette mise en scène obligatoire et impérative des singularités individuelles qui oblige les participants à masquer leur appartenance organisationnelle. Ce glissement des organisations vers les individus, du *nous* au *je*, constitue donc à la fois un approfondissement des logiques d'individualisation portées par l'Internet et une exacerbation de la méfiance à l'égard des formes organisées de la représentation.

Il faut cependant relativiser cette représentation idéalisée, notamment par les acteurs eux-mêmes, d'une coordination entre individus sans attache, refusant les prescriptions des organisations et le poids hérité des traditions militantes. Lorsque l'on observe les trajectoires politiques des acteurs de ces nouvelles formes de mobilisations sur l'Internet, on constate qu'ils ne sortent pas de nulle part et qu'ils ont acquis des savoir-faire en participant à certains collectifs militants. Tout montre, par exemple, le rôle décisif du capital culturel et des expériences internationales dans la socialisation des acteurs engagés dans ces mobilisations. Aussi individualisées soient-elles, les mobilisations éclair sur l'Internet, à partir des pages *Facebook*, font, elles aussi, apparaître la place décisive parmi les participants des étudiants, des diplômés, et des

15. Cf. Eva Botella-Ordinas, « La démocratie directe de la Puerta des Sol », *La vie des idées*, 24.5.2011, sur <http://www.laviedesidees.fr/La-democratie-directe-de-la-Puerta.html>.

populations d'intermittents et d'intérimaires subissant les effets du décalage entre leur situation professionnelle et les aspirations que leur ont conférées leurs titres scolaires.

De l'effacement du leadership

Une deuxième caractéristique de ces mobilisations en réseau est la délégitimation systématique de toutes les procédures qui pourraient faire apparaître des figures de leaders au sein des mouvements. Le refus des structures politiques traditionnelles s'accompagne d'une suspicion systématique à l'égard des opportunités offertes par les mobilisations d'individus de produire des leaders charismatiques, transformant à leur profit la notoriété soudainement conférée par leur initiative. À cet égard, et sans doute est-ce même une condition de la réussite de ces actions, les initiateurs des pages *Facebook* qui vont rassembler un nombre considérable de participants ont souvent endossé des stratégies d'effacement leur permettant d'échapper à cette critique. Wael Ghonim, l'animateur des pages *Facebook* « Kullena Khaled Saïd » puis « Jan25 » qui allaient jouer un rôle déterminant dans le mouvement égyptien, en constitue un cas exemplaire[16]. Salarié de *Google* basé à Doha, il s'attachera le plus longtemps possible à préserver son anonymat et à n'intervenir que sous le nom de l'« administrateur » de sa page *Facebook* ; il en va de même pour Abdel Rahman Mansour, l'autre animateur de la page qui, ayant à effectuer son service militaire, ne sera même pas présent lors des mobilisations dont il n'aura que des échos lointains dans sa caserne. L'anonymat de Wael Ghonim se présente aussi comme un effacement devant les opportunités que lui offre la mobilisation de s'engager dans une carrière publique. Alors que beaucoup s'interrogent sur la figure de l'administrateur anonyme de la page *Facebook* de Jan25 et lui prêtent des affiliations et des intérêts, celui-ci répond : « *Pour tous ceux qui doutent de mes intentions : je jure devant Dieu que je n'ai pas d'autre objectif que de faire changer mon pays. Je ne veux rien, ni gratitude, ni louanges. Je ne vise aucune position, aucune récompense, et même si nous l'emportons, je ne révélerai jamais mon*

16. On utilise tout au long de ce texte son témoignage : Wael Ghonim, *Révolution 2.0. Le pouvoir des gens plus fort que les gens au pouvoir*, Paris, Steinkis, 2012.

identité, parce que je veux que nous portions tous ce beau rêve en nous notre vie durant[17]. »

À sa sortie de 11 jours d'emprisonnement par la police égyptienne et alors que son nom a été révélé au public, il écrit sur la page *Facebook* : « *Je fais le serment que dès que la jeunesse d'Égypte aura réalisé son ambition et son rêve, je me retirerai complètement de la vie politique, fier de savoir que les Égyptiens ont repris le contrôle de leur propre destin. J'ai dit cela en juin 2010 et le redis maintenant, mot pour mot. Tout ce que je veux, c'est marcher dans la rue en étant fier d'être égyptien*[18]. »

À la suite de son arrestation, une vague de solidarisation importante va brusquement apporter à Wael Ghonim une notoriété considérable, renforcée par la médiatisation de sa situation par la presse internationale. Une page *Facebook* intitulée « Je propose que Wael Ghonim parle au nom des manifestants » attire 250 000 personnes en 48 heures[19]. Cependant, même si celui-ci participera à quelques rencontres avec les responsables aux abois du régime de Moubarak, juste après sa libération, il n'entrera pas dans le jeu politique après la chute du régime.

« *Si tout l'amour et la reconnaissance dont on m'a gratifié me rendent heureux, je le suis beaucoup moins d'avoir perdu l'anonymat. J'espérais que personne ne découvrirait jamais mon engagement, et encore moins mon statut d'administrateur de* Kullena Khaled Saïd. *L'attachement des gens aux idées est bien plus fort que leur attachement aux individus, qui peuvent être remis en question ou diffamés. Je me suis toujours méfié de l'idée de créer des emblèmes et des héros*[20]. »

Ces discours d'effacement manifestent la tension entre l'extrême concentration du pouvoir dont dispose *de facto* l'administrateur de la page *Facebook* d'un événement et l'obligation de constamment nier cette autorité en n'utilisant pas ce pouvoir. Car de fait, l'administrateur de la page dispose d'un pouvoir de modération qui lui permet d'orienter le contenu sans avoir à s'expliquer devant quiconque. S'il se soumet certes à la critique des internautes, il peut à sa guise filtrer les critiques et les messages comme il le souhaite. Cependant, les récits qui ont été produits par les animateurs des mobilisations numériques sur les réseaux

17. *Idem*, p. 230.
18. *Idem*, p. 357.
19. *Idem*, p. 342.
20. *Idem*, p. 347.

sociaux montrent que ceux-ci ont toujours cherché à organiser une discussion ouverte, en acceptant de publier les critiques au risque de voir une autre page se créer. En fait, la forme même de la mobilisation interdit de donner une quelconque autorité substantielle à la parole de l'administrateur d'une page Facebook. Celui-ci ne peut se prévaloir que de son rôle dans la mise en mouvement de la parole de chacun, mais ne peut parler au nom des autres. Son autorité procède de son effacement.

Des mobilisations sans programme ni projet

Une troisième caractéristique de ces mobilisations d'individus est qu'elles n'ont ni programme ni projet. Tout se passe comme si, pour laisser l'autonomie la plus grande aux personnes qu'elles rassemblent, il était nécessaire de vider le centre du mouvement de toute définition substantielle de la cause ou des raisons d'agir. Beaucoup d'observateurs du mouvement des Indignés/*Occupy* ont souligné ce surprenant refus assumé de définir des lignes directrices aux mobilisations[21]. Cette absence de projet collectif apparaît comme une condition de la participation des individus dont l'engagement se réalise souvent au motif que c'est par la délibération mutuelle entre égaux que des thèmes de mobilisation peuvent émerger du collectif ; ils ne peuvent donc être fixés préalablement à leur engagement. De la même manière, dans les formes d'action des *Anonymous*, il n'existe pas de substrat idéologique ou de fondement programmatique aux attaques ciblées qu'ils mènent sur l'Internet contre un ensemble de cibles variées et disparates. Les principaux objectifs du mouvement (les banques, les acteurs du Web qui ont essayé de nuire à *Wikileaks*, les sectes, etc.) n'émergent qu'aux termes d'un ensemble multiple et non coordonné d'opérations. Les cibles des *Anonymous* ne sont désignées par personne. Quiconque, endossant le masque de Guy Fawke qui constitue la signature des anonymes, peut proposer de mener une action contre tel ou tel persécuteur. Dans la réalité cependant, quelques collectifs plus actifs que les autres produisent

21. Cf. Raphaël Kempf, « Radiographie d'une indignation planétaire », *Le Monde diplomatique*, n° 699, juin 2012, pp. 4-5 et Eduardo Romanos, « Les indignés et la démocratie des mouvements sociaux », *La vie des idées*, 18.11.11, sur <http://www.laviedesidees.fr/Les-Indignes-et-la-democratie-des.html>.

un effet d'entraînement sur les membres moins engagés (et surtout, moins compétents techniquement)[22].

On observe un même processus de « dépolitisation » des mobilisations en réseau dans le cas des révoltes arabes. À l'exception de la chute des régimes politiques, les groupes organisés sur *Facebook* se refusaient à définir des lignes d'actions idéologiques et se positionnaient délibérément à l'écart des jeux politiques nationaux. À cet égard, il est significatif que Wael Ghonim ait été politiquement proche de Mohamed El Baradei dont il administrait la page *Facebook* avant les événements. Or, pendant toute la durée de la mobilisation autour de la page de Khaled Saïd, Wael Ghonim ne fera jamais mention d'El Baradei ni n'en fera la promotion, attentif en cela à ne jamais prêter flanc à l'accusation de soutenir ou d'agir pour un des opposants politiques au régime. Les mobilisations arabes ont montré que la société civile qui s'est mobilisée avec l'Internet n'était pas composée de la même manière que la société civile des ONG, des syndicats, des associations et des groupes d'intérêt qui a donné son sens au travail d'institutionnalisation de la société civile dans les années quatre-vingt. Se coordonnent des individus davantage que des militants affiliés à des organisations. C'est le cas d'abord des mobilisations des Indignés/*Occupy* qui se sont déployées à l'écart des structures partisanes et syndicales traditionnelles. Certes, la relation avec les organisations du mouvement social est extrêmement diverse selon les contextes : « *En Espagne, les* "Indignados" *se sont construits en opposition aux structures syndicales et surtout aux partis politiques, au point qu'un courant comme la* "Izquierda anticapitalista", *qui soutient totalement le mouvement, a suspendu sa campagne lors des dernières législatives pour respecter les consignes des* "Indignados". *En Grèce les Indignés se sont retrouvés avec les syndicats dans les grandes manifestations contre les plans d'austérité, mais dans un face-à-face pour le moins rugueux… Aux États-Unis, enfin, la grande confédération syndicale, l'AFL-CIO, a appelé à rejoindre* Occupy Wall Street[23]. »

22. Cf. Frédéric Bardeau & Nicolas Danet, *Anonymous*, Paris, FYP Éditions, 2011.
23. Cf. Christophe Aguiton, « "Indignés", *"Occupy Wall Street"*, des manifestations de rue qui prennent racines ! », *Les temps nouveaux*, n° 4, 1er trimestre 2012. Cf. aussi Christophe Aguiton & Nicolas Haeringer, « (S')occuper (de) la gauche, ou l'ignorer ? », *Mouvements*, n° 69, 2012.

Mais, par-delà ces différences de contexte, les mobilisations d'individus mettent toutes sous l'étouffoir les organisations traditionnelles du mouvement social.

De même, l'organisation des coordinations sur *Facebook* a été conduite par des acteurs qui étaient éloignés des groupes politiques de l'opposition, tant à l'intérieur des pays que dans la diaspora. Ils ne partageaient pas avec eux le même type de socialisation politique. Leur discours politique se caractérisait aussi par le refus de l'affrontement direct avec le pouvoir, et l'évitement de l'inscription dans la structure des positions politiques des groupes dissidents. Dans les expériences tunisiennes et égyptiennes, des tensions sont intervenues entre ces deux segments des protestations contre le régime. En Tunisie, les travaux de Romain Lecomte ont mis en évidence la manière dont les mouvements issus du Web, et ceci bien avant le printemps arabe de 2011, par exemple lors des mobilisations Sayeb Sala7 et Nhar 3la 3ammar, se sont déroulés à côté et souvent sans soutien, des groupes politiques dissidents de la diaspora[24]. En Égypte, le mouvement de « protestation silencieuse » organisé sur *Facebook* par Wael Ghonim proposait aux internautes égyptiens de se réunir silencieusement, habillés en noir, pour faire une chaîne humaine le long de la corniche d'Alexandrie. Ce type d'action pacifique visait à la fois à éviter la répression des forces de l'ordre, mais aussi à ne pas engager frontalement une critique du régime en agissant symboliquement sur l'opinion. Ce mode d'action a été fortement contesté par les acteurs des organisations politiques de l'opposition au régime. Dans son récit des événements égyptiens, Wael Ghonim raconte une anecdote exemplaire. Il existait deux pages *Facebook* différentes pour soutenir la cause de Khaled Saïd, torturé et assassiné par la police égyptienne. La sienne, *Kullena Khaled Saïd*, revendique une position d'action symbolique usant des codes de l'Internet pour faire du bruit sans s'opposer frontalement au pouvoir. Ayant fait des études de marketing, Wael Ghonin ne cessa de montrer comment il mettait en application des techniques de séduction du monde de la communication pour façonner ses interactions avec les 250 000 fans de la page (en 3 mois). À leur manière, soutient-il, les pages *Facebook* égyptiennes

---

24. Romain Lecomte, « Révolution tunisienne et Internet : le rôle des médias sociaux », *L'Année du Maghreb*, VII, 2011.

qui ont favorisé les mobilisations de rue doivent leur réussite aux techniques de *community management* développées dans le monde de la communication digitale des entreprises. Mahmoud Samy, étudiant militant du Mouvement de la jeunesse du 6 avril, a lui aussi créé une page *Facebook* pour mobiliser autour du martyr de Khaled Saïd. Celle-ci réunit des internautes plus politisés souvent engagés dans des mouvements d'opposition et n'hésite pas à adopter un ton dur à l'égard du pouvoir, parlant par exemple des « chiens du régime ». Une discussion a lieu entre les deux administrateurs de ces deux pages *Facebook*. Elle illustre parfaitement la tension entre une forme d'engagement politisé et la forme d'engagement promue par les nouveaux organisateurs des mobilisations sur l'Internet.

« *Leurs posts sont toujours pleins de colère et de révolte. Comme il m'a dit être diplômé d'économie, je demande à Mahmaoud s'il a étudié le marketing. Il me répond par la négative. Je lui explique donc que chaque marque a ses propres caractéristiques. Nos deux pages* Facebook *sont comme des marques. Notre page,* Kullena Khaled Saïd, *est pacifique et fédératrice ; elle est en quête de justice et elle implique dans la prise de décisions tous ceux qui y participent. La sienne, "Mon nom est* Khaled Mohamed Saïd", *est rebelle, pleine de colère, parfois grossière et souvent dogmatique. Il est d'accord. Je lui demande :*

- Pourquoi utilises-tu le pluriel nous plutôt que je ?

- Parce que nous est plus professionnel et plus crédible.

Je lui parle de mon expérience avec le je qui a un impact plus fort, dis-je. Nous donne l'impression aux lecteurs que derrière la page, il y a une organisation qui conçoit des plans et les met en œuvre. Je simplifie les choses et ouvre la voie à un dialogue direct entre les membres et l'administrateur anonyme de la page[25]. »

Une des leçons à tirer des révolutions tunisienne et égyptienne est que l'on risque le malentendu à vouloir trop rapidement superposer la démocratisation de l'espace public et l'installation des procédures organisées de la démocratie représentative. L'émergence par le bas, de façon réticulaire et immédiate, de mobilisations des individus, aussi considérables que celles qui ont eu lieu lors des révolutions arabes, ne s'articulent

25. Wael Ghonim, *op. cit.*, pp. 150-151.

que très difficilement à l'édification, par le haut, d'un système de représentation politique organisée. Alors que la première coordonne des individus, indépendamment du tissu d'organisations collectives, la seconde invite à organiser les citoyens, par le haut, en leur demandant de distribuer leur vote à des organisations politiques. On comprend ainsi que les résultats des élections en Tunisie et en Égypte aient pu décevoir tous ceux qui considéraient les mobilisations d'individus comme une représentation des rapports de force électoraux entre les différents acteurs, anciens et nouveaux, des scènes politiques tunisienne et égyptienne. Coexistent en fait deux formes d'expression de la citoyenneté qui sont beaucoup moins superposables qu'on ne veut le croire.

Dominique Cardon

Chapitre 2

Regard sur le rôle des TIC dans le Printemps arabe

Communication globale et évolution vers une démocratie mondiale ?

Depuis l'ère de Platon et Aristote, puis du siècle des Lumières, l'avènement d'une société sécurisée et de la liberté d'expression a été une préoccupation centrale pour l'Homme. Alors que les penseurs et les philosophes ont exploré la viabilité des meilleures méthodes de gouvernement et tenté d'éradiquer les différents maux des sociétés, les peuples ont combattu les tyrannies pour faire valoir leurs droits. Ces mobilisations citoyennes se sont intensifiées récemment. Ainsi, l'absence de réformes et l'accaparation du pouvoir par certains dirigeants ont-ils conduit les peuples à se mobiliser au Maghreb, au Moyen-Orient, en Russie, en Birmanie et à Cuba pour tenter de limiter l'autoritarisme et de construire des sociétés démocratiques. La tendance actuelle est à la réduction du nombre global d'États autoritaires, une tendance qui s'accélère (tableau n° 1). En dépit des imperfections du système de gouvernement libéral démocrate, le *dèmos* (le peuple) des États non démocratiques se bat pour limiter le pouvoir du *kratos* (le pouvoir, l'autorité). Ces récents chamboulements permettent-ils de supposer que tous les États autoritaires sont appelés à tendre vers des formes démocratiques, laissant ainsi entrevoir une possibilité d'établir une réelle « démocratie mondiale » ?

Par ailleurs, les technologies de l'information et de la communication (TIC), dont l'Internet, sont à présent parmi les plus sérieuses menaces pour les régimes autoritaires et semi-autoritaires, puisqu'elles permettent notamment aux peuples opprimés de témoigner des exactions et d'échanger non seulement au sein des États, mais aussi avec le reste du monde. Ce qui explique que dans des pays comme l'Iran, l'Internet soit strictement contrôlé et les receveurs de chaînes satellites interdits. En Russie, en Chine, en Asie centrale et dans les pays du Moyen-Orient, bien que les médias bénéficient parfois d'une semi-liberté, les gouvernements gardent un pouvoir suprême sur les communications.

Tableau n° 1 : Les États autoritaires dans le monde arabe (Maghreb et Moyen-Orient, 2010-2011)

État	*Début des protestations*	*Dirigeants : années au pouvoir et conditions après les révolutions*	*Dirigeants actuels et réformes engagées*
Tunisie	18.12.2010	Ben Ali, 23 ans Exil en Arabie Saoudite le 14.1.2011	M. Almarzoqi, fondation d'un nouveau régime et mise en place d'un nouveau gouvernement
Jordanie	14.1.2011	K. Abdullah, 11 ans, toujours au pouvoir	K. Abdullah, réformes limitées
Égypte	25.1.2011	H. Mubarak, 30 ans, quitte le pouvoir le 11.2.2011	M. Morsi investi président le 30.6.2012, élu démocratiquement
Yémen	11.2.2011	A. A. Saleh, 33 ans, démission le 23.11.2011	Vice-Président Abd-Rabuh Mansoor Hadi, installation d'un nouveau régime, gouvernement en cours de formation
Bahreïn	14.2.2011	Hamad (Al Khalifa), toujours au pouvoir	Hamad, réformes très limitées
Libye	16.2.2011	M. Khaddafi, 42 ans, tué le 20.10.2011	Conseil national de transition autoproclamé, nouveau régime et gouvernement en formation, élections attendues.
Koweït	18.2.2011	Émirs depuis le XVIIIe siècle, toujours au pouvoir	Al-Sabah, changements limités
Maroc	20.2.2011	Mohammed VI, 11 ans, toujours au pouvoir	Mohammed VI, des réformes engagées
Syrie	15.3.11	Bachar el-Assad, 10 ans, toujours au pouvoir	Bachar el-Assad, répression brutale et guerre civile en cours
Arabie saoudite	21.1.11	Abdullah bin Abdul-Aziz, 7 ans, (famille Ale Saud au pouvoir depuis 80 ans)	Abdullah bin Abdul-Aziz, changements très limités

Ce chapitre interroge donc l'hypothèse que l'évolution des États arabes en particulier et du monde en général vers une élimination graduelle des systèmes de gouvernement dictatoriaux devrait permettre un mouvement en direction d'une démocratie globale, favorisé par les nouveaux moyens de communication, notamment par l'Internet. En d'autres termes, quelle a été la part de la révolution de l'information et de la généralisation de la communication globale par l'Internet dans le développement du Printemps arabe ? La communication globale peut-elle jouer un rôle moteur dans la réalisation d'une potentielle démocratisation mondiale ?

Nous soutiendrons ici l'idée que la dynamique du Printemps arabe a pu et peut encore se diffuser à d'autres États autoritaires avec l'impact des nouvelles technologies et de la communication globale par l'Internet sur les sociétés. Par ailleurs, nous présenterons la mondialisation des moyens de communication modernes comme un des facteurs principaux pouvant favoriser l'évolution vers une démocratie mondiale.

La démocratie, gouvernement idéal pour tous

La démocratie libérale en tant que système gouvernemental peut être considérée comme autoritaire si elle rejette toute autre forme de gouvernement. Depuis le XIXe siècle, l'Homme a intensifié son combat en faveur de la démocratie en luttant contre l'autorité, dont celle de Dieu lui-même. Après près de 2 500 ans d'existence, la démocratie semble pourtant avoir besoin de plus de temps pour s'accomplir. La démocratie a pu au cours de son histoire développer des règles non démocratiques qui perdurent parfois jusqu'au temps présent. On se souvient que la démocratie de la Grèce antique excluait les esclaves, les femmes et les étrangers, ressemblant en réalité plus à une démocratie oligarque privilégiant les nobles et les aristocrates. Un long chemin a été parcouru depuis le temps d'Athènes et d'énormes progrès réalisés pour instaurer des démocraties effectivement égalitaires dans un grand nombre d'États. Pourtant, il reste évident que la démocratie, en tant que système de valeurs, de normes et de gouvernance, n'a pas réussi à s'imposer sur toute la planète, alors même que l'idée d'une démocratie mondiale reste encore un fantasme.

Rappelons que les femmes n'avaient pas le droit de voter en Suisse jusque dans les années 1970. En Russie, les femmes votent depuis 1917, 1918 en Autriche, 1919 en Allemagne, 1928 au Royaume-Uni, aux États-Unis depuis 1920, en France depuis 1944 et en Italie depuis 1945. Le régime dictatorial de Franco en Espagne ne remonte qu'à trente-cinq ans. De la même façon, mais plus ironiquement, le président de la Biélorussie, Alexandre Lukashenko, le « dernier dictateur européen », règne toujours d'une main de fer au cœur même de l'Europe.

Les régimes communistes, socialistes et autres « istes », après avoir proposé des alternatives au cours des deux derniers siècles, ont clairement perdu la bataille de la légitimité et de la crédibilité en tant que système de gouvernement « juste » face à la démocratie libérale qui a elle été adoptée par la majorité comme la forme idéale de système politique et social. Certains gouvernements non démocratiques tentent même d'envoyer au monde une image ne correspondant en aucune façon à la réalité de leurs vies politiques, mais dont l'appellation laisse un doute : République populaire démocratique de Corée ou République démocratique du Congo.

Malgré ses déficiences et ses limites, et en l'absence d'alternative, la démocratie est donc la forme de gouvernement la plus idéale qui ait été proposée pour les sociétés humaines, offrant comparativement la possibilité de libertés individuelles tout en garantissant le maintien d'un ordre social. Que ce soit par le biais de la doctrine économique du capitalisme ou à cause du recul des socialismes et des religions dans certaines parties du monde, la démocratie libérale s'est imposée comme un système politique supérieur. Un système qui sait à présent séduire les peuples et sociétés d'États dictatoriaux et conservateurs souvent hostiles aux valeurs libérales et au mode de vie lié. Aujourd'hui, le Printemps arabe remet en question les thèses de Bernard Lewis et de Samuel Huntington sur l'incompatibilité entre les pays arabes, l'Islam et la culture musulmane avec les valeurs progressistes et démocratiques du monde occidental.

Les évènements récents en Libye ou au Caire, « l'Athènes du monde arabe », ont démontré que la démocratie ne s'installe pas automatiquement lorsque les tyrannies sont renversées. Le processus démocratique suppose une évolution parallèle des comportements et un apprentissage sur le long terme. C'est ce qu'on a pu observer avec la Révolution française qui n'a pas abouti immédiatement à un État français démocratique égalitaire et stabilisé[26]. Bien que les despotes tombent les uns après les autres dans le monde arabe, le despotisme et l'autoritarisme comme systèmes et manières de gouverner ne sont pas éradiqués. L'exécution sommaire du dictateur libyen Kadhafi par les « combattants de la liberté », sans tentative de procès, a dès le départ posé un doute sur l'instauration d'un processus démocratique en Libye. Indubitablement, il reste beaucoup à faire pour que ces mouvements et nouveaux régimes démocratiques puissent éliminer les racines de systèmes ayant mené au pouvoir des dictateurs.

Ce dont nous sommes témoins est bien le commencement d'une démocratisation, peut-être le printemps d'un mouvement vers une démocratie globale. Néanmoins, comme cela a été le cas dans la plupart des États occidentaux, il est à prévoir que les pays du Printemps arabe devront connaître plusieurs « automnes » et « hivers » avant que des systèmes de gouvernement réellement démocratiques et durables, garantissant des droits égaux à toutes leurs populations, y soient installés.

Les défis à l'établissement d'une démocratie globale.

Discuter de la possibilité d'une démocratie globale suppose la mobilisation et l'harmonisation de tous les savoirs humains, notamment les sciences sociales. Tamar Gendler & John Hawthorne définissent ainsi quatre domaines principaux de clarification nécessaires avant toute réalisation de la démocratie globale : la possibilité logique (absence de contradictions logiques) ; la possibilité métaphysique (compatibilité avec la nature et les conditions identitaires des choses) ; la possibilité nomologique (compatibilité avec les lois de la nature) et la

26. Cf. Gregory Fremont-Barnes (dir.), *Encyclopedia of the Age of Political Revolutions and New Ideologies, 1760-1815*, Santa Barbara, Greenwood Publishing Group, 2007, pp. ix-xi.

possibilité déontologique (compatibilité avec certaines normes et règles)[27].

De nombreux philosophes pensent la démocratie trop imparfaite pour diriger un État, voire le monde. Alors que le penseur du XIXe siècle Alexis de Tocqueville considérait la démocratie comme un phénomène inévitable, son contemporain John Stuart Mill soulignait l'importance de garantir le droit politique fondamental de la liberté d'expression par le vote. Pourtant, Mill dans ses *Considerations on Representative Government* « *posait comme condition de cet affranchissement universel qu'une éducation secondaire obligatoire soit instituée pour tous. Mill considérait l'éducation comme le facteur le plus important pour garantir une société démocratique du risque de dégénération vers le despotisme démocratique que Tocqueville craignait* »[28]. Pour Cicéron (106-43 av. J.-C.), le modèle idéal consiste en un mélange d'aristocratie, de monarchie et de démocratie. Certains ne vont pas aussi loin. Si des philosophes comme John Locke (1632-1704) défendent la démocratie par tous les moyens, beaucoup la considère irréalisable ou insatisfaisante. Montesquieu et Rousseau par exemple font référence à la démocratie directe, mais la trouvent imparfaite pour régir la société. Thomas Hobbes accepte le partage des pouvoirs, mais opte pour l'autoritarisme au nom de la sécurité. Pour Emmanuel Kant, un État républicain (démocratie libérale), la liberté politique, mais surtout la communication sont les facteurs garantissant le développement humain et une paix durable[29].

Les détracteurs de la démocratie avancent quatre arguments pour expliquer pourquoi le *dèmos* ne peut et ne devrait pas détenir le pouvoir souverain. La première critique connue fut celle de Platon, qui dans sa *République* affirmait que les foules ne devraient pas gouverner la société. Ainsi, de façon imaginée, il expliquait que si un individu tombe malade, il doit aller consulter un expert, le docteur, mais ne pas consulter une assemblée sur l'état de sa maladie. Platon défendait ainsi l'idée que la gouvernance doit être

27. Cf. Tamar Gendler & John Hawthorne (dir.), *Conceivability and Possibility*, Oxford, Oxford University Press, 2002. Cf. également John Divers, *Possible Worlds*, Londres, New York, Routledge, 2002.

28. Paul Orlowski, *Teaching About Hegemony; Race, Class and Democracy in the 21st Century*, Londres, New York, Springer, 2001, p. 151.

29. Emmanuel Kant, *Naghde Ghoveye Hokm*, traduc. Abolkarim Rashidian, Tehéran, Nei, 1381, pp. 225-226.

confiée aux experts, les « Rois-philosophes », plutôt qu'aux masses, et, par ailleurs, qu'une société juste était impossible à moins que les rois deviennent philosophes ou que les philosophes deviennent rois. Il voit en la démocratie un risque de « tyrannie de la majorité » par un *dèmos* trop peu éduqué pour prendre des décisions et gouverner[30]. La seconde critique pointe la nature de la domination de la majorité sur les minorités, qui seraient alors contraintes de se plier à la norme majoritaire. Le choix du peuple peut également porter au pouvoir des dirigeants et des systèmes politiques en pratique non démocratiques, comme ce fut le cas avec les élections d'Hitler ou de Mussolini. Enfin, certains affirment qu'une démocratie parfaite n'ayant jamais été établie au cours de l'histoire humaine, sa pertinence et sa viabilité peuvent être mises en question.

Les théoriciens réalistes considèrent le système international comme trop anarchique pour être gouverné par une démocratie mondiale. Ainsi, Robert Gilpin[31] résume la structure du système international moderne à une lutte constante pour les richesses et le pouvoir. Michael Doyle[32] quant à lui n'exclut pas la possibilité d'une démocratie globale, mais affirme qu'une forme durable et solide de celle-ci ne pourrait être atteinte dans la période et sous les conditions actuelles. Même certains antiréalistes tel que Robert Keohane restent dubitatifs sur la faisabilité d'un système démocratique global[33]. Pour les critiques de la démocratie, sans parler de démocratie globale, le système international est trop vaste, divers et complexe pour permettre un quelconque fonctionnement démocratique au niveau planétaire. Pour évoquer la possibilité d'un gouvernement par une démocratie mondiale et afin que l'évocation théorique de celle-ci puisse se concrétiser en pratique, cinq interrogations doivent être posées.

---

30. Cf. Platon, *The Republic*, Cambridge Texts in the History of Political Thought, Cambridge, University Press, 2003, p. 192.
31. Robert Gilpin, *War and Change in World Politics*, Cambridge, Cambridge University Press, 1981, pp. 7-226.
32. Michael Doyle, « A more perfect union? The liberal peace and the challenge of globalization », *Review of International Studies,* 26 (Special Issue), 2000, p. 90.
33. Mathias Koenig-Archibugi, « Is global democracy possible? », *European Journal of International Relations*, 17(3), juin 2010, p. 520.

1) La nature de l'être humain est-elle réellement prodémocratique ? (Une question philosophique).

2) Les différences socioculturelles sont-elles la principale barrière et de quelle façon doivent-elles être abordées ? (Un débat sociologique).

3) Existe-t-il une « capacité universelle » et une réelle volonté pour sa réalisation et sa réussite ? (Un défi multidimensionnel pour les États, les organisations internationales et les institutions judiciaires).

4) Existe-t-il une faisabilité prouvée historiquement ? (Analyse des exemples historiques).

5) Le processus de mondialisation est-il une condition préalable ? (Un débat qui concerne inévitablement tous les domaines mentionnés ci-dessus).

Pour surmonter les obstacles à la réalisation d'une démocratie globale, Mathias Koenig-Archibugi pose sept conditions préalables[34] :

1) Inclure toutes les régions du monde ;

2) Donner l'autorité pour prendre des décisions à des organes supranationaux ;

3) Garantir les droits des groupes de citoyens vis-à-vis des autorités politiques ;

4) Promouvoir une représentation équitable de tous les citoyens du monde ;

5) Exclure le droit de veto des petites minorités sauf sous certaines conditions ;

6) Donner autorité à des organes judiciaires supranationaux indépendants ;

7) Promouvoir l'exécution des décisions et règlements.

Plusieurs spécialistes citent les facteurs de développement tels que l'alphabétisation, l'éducation et un degré de revenu suffisant comme des prérequis cruciaux pour l'enracinement de la démocratie. Le sociologue américain Seymour Martin Lipset[35] expliquait il y a plus d'un siècle déjà que « *la demande pour la démocratie résulte d'un processus plus large de modernisation et de*

---

34. *Idem*, p. 522.

35. Seymour Martin Lipset, « Some social requisites of democracy: Economic development and political legitimacy », *American Political Science Review*, 53(1), 1959, pp. 69–105.

développement ». De façon similaire, les sociétés ayant atteint une haute qualité de vie tolèrent plus difficilement les régimes autoritaires[36]. Selon les mots de la secrétaire d'État américaine, Hillary Clinton, s'adressant à propos du Printemps arabe, « *le long hiver arabe a commencé à fondre* » et la région (les États arabes) doit donc « *adopter des réformes économiques et politiques pour maintenir les changements et soutenir la démocratie* »[37].

Tous s'accordent ainsi à penser que beaucoup de prérequis sont nécessaires pour une transition réussie de la dictature vers la démocratie. La liste est longue avec entre autres : la promotion de l'éducation, le développement économique, l'homogénéité ethnolinguistique, l'égalité des genres, etc. Alors que ces facteurs de développement sont centraux pour la mise en place d'une société démocratique et d'une démocratie mondiale, ils ne sont pas forcément décisifs. Par exemple, les Républiques d'Asie centrale ont atteint un taux d'alphabétisation proche de 100 % et fournissent un accès relativement développé aux besoins vitaux. Elles disposent néanmoins d'un accès très limité aux outils de communication globaux et semblent plus tolérantes vis-à-vis des régimes autoritaires qui les dirigent.

L'Inde présente bien sûr un parfait contre-exemple, défiant les limites, les obstacles et les conditions prédéfinies comme nécessaires à la démocratie globale. La pauvreté, la lutte quotidienne de millions d'êtres humains, l'inégalité du système des castes, le pluralisme linguistique et culturel ne pouvaient laisser supposer que l'Inde deviendrait la plus grande démocratie du monde et se maintiendrait comme telle. C'est, à l'inverse, le système et les règles démocratiques qui ont permis de garantir son unité et de l'amener à émerger comme une grande puissance en devenir. En dehors de ces différentes conditions, il faut bien sûr mentionner que la réalisation d'une démocratie mondiale suppose avant tout l'évolution de la structure du système politique et économique « de l'anarchie à la gouvernance ». Une tâche herculéenne.

---

36. Cf. Mwangi S. Kimenyi, « The Arab Democracy Paradox », *The Brookings Institution*, 16.3.2011, sur <http://www.brookings.edu/research/opinions/2011/03/04-arab-democracy-kimenyi>.
37. Hilary Clinton, « Clinton Urges Arab States To Embrace Reform », *Radio Free Europe*, 13.4.2011, sur <http://www.rferl.org/content/clinton_arab_states_embrace_reform/3555591.html>.

Le « double jeu » de l'Occident démocratique, frein à la démocratie mondiale ?

Pour Noam Chomsky, « *les États-Unis et leurs alliés ont régulièrement soutenu des islamistes radicaux, parfois pour prévenir la menace du nationalisme séculier. Un exemple familier est l'Arabie Saoudite, le centre idéologique de l'Islam radical (et du terrorisme islamique)* ». Il ajoute, « *Washington et ses alliés s'attachent au principe bien établi qui veut que la démocratie soit acceptable seulement si elle se conforme à leurs objectifs stratégiques et économiques. [...] Une comparaison avec 1989 présente une certaine validité. En Roumanie, Washington a maintenu son soutien à Nicolae Ceausescu, l'un des plus vicieux dictateurs d'Europe de l'Est, jusqu'à ce que cette allégeance devienne intenable* »[38]. Plus récemment, alors que le Premier ministre grec George Papandreou appelait le peuple grec à participer au referendum fin 2011 sur le plan de sauvetage financier de l'Union européenne (un acte hautement démocratique), il fut largement critiqué et accusé de mettre en péril l'Union européenne. Les États occidentaux regardent par ailleurs d'un œil inquiet l'influence politique grandissante des organisations telles que les Frères musulmans, à travers des personnalités comme Rashid Ghanoshi en Tunisie ou le président élu Mohammed Morsi en Égypte. Ce fut le cas également avec l'arrivée au pouvoir du Hamas en 2006. La mise en place de systèmes non laïques n'est pas bienvenue. Ainsi, l'approche de l'Occident semble sélective et dépendre largement des intérêts propres et de la volonté de préserver une certaine hégémonie.

On est en droit d'attendre un comportement irréprochable et impartial des États-Unis et de l'Union européenne en tant que démocraties de premier plan, plus que de la part de la Corée du Nord. Au-delà des intérêts personnels et nationaux, il existe des intérêts globaux supérieurs et universels concernant le sort de l'humanité. Le pouvoir débridé des marchés et du capitalisme semble à présent être une ombre majeure à la démocratie qui doit être affrontée. Les résultats des urnes dans les grandes démocraties actuelles sont de plus en plus directement liés aux millions de dollars investis en propagande et campagnes électorales, comme aux États-Unis.

---

38. Noam Chomsky, « It's not radical Islam that worries the US – it's independence », *The Guardian*, 4.2.2011.

Tableau n° 2 : Limites et potentiel des démocraties actuelles et virtuelles (démocratie libérale et communication globale par les TIC)

Limites de la démocratie libérale
- La démocratie directe est difficile pour les groupes supérieurs à 10 000 individus et impossible au-dessus de 50 000. - Manque de cohérence, lenteur de l'exécution des décisions (par exemple, l'UE). - Peut tourner à l'autoritarisme (par exemple, le gouvernement démocratiquement élu au Kirghizistan en 2005). - Peut détruire la démocratie nationale et la diversité culturelle (par exemple, mondialisation de façon générale). - Son économie de marché est incapable d'éradiquer les inégalités sociales de revenu et de statut social (par exemple : Mouvement *Occupy Wallstreet*). - Les démocraties représentatives sont influencées par les hommes d'influence et de pouvoir (par exemple : les élections américaines).
Mérites
Jusqu'à présent, en comparaison d'une autre méthode de gouverner, ce système est le modèle relativement le plus juste et est globalement accepté pour la protection des droits des citoyens à la vie, à la liberté et à la propriété.
Limites de la communication globale par les TIC
- Il manque une autorité centrale élue qui ne possède pas en soi de pouvoir exécutif. - Peut être détournée par des *hackers*, individus, lobbies, groupes idéologiques, États (par exemple : Al Qaïda). - Peut menacer le respect de la vie privée et les droits de certains groupes ou cultures. - Doit faire face quotidiennement aux limites imposées par les réglementations des États (par exemple : ACTA). - Peut être influencée ou récupérée par les marchés ou par certains groupes commerciaux influents (par exemple : *Google*, *Facebook*).
Mérites des TIC
- Malgré le besoin de garantir encore un accès global et gratuit, ces outils sont accessibles partout sur la planète. - Les États peuvent en limiter l'accès aux citoyens, mais pas les bannir complètement. - Ne sont propriétés d'aucun État ou entreprise en particulier. - Bien que des millions de personnes dans les pays du Sud n'y aient toujours pas accès, les TIC sont populaires et les perspectives de développement sont immenses. Elles sont déjà devenues indispensables dans les pays développés.

On dit en anglais : *Golden rule: those who have the gold rule.* Ces pratiques doivent être graduellement éliminées si l'on souhaite une démocratie universelle juste. En effet, la démocratie des États libéraux, souvent influencée par des groupes d'intérêts ou des lobbies économiques, n'a pour l'instant pas été capable d'éradiquer les inégalités sociales en termes de revenu, de capital, d' éducation ou de statut social en son sein. Dans l'état actuel de la démocratie, tous bénéficient en théorie de droits et d'une chance égale. La volonté politique et les mécanismes pour que cela se traduise dans la pratique ne sont pourtant pas forcément suffisants, particulièrement sous le règne de l'économie libérale de marché.

Vers une démocratie mondiale grâce à la globalisation de la communication ?

Avant de revenir aux sept conditions édictées par Mathias Koenig-Archibugi pour la mise en place d'une démocratie mondiale, on peut tenter une comparaison entre les limites et les avantages des démocraties libérales et des espaces de démocratie ouverts par la généralisation des TIC.

Tableau n° 3 : TIC et réalisation de la démocratie mondiale

<table>
<tr><th>La démocratie mondiale serait possible sous certaines conditions</th><th>La communication globale par les TIC pourrait contribuer à ouvrir la voie vers la démocratie globale</th></tr>
<tr><td>- Intégrer toutes les régions du monde</td><td rowspan="3">- En dépassant les frontières et en étant présente sur toute la planète
- En accordant un droit d'expression et de représentation équitable à tous les usagers
- En développant un pouvoir d'influence indirecte sur les décisions</td></tr>
<tr><td>- Promouvoir une représentation égale de tous les citoyens</td></tr>
<tr><td>- Permettre à des organes supranationaux de prendre des décisions contraignantes</td></tr>
<tr><td>- Garantir les droits des groupes citoyens contre les autorités politiques</td><td rowspan="2">- En ouvrant des fenêtres d'expression pour les droits des minorités
- En s'opposant à l'establishment politique en mobilisant les groupes opprimés et les minorités</td></tr>
<tr><td>- Exclure le droit de veto pour les petites minorités sauf exception</td></tr>
<tr><td>- Donner autorité à des organes judiciaires supranationaux indépendants</td><td rowspan="2">- Et ce malgré un manque de pouvoir judiciaire ou exécutif, un fort potentiel de réflexion, questionnement, critiques, analyses et lobbies défiant et influençant les décisionnaires</td></tr>
<tr><td>- Permettre la mise en exécution des règlements et décisions</td></tr>
</table>

Kirkpatrick Sale dans *Human Scale* (1980), se basant sur le travail empirique de Robert Dahl, a suggéré que la vraie démocratie était difficile à mettre en œuvre dans les groupes supérieurs à 10 000 individus et impossible pour les populations au-delà de 50 000. En fait, l'âge classique de la démocratie grecque dura seulement pendant environ 200 ans, dans des cités-États de quelques milliers de citoyens privilégiés, puis fut détruite par les invasions et la guerre. Sa durabilité à long terme au regard de la croissance de la population n'a jamais été testée[39].

La communication globale via les nouvelles technologies de l'information et l'Internet ne peut pas être le seul facteur de l'évolution vers une démocratie globale, mais peut être perçue comme l'un des moyens les plus efficaces pour encourager sa réalisation, en tant que seul « monde démocratique virtuel » existant. Elle n'a pas de pouvoir exécutif propre, mais bénéficie du pouvoir de collectiviser et de galvaniser l'opinion publique mondiale. La communication globale possède le potentiel de convertir la volonté collective en actions. Si on suppose que l'intérêt et la paix publics reposent dans la coopération collective et que la volonté collective tend naturellement vers la démocratie, il existe peu de moyens et mécanismes connus de l'homme autre que la communication au niveau global pour effectivement concrétiser la démocratie mondiale. À cet égard, aucun État ou organisation, international ou local ne pourrait seul être aussi efficace que le processus de communication globale. Si la démocratie est considérée comme la meilleure forme de gouvernement, la diffusion des TIC peut être l'un des outils ouvrant la voie à une démocratie directe et représentative.

Le tableau précédent présente la corrélation positive possible entre la communication globale et l'avènement d'une démocratie mondiale, en s'inspirant des sept conditions énoncées par Mathias Archibugi.

L'incidence des TIC dans les soulèvements du Printemps arabe : une révolution programmée ?

Peut-on considérer le Printemps arabe comme un signe d'évolution vers une démocratie mondiale ? On dit souvent que le degré de démocratie d'une société peut être mesuré en observant

39. Cf. *Oxford Dictionary of Sociology*, Indian Edition, 2004.

le niveau de liberté des femmes et des médias. Les médias, la communication et surtout l'Internet réduisent jour après jour la distance entre les sociétés démocratiques et autoritaires en termes d'échanges d'informations, de contacts et des prises de conscience qu'ils provoquent. Sans négliger l'importance des pré-conditions de développement social et économique requises pour la progression de la démocratie mondiale, on peut observer clairement une tendance générale vers une croissance de la « demande de démocratie », si ce n'est de la démocratie elle-même. Parallèlement, on observe que la communication globale et le nombre d'utilisateurs des TIC croissent également de façon exponentielle.

Figure n° 1 : Utilisateurs de l'Internet et de la téléphonie mobile dans le monde (2000-2010)

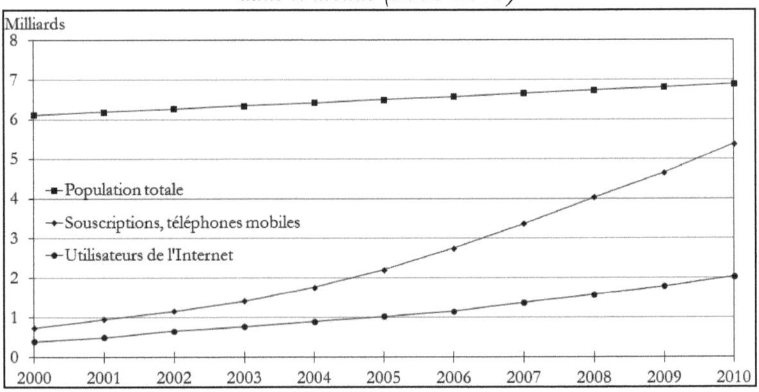

Source : World Bank 2012

Aujourd'hui, près de 6 milliards d'individus dans le monde utilisent des téléphones portables et près de 2,5 milliards ont accès à l'Internet. Dans le monde arabe, constitué de 22 États et d'une population de près de 400 millions d'habitants, plus de 300 millions sont abonnés à la téléphonie mobile et près d'un tiers (près de 82 millions) sont des utilisateurs de l'Internet. À aucun moment de l'Histoire, les inventions humaines et les moyens de communication n'avaient réussi à connecter ensemble aussi massivement la population de la planète et ses milliards d'individus, et ceci en moins de trois décennies.

La mondialisation de l'Internet est de fait un phénomène récent[40]. La hausse du nombre d'utilisateurs de l'Internet et de téléphones portables est liée aux progrès technologiques, à l'invention de nouveaux outils et à l'accessibilité croissante des outils existants. La hausse du nombre d'utilisateurs des TIC dans le monde arabe, passant de 1 à 26 % pour la téléphonie et de 3 à 88 % pour l'Internet en dix ans semble être un facteur favorisant le développement de l'expression des aspirations démocratiques, comme nous en avons été témoins récemment.

Diagramme n° 2 : Utilisateurs de l'Internet et de la téléphonie mobile dans le monde arabe (2000-2010)

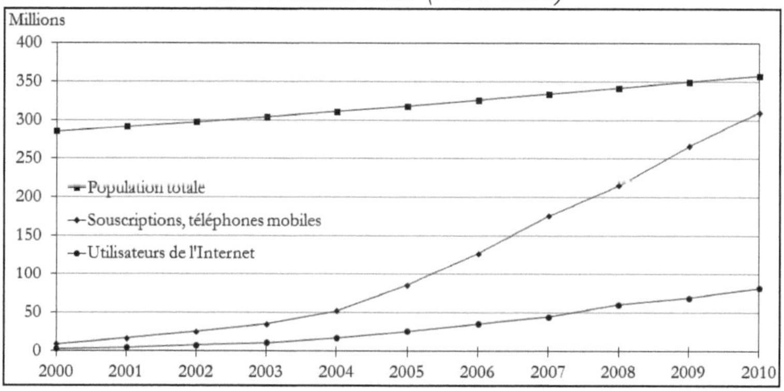

Source : World Bank 2012

Comparant la nature, la fréquence et les causes des mouvements arabes entre les années 1950 et fin 2010 (60 ans) puis entre la fin de l'année 2010 à l'année 2012 (moins de 2 ans), l'émergence des TIC semble clairement avoir un impact. Pendant 60 ans, les mouvements arabes ont majoritairement pris la forme de luttes armées guidées par les aspirations à l'indépendance et le rejet des dominations étrangères. Ils n'étaient ni simultanés ni successifs, avec peu d'influence les uns sur les autres. Les nouveaux soulèvements arabes des dernières années ont à l'inverse une origine non violente (avec des évolutions violentes ultérieures notamment en Syrie et en Libye) guidée par des

40. Né premièrement pour des raisons militaires dans les années 1960, l'Internet s'est étendu de façon planétaire en 1991 après l'invention par le scientifique anglais Tim Berners-Lee du *World Wide Web.*

revendications de réformes et de démocratisation tournées contre des régimes autochtones autoritaires.

Tableau n° 4 : Utilisateurs de téléphones portables et de l'Internet dans le monde et dans le monde arabe (2001-2010)

	Monde		*Monde arabe*	
Années	*Téléphones portables*	*Internet*	*Téléphones portables*	*Internet*
2001	960 967 195	497 588 725	16 679 594	4 559 325
2002	1 156 987 547	658 760 387	25 275 663	8 016 904
2003	1 415 237 827	770 723 997	35 121 269	11 078 206
2004	1 761 641 246	897 355 676	52 358 306	16 941 448
2005	2 206 841 924	1 022 077 819	85 749 437	25 972 107
2006	2 746 527 650	1 151 151 860	127 309 349	35 625 229
2007	3 369 115 807	1 370 248 091	175 835 432	44 870 922
2008	4 033 894 016	1 581 300 483	215 469 637	60 376 406
2009	4 648 117 450	1 785 617 282	266 133 535	69 125 469
2010	5 382 989 890	2 038 644 959	310 587 714	81 902 398

Source : World Bank 2012

Tableau n° 5 : Utilisateurs de l'Internet et de téléphones portables dans le monde arabe (en %, 2000-2010)

Moyens de communication/ Années	2000	01	02	03	04	05	06	07	08	09	10
Utilisateurs de l'Internet	1	2	3	4	5	8	11	14	17	22	26
Souscriptions téléphonie mobile	3	6	8	12	17	27	39	53	63	76	88

Ces différents mouvements sont nés de façon quasi simultanée. La multiplication très rapide des soulèvements, comparables dans leurs sources, méthodes, acteurs et liés par des objectifs similaires a clairement été privilégiée et encouragée par un accès élargi aux TIC et l'utilisation de moyens de communication globaux par les populations. Ces outils permettent non seulement la mobilisation des contestataires en interne, mais garantissent également une ouverture sur le monde, mobilisant la communauté internationale en faveur des opposants grâce aux témoignages et images accablants pour les régimes en place. Dans des États comme la Syrie, les reportages amateurs par le biais de téléphones portables sont même devenus les sources principales et rares d'information.

Quelle possibilité pour la démocratie et la démocratie globale dans le monde non occidental ?

L'adhésion naturelle et la capacité culturelle des pays arabes, entre autres, à établir et promouvoir des formes démocratiques sont souvent questionnées. Le mouvement mondial vers la démocratie mondiale est un concept ayant émané dans son sens moderne des États occidentaux. Pourtant, des traces de démocratie peuvent aussi être trouvées dans le monde non occidental. Il serait même injuste de croire que les idées d'égalité, de tolérance et de dialogue ont été confinées à l'Occident. Après Alexandre le Grand, la cité de Susa en Iran « *avait élu un comité, une assemblée populaire et des magistrats qui étaient proposés par le conseil et élus par l'assemblée* ». La civilisation arabe a largement contribué à la science et la philosophie moderne. Ali Ibn Abi Taleb affirmait au VIIe siècle dans un esprit d'ouverture qu'« *aucune richesse ne peut être plus profitable que celle de l'esprit [… et qu'] aucune isolation ne peut être plus désolante que la vanité* ». Bhimrao Ramji Ambedkar, Président du comité qui rédigea la constitution indienne, choisit un modèle démocratique moderne pour la république naissante. En Inde toujours, Akbar, à la fin du XVIe siècle pratiquait un pluralisme partiel et prônait la tolérance à Agra, alors même que Giordano Bruno était brûlé pour hérésie par l'Église à Rome[41]. Pourtant, John Stuart Mill considérait Akbar et Charles le Grand comme des dirigeants idéals pour les « barbiers ».

Même ceux qui n'adhèrent pas complètement dans leurs valeurs et modes de vie aux préceptes libéraux demandent à présent à vivre au sein de démocraties. Adapter et instaurer la démocratie dans les sociétés non occidentales a longtemps fait l'objet de débats et controverses. On peut bien sûr critiquer pour plusieurs raisons les tentatives d'importation et même d'imposition artificielle « par le haut » de systèmes démocratiques dans certains États dictatoriaux (Irak, Afghanistan), qui aboutissent manifestement à des échecs.

41. Cf. Amartya Sen, Prix Nobel d'économie en 1998, « Democracy as a Universal Value », *Journal of Democracy*, 10.3.1999.

Tableau n° 6 : Comparaison des mouvements populaires arabes et mondiaux majeurs, 1950-2012

Périodes et nature principale de la révolte	*Région*	*Mouvements populaires majeurs contre l'autorité centrale*	*Communication, moyens de mobilisation*
XXIe siècle Nouvelle vague/ Numérique	Monde arabe (2010-2012)	1) Tunisie 2) Égypte 3) Libye 4) Syrie 5) Yémen 6) Bahreïn	TIC - Chaînes satellites Téléphone mobile Radio Journaux
	Monde (2010-2012)	Iran, Kirghizistan, Thaïlande, etc.	
Seconde moitié du XXe siècle Guerre froide – Post Guerre froide Anticolonial et nationaliste	Monde arabe (1950-2010)	1) 1952, Égypte, coup d'État des Officiers libres 2) 1954, Algérie, Guerre d'indépendance 3) 1955, Soudan, première guerre civile 4) 1958, Irak, coup d'État 5) 1962, Yémen, coup d'État 6) 1964, Soudan, grève générale, transition vers un gouvernement civil 7) 1965, Bahreïn, soulèvement contre la présence britannique 8) 1987, 2000, Palestine, Intifada I & II 9) 1994, Bahreïn, soulèvement pour des réformes	Radio & TV Pamphlets Cassettes audio Journaux
	Monde	1950, Chine ; 1979, Iran Années 1980-90 : Révolutions de velours en Amérique latine, Europe de l'Est et Asie centrale, etc.	
Première moitié du XXe siècle Établissement du communisme	Surtout en Russie et en Europe de l'Est	1917, Russie, 1956, Cuba, etc.	
XVIIIe-XIXe siècles Établissement du capitalisme et de la démocratie libérale	Surtout en Occident	1789, France, etc.	

Mais que penser lorsque des processus démocratiques sont initiés et développés de l'intérieur par des populations aux valeurs et aux cultures propres qui tentent de trouver des formes de synthèse inédites rendant possible la cohabitation entre les préceptes inaliénables de la démocratie et leurs croyances fondamentales ? Nous assistons peut-être à présent à une révolution de la démocratie elle-même qui nous conduit à devoir réfléchir à ses fondements, à ses fondamentaux constitutifs et à sa capacité à voir émerger de nouveaux modèles.

Si, dans les décennies précédentes, le nationalisme fut le moteur principal de révoltes arabes sanglantes contre la domination des pouvoirs coloniaux, la nature et les moyens de mise en œuvre des mouvements de contestation semblent avoir évolué vers une volonté initialement plus pacifiste et dirigée contre le pouvoir suprême des dirigeants. Le développement des TIC et de leur utilisation a permis des prises de conscience massives qui ont accéléré et entretenu la montée de mouvements contre l'autoritarisme. Le rôle de la communication globale par les TIC est très certainement appelé à s'accroître encore dans les années à venir. Rien ne menace plus les régimes autoritaires et semi-autoritaires que la capacité de leurs populations à s'exprimer librement et à communiquer entre elles et avec l'extérieur, brisant l'isolement, l'ignorance et l'impunité. Investir sur un accès massif et garanti de tous les citoyens du monde à une information libre et impartiale via les TIC plutôt que de dépenser des millions de dollars dans des conflits armés contre les dictatures et l'extrémisme pourrait être l'un des apports les plus précieux du monde développé aux pays en développement.

Les tentatives collectives pour trouver des solutions aux grands défis planétaires que sont la menace des guerres, le réchauffement climatique, l'explosion de la population mondiale, la famine, la disparition des ressources naturelles et surtout la souffrance humaine sous toutes ses formes, sont des signes encourageants vers l'établissement d'une démocratie réellement mondiale. Ce sont également des préconditions indispensables à son bon fonctionnement. Ces grandes menaces planétaires partagées par tous rendent de plus en plus nécessaire la mise en place d'outils de prise de décision et de gouvernance mondiaux. Ainsi, la démocratie globale pourrait rapidement ne plus être un choix, mais devenir l'unique recours imposé aux gouvernements nationaux pour faire face aux crises présentes et à venir. Pour avancer vers plus de moralité et d'efficacité dans l'arène internationale, conditions d'une vraie démocratie globale, les démocraties occidentales qui ont vu naître le système de valeurs de la démocratie libérale puis les nouvelles technologies de communication ont la responsabilité d'encourager leur diffusion planétaire et de les utiliser à promouvoir en priorité les intérêts universaux plutôt que des intérêts stratégiques et nationaux.

La démocratie libérale a certainement ses propres imperfections. Le capitalisme, inséparable de l'esprit fondateur de la démocratie libérale, a été un atout, mais semble aujourd'hui être devenu un talon d'Achille qui menace le cœur même des principes démocratiques. L'un des défis collectifs majeurs à l'échelle mondiale est actuellement de réfléchir à une révision et à une évolution de ce modèle.

Les TIC permettent de détourner le monopole des États sur l'information, la censure et la formation de l'opinion publique et contribuent à imposer plus de transparence, d'ouverture et de réformes à des gouvernements autoritaires qui peuvent être rapidement fragilisés par les failles ouvertes. La réponse à la réalisation de cette tâche immense qu'est l'établissement d'une démocratie planétaire dépend de la capacité de l'humanité à se confronter et à surpasser collectivement de multiples facteurs contraignants. Cette évolution, si elle se confirme, ne peut donc s'envisager que sur le long terme. La démocratie moderne est vieille de près de deux siècles alors que les TIC existent depuis moins de trente ans. Ce n'est donc encore que le début. Si l'avènement d'une démocratie mondiale paraît encore improbable et reste confronté à de nombreux obstacles, il ne fait aucun doute que le développement et la diffusion de la communication globale sont des facteurs cruciaux qui contribueront à ouvrir la voie pour la rendre possible. Si jamais la démocratie mondiale était réalisée, la théorie de Francis Fukuyama sur la « fin de l'histoire » ne serait plus d'actualité. La démocratie ne représente pas la « fin » pour l'humanité, mais plutôt, en l'absence d'alternatives crédibles et durables, le gouvernement le plus idéal que l'Homme ait trouvé pour lui-même.

Masoud Imani Kalesar

Chapitre 3

Société civile et changement des régimes politiques, le cas de l'Égypte

Le présent chapitre se donne comme objectif d'analyser le rôle de la société civile dans les évènements de 2011 en Afrique du Nord et au Moyen-Orient, connus sous l'expression « Printemps arabe », ainsi que les facteurs de succès et d'échec de la chute des autocraties et des transformations démocratiques. L'étude s'inscrit dans l'ensemble des analyses du « Printemps arabe » et dans le passage de l'euphorie des attentes de l'émergence de la démocratie à des postures plus modérées.

Quel est le rôle de la société civile dans le renversement des autocrates et plus encore, des autocraties ? Jusqu'où les citoyens issus de groupes sociaux disparates, aux niveaux d'éducation et aux intérêts différents, descendus dans les rues pour s'opposer aux dictatures, sont-ils en mesure de guider les changements des régimes politiques ? Quels sont les facteurs qui conditionnent et qui ont un impact important sur les résultats des « révolutions » ?

Sur ces questions de base, notre hypothèse est double. Premièrement, sans minimiser le rôle des sociétés civiles et les sacrifices des « martyrs », nous considérons que la transformation des autocraties de la région de l'Afrique du Nord et du Moyen-Orient en régimes démocratiques ne dépend pas uniquement des sociétés civiles, mais aussi des stratégies des groupes politiques liées aux structures des anciens régimes, d'autres courants et acteurs qui existent depuis longtemps et disposent de traditions et de racines culturelles et sociétales dans certains groupes sociaux, et enfin d'une volonté plus large d'aboutir à un consensus pour une démocratisation réelle. La deuxième dimension concerne le comportement et la stratégie de la communauté internationale et surtout des acteurs clés comme l'Union européenne et les États-Unis d'Amérique.

L'analyse est structurée en deux parties principales : l'introduction et la première partie, réalisées par Petia Gueorguieva, se focalisent sur la littérature consacrée aux changements des régimes politiques et aux spécificités des régimes non démocratiques en Afrique du Nord et au Moyen-Orient. La deuxième partie et les conclusions sont réalisées par Daniela Irrera et centrées sur une analyse empirique de l'évolution des processus politiques en Égypte et des principaux acteurs de la transition égyptienne vers un régime de type nouveau, ainsi que sur l'influence incontournable des institutions et des acteurs internationaux telles que l'Union européenne et les États-Unis d'Amérique pour l'émergence de régimes politiques de type nouveau.

Révolutions ou révoltes ?

Le début du Printemps arabe commence le 17 décembre 2010 quand Mohamed Bouazizi, un pauvre marchand ambulant de fruits, harcelé par la police, ne pouvant pas payer les pots-de-vin, s'immole par le feu à Sidi Bouzid, une ville du Sud de Tunis. Son décès, deux semaines plus tard, provoque des mobilisations de protestation partout en Tunisie. Le régime de Zine El Abidine Ben Ali recourt à la répression, mais l'autocrate est obligé de fuir le pays le 13 janvier 2011 quand le chef de l'État-major de l'armée, le général Rachid Ammar, refuse d'exécuter l'ordre donné à l'armée de tirer sur les manifestants. C'est un signal de l'explosion des mouvements de protestation dans les pays voisins : en Égypte, en Algérie et en Lybie, mais aussi en Syrie, en Mauritanie, au Maroc, en Arabie Saoudite, au Soudan, en Irak, au Yémen, au Bahreïn, en Jordanie pour ainsi « *provoquer une vague de contestation populaire sans précédent dans l'histoire du monde arabe pour rejeter les dictatures, la corruption et les inégalités* »[42]. Plusieurs spécialistes soulignent la surprise générale de la chute rapide de certains régimes autocratiques : « *Il aurait été difficile pour tout observateur de prédire que l'acte de protestation solitaire désespéré de Bouazizi contre la*

42. Masri Feki, *Les révoltes arabes. Géopolitique et enjeux*, France, Studyrama, 2011, p. 12.

confiscation de son chariot allait finalement amener à la chute du président Zine El Abidine Ben Ali le 14 janvier[43]. »

L'euphorie des images des sociétés civiles révoltées dans les rues de ces pays a suscité une attention et un intérêt énormes à travers le monde. Pourtant, dans ce court laps de temps, on observe que certains régimes autocratiques se sont effondrés, en Tunisie et en Égypte, que d'autres ont su endiguer les mécontentements populaires, les monarchies notamment, alors qu'une coalition internationale s'est mobilisée au secours des Libyens contre Kadhafi pendant que le Bahreïn étouffait les révoltes chiites. Le régime syrien résiste depuis plus d'un an en provoquant des bains de sang de ses citoyens et enfants face aux critiques et sanctions internationales.

Plusieurs observateurs et spécialistes convergent sur les facteurs d'escalade des mobilisations et des demandes, résumés par Masri Feki en quatre facteurs : « *l'autoritarisme politique sur fond d'oppression policière ; la corruption généralisée et les importantes inégalités sociales ; la démocratisation des moyens d'information ; l'apparition d'Internet et des réseaux sociaux qui s'apparente à une vraie révolution sociale, qui a provoqué les multiples arrestations des blogueurs par les régimes autocratiques. Partout des groupes de jeunes ont mené des actions sur* Facebook *pour réformes politiques et autres*[44]. »

Rappelons avec Jamil Sayah un autre trait commun de ce qu'il appelle la « tragédie arabe », qui réside dans la crise du constitutionnalisme liée à une « *conception de l'État comme machine et conception de la politique comme pouvoir qui ne pourraient être que subies et imposées – domination par la force* »[45]. Par conséquent, l'État est associé à la puissance du clan dominant[46]. Mais, dans certains régimes comme les monarchies pétrolières, l'asservissement des sujets ne se fait pas par la force. « *C'est une servitude volontaire. Les sujets acceptent d'obéir, parce que, pour beaucoup, ils trouvent un intérêt… Un homme seul, une famille ou un clan peut gouverner une masse uniquement*

43. Dirk Axtmann, « 2012: the last year of an authoritarian development model and limits of Tunisia's electoral authoritarian regime », IPRIS, *Maghreb Review*, p. 1.
44. Masri Feki, *op. cit.* pp. 17-34.
45. Jamil Sayah, *Au cœur de la tragédie arabe : la crise du constitutionnalisme,* Paris, Éditions Phenomena, 2009, p. 176.
46. *Idem.*

parce qu'il est parvenu à forger des instruments lui permettant d'être "le plus fort'[47]. »

Pour tenir compte d'un autre aspect de la culture politique dominante sous ces anciens régimes, notons que les élections au Moyen-Orient et en Afrique du Nord exercent des fonctions spécifiques comme mécanismes de survie et de continuité des gouvernants, redistribution dans des réseaux de patronage asymétriques entre les candidats et les électeurs, « soupape de sûreté » et accomplissement de rituel[48]. Dans les analyses, ce type d'élections est défini comme un « autoritarisme électoral » qui devient une forme modale du monde non démocratique et plus spécialement en Afrique du Nord et au Moyen-Orient[49].

Il faut souligner qu'il n'existe pas d'accord au sein de la communauté scientifique sur la définition des mobilisations de masse qui ont eu lieu dans les pays étudiés. Selon certains, il serait difficile de les définir comme « révolutions » et il serait plus adapté de parler de « révoltes », de « soulèvements », de mobilisations de masse[50]. Selon d'autres spécialistes, on ne peut pas douter de la nature révolutionnaire des évènements de 2010. Ce serait une véritable Renaissance pour les pays arabes car « la révolution arabe est à la fois démocratique, populaire et inclusive »[51]. Selon les acteurs ayant activement participé dans les mobilisations comme Wael Ghonim qui a mis les réseaux sociaux au service des mobilisations de masse en Égypte, il s'agit bien d'une révolution, qui plus est d'une « révolution 2.0 » qui doit s'assurer que la démocratie s'établisse de manière irréversible, « afin qu'à l'avenir, les Égyptiens ne se battent que pour la défendre, pas pour l'obtenir »[52]. L'un des analystes, Ralf Dahrendorf, résume les deux significations principales du terme « révolution » utilisé pour

47. *Ibidem*, p. 248.
48. Cf. la synthèse de Jason Brownlee, « Executive Elections in the Arab World: When and How do They Matter? », *Comparative Political Studies*, 2011, 44(7), pp. 807-828, sur <http://cps.sagepub.com/content/44/7/807.refs.html>.
49. *Idem.*
50. Cf. Katarina Dalakoura, « The 2011 Uprisings in the Arab Middle East: Political Change and Geopolitical Implications », *International Affairs*, 88, 1, 2012, pp. 64-79, p. 64.
51. Jean-Pierre Filiu, *La Révolution arabe. Dix leçons sur le soulèvement démocratique*, Paris, Fayard, 2011, p. 212.
52. Weal Ghonim, *Révolution 2.0. Le pouvoir des gens plus fort que les gens au pouvoir*, Paris, Éditions Steinkins, 2012, p. 382.

désigner « *un changement dramatique : la première signifie un changement profond, une transformation des structures essentielles d'une société donnée qui nécessite du temps ; la seconde signifie un changement rapide et surtout de circulations de ceux qui occupent des postes responsables qui s'effectuent pour quelques jours ou semaines le plus souvent par la violence* »[53]. Cependant, il n'est pas certain qu'une fois l'euphorie initiale passée, les masses mobilisées ne rechutent pas dans la déception ou que de nouveaux leaders ne les instrumentalisent pour établir un nouveau régime autoritaire.

Revenons brièvement sur les mobilisations de masse du Printemps arabe. Jean-Pierre Filiu distingue les caractéristiques suivantes des évènements : 1) le caractère pacifique, signe de maturité tout comme le caractère mixte des manifestations, avec la Tunisie en tête de l'émancipation féminine ; 2) le refus de se ranger derrière un leader alternatif qui ne ferait que remplacer l'actuel dictateur ; 3) les demandes d'un gouvernement responsable et transparent, l'abolition des législations d'exception, la fin de l'arbitraire policier et de la corruption ; 4) l'exigence d'une justice instaurée dans sa plénitude partout dans le monde arabe, les défenseurs des droits de l'homme, les juges et les avocats étant particulièrement investis dans les mobilisations ; 5) les mouvements contestataires sont inclusifs à cause de l'expérience de l'usage par les autocrates des tactiques de divisions entre laïques et islamistes et la manipulation des tensions communautaires[54].

L'échelle des mobilisations et la nature des contestations sont différentes selon les pays. Presque partout, on constate des revendications sociales, mais dans certains pays elles deviennent politiques et révolutionnaires alors que dans d'autres elles n'aboutissent pas. Ainsi, les évènements qui ont bouleversé cette partie du monde ont rappelé qu'il est erroné de prendre « le monde arabe » comme un bloc monolithique et homogène et qu'il existe d'importantes différences entre les pays considérés, leurs États, leurs régimes politiques y compris leurs appareils de

53. Ralf Dahrendorf, *Der Moderne Soziale Konflikt,* traduit en bulgare, Sofia, IK Zlatorog, 1998, pp. 14-16.
54. Cf. Jean-Pierre Filiu, *op. cit.*, pp. 212-214.

répression. Ceci démontre que les mobilisations de la société civile ne sont pas suffisantes pour assurer le passage à la démocratie.

Parmi les analystes classiques des études des transitions démocratiques, Guillermo O'Donnel et Philippe Smitter ont démontré que les mobilisations contestataires sont signe et non pas cause de la démocratisation et que les stratégies des élites sont primordiales pour une transition réussie[55]. D'autres études donnent un rôle plus important aux mobilisations contestataires de masses qui obligent les régimes à se libéraliser. Jay Ulfelder analyse l'impact des actions collectives de contestation sur les risques de renversement des régimes autocratiques en se focalisant sur les interactions entre les acteurs collectifs, les élites politiques et les structures du pouvoir[56]. Selon lui, certains types d'autocraties sont plus vulnérables que d'autres à des mobilisations contestataires de masse, mais la force et la direction de l'impact des mobilisations contestataires varient non seulement selon le type de régime autoritaire, mais aussi selon la nature des mobilisations de masses[57]. Il affirme que les régimes fondés sur un parti et les militaires sont plus vulnérables aux mobilisations contestataires, alors que les régimes militaires sont les plus résistants aux révoltes[58]. Cependant, l'issue des mobilisations civiles de masse contre un régime autoritaire est ouverte. Testons, pour le cas de l'Égypte, dans la deuxième partie la validité empirique des affirmations théoriques rappelées dans la première partie.

La révolution égyptienne, évènement de la société civile : réflexions empiriques

La société civile est un ensemble d'acteurs bien définis et les évènements auxquels elle fait face sont clairement caractérisés.

55. Guillermo O'Donnell & Philippe Schmitter, *Transitions from Authoritarian Rule: Tentative Conclusions about Uncertain Democracies,* Baltimore, MD, Johns Hopkins University Press, 1986.
56. Jay Ulfelder, « Contentious Collective Action and the Breakdown of Authoritarian Regimes », *International Political Science Review,* 2005, vol. 26, n° 3, pp. 311-334.
57. *Op. cit.*, p. 314.
58. *Ibidem*, p. 323.

Dans cette partie du chapitre, nous allons essayer de lire le Printemps arabe à travers le prisme de la littérature établie, mais en même temps, nous allons proposer quelques réflexions basées sur des observations empiriques. Notre cas d'étude privilégié est l'Égypte, au vu des évènements qui y ont eu lieu, et qui peuvent être considérés comme paradigmatiques du phénomène entier.

Notre hypothèse de base est que les évènements qui ont eu lieu sur la place Tahrir, à plusieurs moments et avec des motivations et des forces différentes, ont été correctement définis dans l'immédiat comme des évènements de la société civile. Cependant, leur développement change complètement de nature et les objectifs des personnes qui y ont été engagées sont sérieusement influencés par les résultats politiques après les dernières élections.

En d'autres termes, si nous sommes d'accord sur le fait que la révolution égyptienne a été réelle au début, nous soutenons que plus tard elle devient un évènement plus modéré, guidé par les élites politiques habituelles. Ainsi, il faut la relire dans son propre contexte politique et social et prendre en considération les rôles joués par les autres acteurs pertinents. Cette partie se focalise sur les mouvements de la société civile et les protestataires engagés dans les émeutes et nous allons souligner, dans un processus en escalade : 1) la force révolutionnaire qui a été exprimée par le peuple de la place Tahrir ; 2) la capacité de représenter des intérêts et de participer à la vie politique ; 3) la capacité d'influencer le nouveau régime politique.

Objectifs potentiels et identité de la révolution

Les spécialistes et les analystes qui ont suivi les évènements dès le début sont d'accord sur le fait que ces révolutions ont fait un usage extensif des réseaux sociaux et qu'en même temps les réseaux sociaux ont aidé la formation des révolutions, en élargissant l'audience par des messages, vidéos et *tweets* avec lesquels ont été touchées des personnes à l'intérieur de la région et au niveau global. Selon le blog de Dean Freelon, la première analyse quantitative faite sur la quantité de *tweets* postés par des habitants locaux pendant la période révolutionnaire démontre clairement que plusieurs milliers de ces *tweets* étaient focalisés sur la Lybie et l'Égypte et que leurs jours respectifs de pointe étaient évidemment liés aux évènements significatifs sur le terrain : la démission de Moubarak en Égypte, la prise de Benghazi ou encore le principal discours de Kadhafi en Lybie. Cependant, les données sur l'Égypte montrent que la majorité des *tweets*, même pendant les jours de pointe, ont été postés de l'extérieur du pays, et c'est seulement quand l'attention internationale a diminué que des voix locales et régionales ont commencé à augmenter. Voilà quelques explications de ce phénomène.

La peur de l'effet domino produit par les évènements en Tunisie a été une réelle menace compte tenu du fait que la force et l'agilité des réseaux ont pris par surprise les autorités égyptiennes tout comme les analystes des renseignements américains et européens, même si le gouvernement égyptien a immédiatement essayé de fermer ces réseaux[59].

L'utilisation de *Facebook*, *YouTube* et *Twitter* a offert une voie au mécontentement pour s'organiser et se mobiliser, et a permis à la jeunesse sécularisée de participer à une opposition égyptienne organisée.

Comme le souligne Lisa Anderson, quelques enseignements importants peuvent être tirés des révoltes arabes en Tunisie, Égypte et Lybie. En premier lieu, comment la globalisation des normes d'engagement civique forme les aspirations des protestataires, deuxièmement, comment les activistes utilisent la technologie pour partager des idées et tactiques, et, le plus important, comment ces ambitions et techniques résonnent dans les différents contextes locaux. L'Égypte peut être considérée comme le cœur des expériences sociales grâce à l'originalité et la singularité avec lesquelles la jeunesse urbaine cosmopolite des grandes villes a organisé les révoltes[60].

Le pays a une culture de liens et de confiance communautaires profonde qui s'est manifestée dans la discipline des manifestants. Cependant, alors que la première révolte a été caractérisée par le refus des manifestants d'être provoqués par des casseurs et des saboteurs, par leur capacité de coordonner leurs demandes et par leur habilité à maintenir l'ordre et à s'organiser sans une direction centralisée, la deuxième révolte semble

59. Cf. Jennifer Preston, « Movement Began with Outrage and a *Facebook* Page that Gave It an Outlet », *New York Times*, 5.2.2011.
60. Cf. Lisa Anderson, « Demystifying the Arab Spring », *Foreign Affairs*, 2, 2011.

beaucoup plus intense et des milliers de jeunes manifestants égyptiens ont combattu les forces de police détestées au Caire et dans d'autres villes égyptiennes, faisant 45 morts et des milliers de blessés parmi les manifestants[61].

Il est vrai que le mouvement qui a animé les révoltes a été marqué par un esprit égalitaire qui, au tout début, a contribué au maintien de l'ordre après la modération de la police durant les mobilisations spontanées de citoyens. Puis l'impatience croissante exprimée par des protestations fortement perturbatrices et un désir prépondérant de normalité ont induit de larges segments de la société égyptienne à s'opposer aux manifestants et a favorisé un manque d'intérêt de la part des observateurs internationaux qui ont été plus intéressés par la Lybie. Plus important encore, les protestataires ont été discrédités par leurs propres provocations et désaccords internes. Un article récent, publié par un blogueur égyptien, résume clairement ces développements en affirmant qu'« *après le renversement de Moubarak, les manifestants ont quitté trop tôt la place Tahrir avant d'être sûrs qu'ils laissent une entité politique parler au nom de la révolution* »[62].

Comme il a été souligné dans la première partie de ce chapitre, le mouvement social est un défi collectif, organisé, continu et non institutionnel, vis-à-vis des autorités, du gouvernement, des croyances et pratiques culturelles, alors que le mouvement révolutionnaire est un mouvement social qui cherche au minimum à renverser le gouvernement ou l'État[63]. Les différents groupes qui ont envahi la place Tahrir et les individus qui ont décidé de joindre les mouvements peuvent difficilement être inclus dans cette définition. Ils partagent certainement quelques éléments communs, notamment la nature collective, l'ensemble des croyances communes et le désir de renverser l'idéologie d'État de Moubarak. Cependant, ces puissants dispositifs n'ont pas été capables d'unir les entités différentes sur le terrain et ont failli à canaliser dans une stratégie réelle comprenant des objectifs structurés. Donc le pouvoir

---

61. Cf. Khaled Elgindy, « Egypt's Troubled Transition: Elections without Democracy », *The Washington Quarterly*, 35 (2), 2012, pp. 89-104.
62. Ashraf Ezzat, « Mubarak's Verdict: A Revolution Back to the Square One », 6.6.2012, <http://ashraf62.wordpress.com/2012/06/06/mubarak-verdict/>.
63. Cf. Jeff Goodwin & James M. Jasper (dir.), *Social Movements. Critical Concepts in Sociology*, Londres, Routledge, 2007.

révolutionnaire a manqué sa chance de faire un pas en avant, représenter les intérêts du peuple au niveau politique et, se faisant, a ont perdu sa légitimité.

Représentation et participation

Le chemin de la protestation envers les réformes politiques demande un ensemble important de capacités et d'homogénéité de la part de ceux qui protestent, mais, au-delà de tout, le mandat de représenter les intérêts et de légitimer les demandes provenant du peuple. Malgré l'esprit révolutionnaire, les évènements qui ont suivi la chute de Moubarak ont produit une sorte de chaos social, plaçant les protestataires face à des partis politiques traditionnels et « nouveaux » et un groupe de mouvements divergents a émergé, mais manipulé par en haut. Les Égyptiens ont été relativement bien préparés à s'engager dans des conversations sérieuses et continues sur la composition de leur futur gouvernement et à continuer à être fortement critiques vis-à-vis des militaires et de leurs prérogatives spéciales, même s'il était clair que ces derniers allaient maintenir leurs prérogatives institutionnelles[64]. D'une part, le Conseil Suprême des Forces Armées (CSFA), un corps de 20 membres représentant toutes les branches de l'armée égyptienne, a joué le rôle de gardien de ceux qui étaient au gouvernement pendant et après le régime de Moubarak. Il était clair que le retrait dans les casernes en faveur d'une démocratie complètement libre n'était pas dans leur agenda politique. D'autre part, les Frères musulmans ont tout investi dans leur force électorale, évitant des efforts sérieux pour s'assurer un électorat. Ils se sont opposés aux militaires, ils n'ont pas réussi à atteindre les forces sécularisées, l'ouverture vers la minorité chrétienne copte a été insuffisante et les sympathisants de l'ancien régime ont été menacés. En résumé, ils ont fait machine arrière par rapport au mouvement révolutionnaire. Aussi, il est difficile de définir le mouvement : il est islamique, mais ne fait pas partie des structures religieuses établies ; il est politique, mais ne constitue pas un parti. Il est aussi un fort mouvement social à la fois en termes de promotion des comportements et des valeurs islamistes, et en matière de services charitables aux plus démunis.

---

64. Cf. Lisa Anderson, *op. cit.*

Certains affirment même que les Frères musulmans doivent être compris comme une sorte d'ONG. Ce qui est clair, c'est qu'ils n'ont pas entrepris de tendre la main aux autres opposants, mais, fondamentalement, ils ont sous-estimé ces secteurs de la société[65].

Certaines formes potentielles d'accord ont été décourageantes pour les protestataires. Les essais des islamistes de s'entendre avec le Conseil militaire n'ont jamais été stratégiques et ont toujours été précaires. Pour des raisons historiques et philosophiques, les deux côtés sont restés profondément méfiants l'un envers l'autre. Pour les Frères musulmans, le CSFA a représenté une opportunité d'accomplir la normalisation qui leur a échappé durant une grande partie de leurs 83 années d'existence. Alors que pour le CSFA, les islamistes ont été utiles particulièrement pour neutraliser les masses au cours des protestations de rues. Finalement, l'influence et les faibles scores des partis libéraux, combinés avec le succès inattendu des salafistes qui, dans leur majorité, s'opposaient au soulèvement de janvier et refusaient la démocratie électorale comme un affront à l'Islam, non seulement ont aidé la révolution, mais aussi ont produit un sous-courant non libéral et antidémocratique dans la société égyptienne[66].

Un résultat attendu de la révolution a été la représentation des protestataires ou, au moins, le recueil de leurs demandes par un acteur politique actif et différent des militaires. En d'autres termes, le processus de rédaction de la première constitution postrévolutionnaire est guidé par un processus politique et institutionnel de recherche de consensus et d'inclusion. Cependant, comme cela a été paradoxalement souligné par le blogueur égyptien dans un paragraphe précédent, les manifestants semblent avoir été trop heureux du départ de Moubarak pour commencer à organiser leur propre parti politique et leur propre programme politique. Les seuls véritables changements introduits ont été l'ouverture de l'arène politique et la tenue d'élections parlementaires. Même s'il s'agit d'un pas significatif, l'arrivée d'un système multipartite sans inclure d'autres réformes n'a pas réussi à stabiliser la transition et a contribué à exacerber les problèmes.

65. Cf. International Crisis Group, *Media Report*, 25.6.2012.
66. Cf. Khaled Elgindy, *op. cit.*

Dans ce contexte trouble, il est difficile de comprendre le régime politique qui serait préféré en Égypte et, en même temps, la démocratie n'est pas un résultat automatique même si elle est un résultat attendu ou souhaité.

En évitant le débat ancien sur les rapports entre l'Islam et la démocratie (qui est cependant toujours vivace chez de nombreux observateurs), nous soutenons que l'influence que l'esprit révolutionnaire, comme nous l'avons souligné dans les paragraphes précédents, pourrait avoir sur le futur régime politique sera inévitablement affectée par deux facteurs majeurs qui sont toujours importants en Égypte et dans toute la région : premièrement, le rôle joué par les facteurs externes (et notamment les États-Unis d'Amérique et l'Union européenne) et, deuxièmement, le caractère hybride de la future démocratie[67].

Il n'y a pas de doute sur l'influence importante que les États-Unis ont toujours eue dans toute la région. Pendant la Guerre froide, et même après, le Moyen-Orient est traité à travers le prisme traditionnel du pouvoir politique. Les gouvernements de la région avaient de l'importance et les confits entre les États représentaient la plus grande menace. Les États-Unis s'étaient alliés à ces pays qui bénéficient largement des dispositions géopolitiques prédominantes et avaient fait du *statu quo* le facteur le plus important à maintenir et à protéger. En même temps, les États-Unis ont développé une politique officielle évitant les islamistes. Cependant, du point de vue local, le maintien du *statu quo* a condamné les peuples à une pauvreté stable en préservant les systèmes économiques, sociaux et politiques de la région, sources de leurs frustrations. Ainsi, préserver le *statu quo* signifie le rejet des aspirations du peuple du Moyen-Orient.

Les changements qui secouent le Moyen-Orient vont inévitablement influencer la politique américaine dans la zone. Les populations locales veulent sécuriser leur propre avenir, mais elles veulent aussi être certaines du soutien et de l'aide des États-Unis quand elles demandent assistance, sans désormais subir des

---

67. Cf. Matthijs Bogaards, « How to classify hybrid regimes? Defective democracy and electoral authoritarianism », *Democratization*, n° 16(2), 2009, pp. 399-423.

régimes répressifs[68]. Il est attendu des États-Unis la définition d'une nouvelle stratégie régionale qui soutienne les transformations au sein du Moyen-Orient divisé en deux groupes de pays, d'une part ceux qui ont déjà commencé les processus de changements et, d'autre part, ceux qui sont toujours marqués par des méthodes de répression, de violence, de peur, de contrôle totalitaire sur l'information et sur l'expression.

À cause des explications développées précédemment, l'administration d'Obama est restée relativement silencieuse pendant une grande partie de la transition face aux abus qui se sont multipliés avec le CSFA. L'administration a soigneusement évité d'exprimer des inquiétudes sur le succès des islamistes et a sagement initié des dialogues avec toutes les fractions parlementaires, y compris les Frères musulmans et les Salafistes, en essayant d'accepter la nouvelle légitimité du groupe avec lequel elle a des divergences politiques et philosophiques profondes.

Le rôle joué par l'UE est plus controversé et, pour certains observateurs locaux, assez ambigu. Pendant les sept premiers mois du Printemps arabe, l'UE a agi à la fois comme acteur et comme spectateur en recourant à la fois à l'activisme et à la passivité. Début 2011, après la réponse stratégique de l'UE aux révoltes dans la Méditerranée arabe, a été présenté le « Partenariat pour la démocratie et la stabilité avec la Méditerranée du sud ». Ce partenariat, centré sur la transformation démocratique et institutionnelle, envisage des contacts ciblés entre populations et se focalise sur le développement économique urbain et rural, en particulier avec l'amélioration des systèmes d'éducation et de santé. Les libertés fondamentales, les réformes constitutionnelles, la réforme du système judiciaire et la lutte contre la corruption sont des sujets complémentaires mis en avant par l'UE.

Cependant, le Printemps arabe a offert à l'UE une opportunité unique de repenser ses politiques dans la région du Moyen-Orient et de l'Afrique du Nord, de développer un cadre régional unique et de réviser sa culture de sécurité. Aussi, ces évènements ont souligné le besoin de l'UE de revitaliser la Politique européenne de voisinage en mettant la pression pour plus de réformes politiques au Sud.

68. Cf. Kenneth Pollack, « America's Second Chance and the Arab Spring », *Foreign Policy*, décembre 2011.

La coopération avec la région de MOAN avait été initiée pour avoir une structure pluridimensionnelle susceptible d'établir une hégémonie européenne pérenne en incluant les pays arabes de la Méditerranée dans un système stabilisé politiquement, socialement et culturellement qui devait être construit avec l'implémentation progressive des objectifs fixés dans la Déclaration de Barcelone[69]. L'objectif ultime et tacite a probablement été la possibilité de construire un système de sécurité euro-méditerranéen, similaire au système européen – mais il existe beaucoup de différences entre les cultures de sécurité.

Les gouvernements européens reconnaissent l'existence sérieuse de nouvelles menaces et de nouveaux dangers que représentent la prolifération des armes de destruction massive et le terrorisme international et ils élaborent des plans pour renforcer leur position stratégique et les capacités collectives militaires (comme la PESD et le renforcement de la politique de l'OTAN), tandis que les élites arabes sont moins familières avec la coopération de sécurité régionale et sont plus attachées à leur pouvoir militaire national et aux secrets d'État en matière de questions militaires[70]. Jusqu'à maintenant, l'UE ne semble pas résoudre ce problème et sa première réaction déséquilibrée aux protestations en est une confirmation. L'Égypte a contribué à démontrer les limites de la Politique européenne de voisinage, liées à la logique de l'élargissement, de sécurité, et victime de son imprécision, même si l'UE a de nouveau souligné l'importance de la conditionnalité et du soutien pour la société civile[71]. Le résultat final est que l'UE est toujours perçue comme un acteur régional très faible dont le soutien est utile, mais pas aussi important que le soutien américain.

En ce qui concerne le nouveau régime politique, les spécialistes sont d'accord sur le fait que même l'Égypte

69. Cf. Fulvio Attinà, « Security Agenda in the Mediterranean Region », *EU4SEAS Papers, Politics and Security*, 22.10.2009 & « The Euro-Mediterranean Partnership Assessed: The Realist and Liberal Views », *European Foreign Affairs Review*, n° 8, 2003, pp. 181–199.

70. Cf. Fulvio Attinà, *op. cit*, 2003.

71. Cf. Nathalie Tocci, « The European Union and the Arab Spring: A (missed) Opportunity to Revamp the European Neighborhood Policy », *Euromesco Brief*, n° 2, 2011 & Tobias Schumacher, « The EU and the Arab Spring: Between Spectatorship and Actorness », *Insight Turkey*, vol. 13, n° 3, 2011, pp. 107-119.

prérévolutionnaire a été un « régime hybride » qui avait des élections, mais pas de démocratie[72]. Il est vrai que les changements sont à venir, puisque, par exemple, l'Égypte, classée 31e dans l'index des États défaillants en 2011 est, en 2012, au 45e rang[73]. Le résultat final de ce changement est impossible à discerner et il semble que même la révolution a pris une forme hybride.

Toutes les discussions sur le nouveau régime politique en Égypte sont centrées actuellement sur les élections et le rôle des acteurs clés : les militaires, les Frères musulmans et les autres partis politiques[74]. Les acteurs politiques principaux viennent juste de commencer de négocier l'ensemble des accords vers la transition, y compris un calendrier clair, l'affectation des pouvoirs intérimaires, les réformes constitutionnelles. La plus grande incertitude reste de savoir si l'armée va tenir ses engagements de passer le flambeau au nouveau pouvoir civil et si elle va respecter les résultats des dernières élections. Les Frères sont bien organisés et engagés. Ce qui est moins clair, c'est de comprendre en quoi ils sont engagés. Le porte-parole du mouvement en Égypte insiste sur le fait qu'il est authentiquement démocratique et qu'il a été continuellement et durablement non violent au cours des six dernières décennies[75]. Cependant, il n'est pas évident de savoir s'ils vont réellement représenter le bloc antirévolutionnaire.

Néanmoins, les élections politiques ne peuvent déterminer ni le futur régime politique en Égypte ni le résultat de son esprit révolutionnaire. La société civile, les débats publics ouverts, le journalisme indépendant sont cruciaux pour le succès de la transition vers la démocratie et l'économie libérale. La littérature consacrée au changement politique et à la démocratisation affirme que la transition vers la démocratie et l'économie de marché a peu de chances de réussir sans un large soutien public et sans la compréhension populaire de son essence et de son importance.

---

72. Cf. Larry J. Diamond, « Thinking about Hybrid Regimes », *Journal of Democracy*, vol. 13, n° 2, 2002, pp. 21-35.
73. Cf. Hussein Ibish, « Was the Arab Sprinf worth it? », *Foreign Policy*, juillet-août 2012.
74. Cf. Anthony Dworkin, Daniel Korski & Nick Witney, « Egypt's Hybrid Revolution: a Border EU Approach », *European Council on Foreign Relations Brief paper*, mai 2011 sur <http ://www.ecfr.eu/page/-/ECFR32_EGYPT_BRIEF_AW(1).pdf> (25.7.2012).
75. Cf. International Crisis Group, *Media Report*, 25.6.2012.

Elle peut réussir seulement dans le contexte d'une société civile réceptive, engagée dans le dialogue qui va permettre la réalisation des réformes économiques et politiques discutées. Un contexte différent, comme c'est le cas actuellement en Égypte, va aboutir à l'extension non souhaitée d'un régime hybride, dont les produits peuvent à la longue se transformer en un régime autoritaire renouvelé, en supprimant la révolution.

Plus d'un an après le soulèvement qui a provoqué la chute de Moubarak, le plus populaire des pays arabes reste toujours plongé dans une atmosphère de méfiance, de confusion et d'ambiguïté, alors qu'il essaie de renforcer sa transition attendue de la dictature vers la démocratie.

D'une part, les jeunes et d'autres groupes mécontents continuent à appuyer leurs demandes à travers des mobilisations de rue et non pas avec des moyens politiques « normaux ». D'autre part, les groupes conservateurs se sont engagés dans des débats énergiques menés paisiblement dans les rues et ont participé aux politiques électorales. La victoire de Mohamed Morsi, même si elle est une déception amère pour une large partie des Égyptiens, est un signal de transition continue. En même temps, les principaux acteurs externes doivent clairement condamner les tentatives visant à saper les institutions civiles démocratiquement élues.

La société civile n'est pas une innovation réelle dans cette région et particulièrement en Égypte. Il est vrai que les mouvements de la société civile ont joué un rôle important au cours des soulèvements, mais en passant de la place au parlement, son potentiel a été filtré par des acteurs traditionnels, comme l'ont clairement démontré les dernières élections. Il est très difficile d'affirmer que le nouveau président va reprendre certaines des demandes adressées pendant les manifestations ou bien faciliter le travail des acteurs politiques traditionnels. Jusqu'à présent, nous pouvons seulement observer qu'un grand esprit démocratique et populaire est organisé par en haut. Ses résultats vont fortement influencer l'avenir de toute la région.

Daniela Irrera & Petia Gueorguieva

Chapitre 4

Révolution tunisienne
L'e-participation comme principal moteur de la démocratie naissante ?

La Tunisie, le premier pays à avoir soufflé le vent du changement dans la région, a bouleversé le monde en 2011 par sa révolution de la dignité. Cette révolte survenue suite à un ras-le-bol du peuple et à sa décision de vaincre sa peur est également le fruit d'un concours de circonstances, dans lequel l'Internet a joué un rôle prépondérant. Bien sûr, il va sans dire que ce n'est pas l'Internet ni les réseaux sociaux qui font une révolution, mais c'est avant tout un contexte historique, des structures sociales données et des expressions physiques de désarroi et de contestations populaires que l'on doit étudier. Mais aussi, il serait incongru d'exclure de toute analyse le rôle de l'Internet dans ces soulèvements populaires levés au rang de révolutions.

En effet, l'avènement de l'Internet à l'ère autoritaire de Ben Ali, marquée par la mainmise de l'État sur les médias traditionnels, a donné lieu à un espace virtuel de débat ouvert et difficile à contrôler par le régime. Militants et blogueurs protestataires – faisant partie de la diaspora pour la majorité – ont trouvé refuge dans l'espace virtuel pour exprimer leur mécontentement du régime établi dans leur pays, et ce à travers plusieurs plates-formes sur le Net : des blogs, dont le plus connu est <Nawaat.org> (2004, lauréat 2011 du prix Reporters Sans Frontières du net-citoyen), des sites contestataires, par exemple *Tunezine* (2001) fondé par le militant Zouhayer Yahoui devenu une icône du cybermilitantisme, ou encore des listes de diffusion telles que *Tunisnews* (2000), ou *Takriz (ras-le-bol)* (1998) devenu un e-*mag* et suspendu en 2002. Les réseaux sociaux sont venus plus tard démocratiser l'utilisation politique de l'Internet par la jeunesse tunisienne baignée dans le monde du numérique, politique prônée par Ben Ali[76]. Cette même jeunesse qui a souvent été accusée d'être politiquement désengagée n'est pas restée insensible face aux événements survenus en Tunisie en décembre 2010. Subissant l'absence d'informations fiables et de couverture réelle des événements, elle s'est mobilisée en investissant le Net pour relayer l'information.

Dans ce chapitre, nous allons essayer dans un premier temps d'identifier les grands moments qui ont préparé le terrain, et constitué les prémices de cette « révolution assistée par ordinateur ». Qui sont ses principaux acteurs, quels profils ont-ils ? Quels sont les messages qu'ils diffusent ? Quel usage font-ils de l'Internet ? Dans un deuxième temps, nous allons mettre en lumière l'évolution dans l'utilisation des réseaux sociaux par les Tunisiens au lendemain de la « révolution ». Hier utilisés dans le seul but d'éjecter Ben Ali de son siège, aujourd'hui les utilisations des réseaux se diversifient tandis que les motivations et les enjeux deviennent plus complexes. Nous nous interrogerons sur ce que feront les Tunisiens de cette ingénierie sociale et de cette parfaite maîtrise de l'outil informatique dans la Tunisie postrévolutionnaire. Pour mener à bien l'analyse, nous nous sommes basés sur des observations sur le réseau social *Facebook*, nous avons effectué également des entretiens avec des *facebookers* actifs et des cyberdissidents comme Sofiane Belhaje, Slim Amamou ou encore Haythem Makki. Par une approche du politique par le bas[77], il est possible d'interpréter autrement l'invention culturelle du politique afin d'analyser l'invention démocratique comme processus d'hybridation et d'innovation culturelles[78].

En examinant les postures scientifiques et journalistiques qui se structurent autour du rôle de l'Internet dans ce qu'on appelle le « Printemps arabe », nous remarquons qu'elles sont

---

76. Le président tunisien déchu le 14 janvier 2011.

77. Cf. Jean-François Bayart, Achille Mbembe & Comi M. Toulabor, *Le Politique par le bas en Afrique noire. Contributions à une problématique de la démocratie*, Paris, Éditions Karthala, 1992.

78 Cf. notamment, Ludovic François & François-Bernard Huyghe, *Contre-pouvoirs, de la société d'autorité à la démocratie d'influence*, Paris, Ellipses, 2009 et Francis Jauréguiberry & Serge Proulx, *Internet, nouvel espace citoyen*, Paris, l'Harmattan, 2002.

fortement contrastées, voire dichotomiques. Entre ceux qui attribuent au réseau des réseaux un rôle central dans les révolutions tunisienne et égyptienne et vont même jusqu'à dire qu'il s'agit de révolutions 2.0, et ceux qui condamnent et considèrent les premiers comme des cyberutopistes en pensant que les révolutions arabes ont été menées grâce aux réseaux sociaux, comme le fait Evgeny Morozov, exilé biélorusse aux États-Unis, dans son livre *The Net Delusion*. Tout en rejetant l'idée d'une révolution Internet, nous nous limitons dans ce chapitre à mettre en lumière le rôle central du Web, espace d'expérimentation politique propice, dans la Tunisie d'aujourd'hui.

Du terrain aux réseaux sociaux, l'apport des cyberactivistes

Dans un contexte de censure au moment des émeutes survenues au mois de décembre 2010, les jeunes tunisiens munis de leur téléphone – avec caméra incorporée – ont filmé et posté sur les réseaux sociaux tout ce que les médias classiques n'osaient pas montrer, à l'exception de quelques chaînes comme *Aljazeera* ou *Alarabyia*. Ils ont investi la Toile pour relayer l'information. Pour autant, cette mobilisation citoyenne ne date pas de 2010, elle a vu le jour bien avant, avec les évènements du bassin minier de Gafsa en 2008, où une série d'actions de protestation pendant plus de six mois pour des revendications sociales et des demandes de création d'emplois dans la région, a abouti à des centaines d'emprisonnements et a fait des dizaines de blessés et trois morts. Face au silence des médias classiques, les jeunes de la région ont essayé de montrer ce qui se passait, en faisant appel aux blogueurs et à quelques usagers des réseaux sociaux. À l'époque, l'utilisation de l'Internet n'était pas démocratisée. Seules quelques vidéos ont circulé sur le Net et la main puissante de l'État a réussi à censurer rapidement tout contenu faisant allusion aux faits.

Les voix ont été alors étouffées, mais les événements ont marqué fortement les esprits qui ne se sont pas calmés depuis. Le cyberactivisme a pris de l'ampleur, atteignant son apogée deux ans plus tard lors d'une importante mobilisation pour dénoncer la censure sur le Web tunisien. Il s'agissait d'une grande campagne baptisée *Sayeb Salah* (lâche-moi), soutenue par les jeunes via le réseau social *Facebook* en réponse aux campagnes de censure touchant plus d'une centaine de blogs, des dizaines de sites web mondiaux d'informations, des sites d'échange de vidéos et des pages *Facebook*. Commencée sur le Net, cette campagne s'est poursuivie avec la tentative avortée de manifestation dans l'avenue Habib Bourguiba, le ministère de l'Intérieur ayant procédé à l'arrestation des principaux organisateurs, à savoir Aziz Amami et Slim Amamou[79], relâchés peu de temps après pour manque de preuves.

Expertise au sein des réseaux mondiaux et cause nationale

En effet, Slim Amamou, fervent utilisateur de l'Internet depuis son enfance, a été l'une des figures de proue de la révolution tunisienne. Fondateur-associé d'une société de création et de développement de sites web, il était très attiré par la technologie, et cherchait toujours à faire partie des réseaux internationaux s'intéressant à la question. C'est là qu'il découvre les réseaux anarchistes mondiaux et commence à suivre et comprendre la géopolitique globale et l'altermondialisme plutôt que de suivre les affaires nationales.

Il témoigne : « *Quand j'ai été désigné pour le poste de secrétaire d'État à la jeunesse les ex RCDistes*[80] *et les journalistes ont dit : mais d'où sort ce mec, en quoi est-ce qu'il s'y connaît ? Tandis que ces mouvements à l'aide d'Internet ne me sont pas vraiment nouveaux, puisqu'en 98 on a commencé au sein de mon réseau à organiser une grande manifestation altermondialiste qui a eu lieu en 1999 à Seattle, et un peu partout dans le monde. D'ailleurs c'était la première manif organisée sur Internet. J'ai beaucoup appris en prenant part à ce mouvement mondial contre le G8 à l'époque. Il s'agissait surtout d'un test d'une nouvelle forme d'organisation dans le mouvement anarchiste. Tout a été géré par Internet, car les communications étaient sous écoute ; il y avait des gens sur place à des endroits précis avec des connexions Internet pour relayer l'information. Et ce qui a été remarquable dans cette manifestation c'est que les flics ont été pris par surprise, ils n'ont pas compris ce qui s'est passé ni comment ça s'est organisé,*

---

79. Slim Amamou a été nommé secrétaire d'État à la Jeunesse et aux Sports dans le premier gouvernement de transition de Mohamed Ghanouchi après le 14 janvier 2011. Il démissionne le 25 mai 2011 avant la fin du deuxième gouvernement de Béji Caid Essebsi.

80. Membres du Rassemblement Constitutionnel Démocratique, parti du président déchu.

tout comme ça s'est passé lors des événements d'avant le 14 janvier en Tunisie. »

En effet, Slim Amamou, chef de file dans les événements contestataires sur le Net tunisien, a pu acquérir cette technicité et cette expérience à travers ses implications dans des mouvements internationaux et il a utilisé ultérieurement son savoir-faire dans des mobilisations tunisiennes sur le Web comme la campagne anti censure *Nhar 3la Ammar* citée ci-dessus. D'ailleurs, cette opération a marqué les premiers pas dans le monde du cyberactivisme pour les jeunes Tunisiens qui ont décidé pour la première fois de briser le mur du silence et de dénoncer la *page 404 not found* des sites censurés, plus connue sous le nom d'*Ammar*. La page fan du groupe créée sur *Facebook* pour l'occasion a lancé un appel à la créativité des membres, leur demandant de faire des dessins ou des caricatures dénonçant la censure. La majorité des quelques 13 000 fans a répondu à l'appel et a changé la photo de leur profil soit par une caricature soit par une photo sur laquelle on pouvait lire *Censorship*, en référence au drapeau avec l'accolade des mains dans la mobilisation avant le 14 janvier, mobilisation par laquelle Slim Amamou a pu instaurer en Tunisie une nouvelle forme d'engagement militant marquant le passage d'un militantisme traditionnel prôné par les partis de l'opposition, et œuvrant en cachette, vers un engagement distancié[81].

Cybermilitants et prise de conscience politique sur le Net

Tout comme Slim Amamou, d'autres cybermilitants ont été le moteur de l'éveil politique des jeunes Tunisiens et ont préparé le terrain pour un changement de régime. Sofiane Bekhaje alias Hamadi Kaloutcha est l'un d'eux. Après des études de sciences politiques à l'étranger et après avoir côtoyé des jeunes de la diaspora des opposants au régime de Ben Ali, il est rentré, décidé à militer pour une Tunisie démocratique et il a trouvé en *Facebook* le meilleur moyen de faire changer les choses. Pour lui, *Facebook* représente un outil politique par essence qui influe sur les convictions et dont le succès est lié à l'utilisation faite par l'équipe d'Obama lors de la campagne électorale. D'après Sofiane Bekhaje, la mobilisation par *Facebook* a commencé en Tunisie bien avant la

81. Cf Jacques Ion, *La Fin des militants ?*, Paris, les Éditions de l'Atelier, 1997.

révolution. En effet, la présence de ce réseau social en Tunisie représente en elle-même un espace permettant de fédérer les Tunisiens révoltés contre le régime de Ben Ali et de savoir qu'ils n'étaient pas seuls. Les liens coupés pendant 23 ans de dictature ont été recréées et ont été installés dans le concret de la révolution.

Il estime avoir joué un rôle dans cette prise de conscience à travers les pages qu'il a créées : « I have a dream une Tunisie démocratique » ainsi que la page *Hamadi Kaloutcha*. Sa contribution sur le réseau consistait, comme il le déclare, à créer du *buz* : « *chaque jour sur ma page et mon groupe, je publie à travers le proxy que j'utilise pour accéder à tous les sites, même ceux censurés, et sans être tracé, des articles sur la Tunisie ou sur Ben Ali qui sont à la base censurés par la police politique. Et j'invitais les gens à réfléchir dessus en les commentant ou à approfondir la recherche sur un sujet ou un article donné. Avec le temps, j'ai pu acquérir de l'expérience par rapport à la sélection des infos et j'ai pu développer une certaine ligne éditoriale, en étant très sélectif sur les articles et rigoureux dans la recherche d'arguments. Ces pages présentaient un espace de débat autour des problèmes politiques actuels en Tunisie. C'est pourquoi elles ont été piratées à plusieurs reprises par l'agence tunisienne de l'Internet, mais j'ai pu les récupérer après avoir envoyé des messages aux administrateurs de* Facebook, *en leur faisant un cours de politique tunisienne et leur expliquant que* Facebook *est notre seul espace de liberté en Tunisie et qu'il fallait absolument le préserver.* »

En nous référant au classement de Fabien Granjon dans son article sur les militants-internautes, le profil de Sofiane Belhaje correspondrait à la catégorie des militants-internautes qu'il appelle des « filtreurs » : « *Engagés dans des opérations de distribution des infos, qui ne se contentent pas de l'image des passeurs de répondre aux problèmes de mise à disposition des données en diffusant l'information en de multiples directions. Mais ils entendent aussi cibler leurs interventions et se livrer au préalable à des opérations de sélection de l'information*[82]. »

Ce processus a permis à ces pages d'avoir une notoriété et une certaine crédibilité chez les internautes, pour devenir au bout d'un certain temps une source fiable d'information des internautes et comme l'affirme notre interviewé : « *la page* Hamadi Katloutcha *a été citée dans un reportage sur les élections de 2009 en Tunisie sur la chaîne*

82. Fabien Granjon, « Les militants–internautes : passeurs, filtreurs et interprètes », *Multitudes*, mai 2000, sur <http://multitudes.samizdat.net/Les-militants-internautes-passeurs>.

France 24, *comme une page contestataire des plus visitées et ayant le plus de visibilité et puisque la visibilité d'une page* Facebook *ne tient pas uniquement à ses fans, mais aussi aux amis des fans, la visibilité est multipliée et la portée devient alors très importante.* »

Experts du Web, mettant en place de véritables stratégies de veille informatique, détenteurs d'un fort potentiel d'adaptation et capables d'une prise de parole supposant des compétences particulières, Slim Amamou et Sofiane Belhaje ont pu gagner la confiance des Tunisiens en répondant à leurs exigences dans un contexte de crise et de censure et, par-là, imposer leur discours et mener des mobilisations sur le Web. Il faut noter également que *Facebook* favorise l'articulation entre la rue et le cyberespace. Pour Sofiane Belhaje, *Facebook* peut présenter « *un espace de cyberdissidence qui est en totale harmonie avec les opérations et activités sur le terrain* ». Les mouvements de 2010 ont prouvé cette relation de va-et-vient entre le virtuel et le terrain dans les différentes mobilisations. Cette jeunesse souvent qualifiée d'apolitique a été moteur des différentes actions sur le Web et elle a aussi prolongé ses actions à travers des manifestations et des *sit-in* sur le terrain.

Le cyberactivisme et le journalisme citoyen, deux pôles que les internautes ont utilisés pour rallier d'autres internautes à telle ou telle cause ont fait florès dans la révolution tunisienne aussi bien avant qu'après le 14 janvier. Les cyberactivistes ont été chefs de file et catalyseurs d'une mobilisation impressionnante de la part des jeunes qu'ils soient indépendants, actifs de la société civile, cyberdissidents, blogueurs, *facebookeurs*, etc. Ils ont investi l'espace numérique par leur activisme sur le Net. Une dizaine d'événements et de pages a été créée sur les réseaux sociaux notamment *Facebook*. Des pages d'appel à manifester, appel à grève régionale puis à grève générale le 14 janvier, en passant par les pages de comités de protection des quartiers, « Tout est passé par *Facebook* », témoigne une Tunisienne sur le site <nouvelobs.com> où le slogan « Partager nous sauvera » a été érigé en règle. Quant à *Twitter*, il a servi pendant les manifestations d'outil logistique pour les manifestants qui ont, par exemple, envoyé des *tweets* indiquant les rues bloquées par les forces de l'ordre et proposé des itinéraires alternatifs pour encercler le ministère de l'Intérieur le 14 janvier. Des groupes et des pages suivent l'actualité, gérés par des internautes pratiquant le journalisme citoyen, qui filment avec les téléphones portables les mouvements dans les rues tunisiennes et postent des émissions ou des extraits d'émissions couvrant les événements en Tunisie, les commentant et proposant leur vision personnelle. D'autres internautes proposent même des articles d'analyse de la situation vécue qui prennent la forme de « journaux libres » où l'information est délibérément posée comme subjective.

Utilisation des réseaux sociaux en Tunisie après le 14 janvier

Depuis 2010, l'expansion de la portée politique des réseaux sociaux en Tunisie ne cesse d'augmenter, avec cette vague de fond qui est la libération de la parole, elle a fait de *Facebook* l'espace public privilégié des Tunisiens avec 2 958 200 utilisateurs au mois d'avril 2012 ainsi qu'un nouveau support de communication. En effet, au lendemain du 14 janvier, le rapport à sens unique télévision-Internet a cédé la place à un rapport de va-et-vient, d'interactivité et d'interconnexion entre les différents supports médiatiques. L'Internet qui servait auparavant de relais entre les médias et où on trouvait des extraits ou des émissions entières de télé, de radio, des articles de presse, etc., est désormais devenu la source privilégiée d'information. D'ailleurs, tous les gouvernements qui se sont succédé ont pris conscience de l'importance de l'Internet chez les Tunisiens. Dès le premier gouvernement de transition formé par Mohamed Ghanouchi, les différents ministères ont créé des pages *Facebook* : Premier ministre, ministère de l'Intérieur, ministère des Affaires étrangères. Le même Mohamed Ghanouchi a accordé une interview pour répondre aux questions des internautes, diffusée uniquement sur *Viméo*, *YouTube* et *Facebook*. Le ministère du Commerce et du Tourisme du même gouvernement a lancé sur *Facebook* la compagne *I love Tunisia*, un mois après la chute de Ben Ali. Le 14 février, jour de la Saint-Valentin reconvertie en Saint-Révolution, les photos de profils des *Facebookers* tunisiens ont été remplacées par un logo militant sur lequel on pouvait lire *I love Tunisia*, tout comme le drapeau avec l'accolade des mains dans la mobilisation d'avant le 14 janvier, et ce afin de soutenir et de relancer le tourisme tunisien.

Les réseaux sociaux ont servi également d'outil politique. Les manifestants de la Kasbah[83] ont investi la Toile à leur tour, avec la mise en ligne d'un *streaming live* assuré via la chaîne *Tunilive* sur <ustream.tv> afin de permettre la transmission en direct de leur *sit-in* contre le gouvernement de transition et de motiver les gens à venir, en absence d'une couverture fiable par les médias classiques. Ces jeunes manifestants se proclamant protecteurs de la révolution tunisienne ont créé leur page *Facebook* baptisée l'« Union des pages de la révolution (*Ittihad Safahat Ethawraa*) » à travers laquelle ils diffusent leurs communiqués et appels à manifester. Et pour consolider encore plus le rôle de l'Internet dans la transition démocratique de la Tunisie, Mohamed Chaabane et Afef Amamou, deux professeurs à l'Institut Supérieur d'Informatique et de Mathématiques de Monastir, ont eu l'idée, avec l'aide de deux étudiantes, de développer un logiciel permettant de voter par l'Internet lors des élections de l'assemblée constituante. La quasi-totalité des institutions étatiques tunisiennes, notamment celles qui ont été créées après le 14 janvier comme l'Instance Supérieure Indépendante pour les Élections (ISIE) ou encore l'Instance Nationale pour la Réforme de l'Information et de la Communication (INRIC), ont créé leurs pages *Facebook* et en font un support de communication à part entière en publiant régulièrement leurs communiqués et actualités.

Devant cette libération de la parole et l'ouverture de l'éventail des idées et des informations sur l'Internet, la facilité de l'usage de *Facebook* a permis à tout un chacun de devenir journaliste de tout ce dont il est capable de témoigner ou de diffuser : caméra numérique, magnétophone, ou clavier. Les profils personnels remis en forme et les pages se multiplient, exposant les idées les plus diverses, les appartenances religieuses, idéologiques et politiques, proposant des photos et des vidéos en appui aux opinions voire aux convictions. Avec la montée d'une aspiration à la célébrité, chacun voulait avoir son instant de gloire en fabriquant ou en étant dans l'image. Tout cela a été rendu possible par les réseaux sociaux. Les administrateurs des pages *Facebook*, pour la plupart anonymes, sont devenus des *stars* sur la Toile. Par ailleurs, des pages de propagande pour le gouvernement

83. La Kasbah est la place du premier gouvernement, lieu privilégié des *sit-in* après le 14 janvier.

ont vu le jour et de nouvelles pages de partis de l'opposition, d'associations ou de mouvements sociaux sont diffusées chaque jour. L'utilisation essentiellement ludique de *Facebook* en Tunisie a cédé la place à une utilisation politique. Certains, qui craignent une instrumentalisation et une désinformation, se sont érigés en défenseurs de l'éthique journalistique sur *Facebook*, comme Haythem Makki, *Facebooker* actif reconverti en journaliste sur un webzine puis devenu chroniqueur à la radio et à la télévision. Ce dernier n'hésite pas à condamner des pages ou des groupes au nom de la défense de la vérité contre le chaos, avec la publication de vidéos où il s'adresse aux internautes usagers des réseaux sociaux suite à une campagne menée contre lui. Il déclare qu'en l'absence d'institutions ou d'acteurs de contrôle de l'information diffusée sur le Net, on risque d'y trouver n'importe quoi voire de la désinformation et il cite des exemples de pages de désinformation avec vidéos et images à l'appui. Ainsi, en nous référant aux catégories de Granjon[84] citée plus tôt nous pouvons qualifier Haythem Makki d'« interprète » puisqu'il évalue l'information mise à disposition, effectue des recoupements avec d'autres sources et d'autres types d'écrits, met en perspective et fait émerger des problématiques.

La révolution tunisienne a ainsi fait naître une figure importante dans le monde de la cyberdissidence, celle de l'expert, dont la place dominante est fondée sur ses compétences et sur son savoir hautement spécialisé qu'il doit en partie, comme le font remarquer Luc Boltanski et Ève Chiapello[85], à son expérience passée, c'est-à-dire aux multiples connexions établies notamment avec d'autres détenteurs de savoirs politiques. Malgré les avantages et les inconvénients, la diffusion de l'information comme celle des *intox* ou même les campagnes de désinformation menées par les *trolls*[86] de différentes appartenances politiques. L'Internet et les réseaux sociaux en particulier sont devenus pour les Tunisiens des espaces privilégiés de participation citoyenne, avec une fonction

84. Fabien Granjon, *op. cit.*, p. 9.

85. Luc Boltanski & Eve Chiapello, *Le Nouvel esprit du capitalisme*, Paris, Gallimard, NRF-Essais, 1999.

86. Les *trolls* sont des agents payés pour faire de la propagande sur les réseaux sociaux. Chaque *troll* disposant de plusieurs faux profils, publie, commente argumente et fédère les internautes autour du parti qui l'engage.

médiatique grandissante qui fait émerger ce que Pierre Lévy appelle des « automédias »[87]. En effet, les médias ne s'adressent plus seulement à des individus, mais aussi à des médias à part entière. Pour Haythem Makki les pages et profils des dissidents sont des médias, des récepteurs, mais aussi des émetteurs et des prescripteurs de contenus. C'est effectivement ces pages qui ont publié les liens vers des boîtes mail *hackées* au mois d'avril par *Anonymous* du premier ministre Hamadi Jebali puis de Rached Ghanouchi, chef du parti Ennahdha, et ont relayé le message d'*Anonymous* menaçant le gouvernement d'Ennahdha de divulguer tous ses dossiers confidentiels au cas où elle n'arrêterait pas sa politique de répression des manifestants et son non-respect des libertés. De ce fait nous pouvons postuler que le projet politique n'appartient plus seulement à l'homme politique, l'Internet propose désormais une redistribution des cartes quant aux détenteurs du message politique. Comme l'avance David Abiker, journaliste-chroniqueur, « les verrous sont en train de sauter »[88]. Le pouvoir qui s'affirmait par la détention et la conservation d'une information, qui était fermé et fonctionnait de haut en bas, bascule peu à peu dans une organisation ouverte qui travaille en réseau. Ainsi, le gouvernement tunisien actuel et ceux qui suivront comprendront-ils que le pouvoir ne consiste plus à détenir, mais à partager, à ne plus ordonner, mais à influencer ? Comment agiront-ils face à l'ouverture de l'information ? Essayeront-ils de verrouiller de nouveau l'Internet pour régner ? Telles sont les questions auxquelles nous trouverons des réponses dans les années à venir.

Chirine Ben Abdallah

---

87. Pierre Lévy, *Cyberdémocratie. Essai de philosophie politique*, Paris, Odile Jacob, 2002, p. 43.
88. David Réguer, *Blogs, Médias sociaux et politique*, Paris, Les 2 encres, 2009, p. 42.

Chapitre 5

Le cyberactivisme tunisien postrévolutionnaire : enjeux de l'engagement et de l'exercice de la citoyenneté

L'étude de la participation des cyberactivistes tunisiens à la révolution du 14 janvier 2011 suggère l'avènement d'une nouvelle forme de mobilisation citoyenne dans un pays où l'espace de l'activisme et du débat politique a été muselé pendant près d'un demi-siècle. Le rôle des réseaux électroniques dans la mobilisation et la contestation de l'ordre établi n'est plus à démontrer[89]. Nous savons que l'activisme électronique peut jouer un rôle de premier ordre dans la création de nouveaux espaces sociaux consacrés au débat politique et dans la création de nouvelles formes de mobilisation politique. Par ailleurs, l'avènement de ce que nous appelons aujourd'hui « le printemps arabe » a ravivé le débat sur le rôle politique que le Web a joué pendant les évènements en Tunisie et en Égypte.

Ce chapitre a pour objectif d'examiner et d'apprécier l'engagement des groupes *Takriz*, *Anonymous* et, plus tard, du *Parti pirate tunisien* dans les débats politiques qui animent la Tunisie postrévolutionnaire. Cela soulève la question de la pertinence de la participation politique et de l'exercice de la citoyenneté sur le Web dans un contexte tunisien nouveau, caractérisé par l'ouverture des réseaux et leur investissement par une multitude d'acteurs.

Par conséquent, l'étude des communications sur *Facebook* et *Twitter* de ces groupes au lendemain de la révolution permet de s'interroger sur les modalités de l'exercice de la citoyenneté et sur les moyens d'action entrepris. De ce fait, la contribution des

89. Laura J. Gurak, *Persuasion and Privacy in Cyberspace: The Online Protests over Lotus Marketplace and the Clipper Chip*, New Haven, Yale UP, 1997.

cyberactivistes aux débats en vigueur en ce moment en Tunisie, et surtout depuis mars 2011, reste à définir à la lumière du nouveau contexte d'ouverture du débat public, de l'apprentissage du dialogue et de l'exercice de l'action citoyenne. Cette participation est donc à étudier à la lumière de l'investissement du Web social après la révolution par des acteurs variés, aux intérêts et aux objectifs parfois contradictoires. Par conséquent, la construction de la sphère publique dans la Tunisie de l'après Ben Ali et l'apprentissage du débat public s'avèrent un exercice complexe qui mérite d'être observé de près.

Nous rappelons en premier lieu la participation des cyberactivistes aux évènements de la révolution. Nous examinons ensuite les modalités de participation au débat public et relevons les différentes conceptions de l'exercice de la citoyenneté au lendemain de la révolution. Nous étudions enfin le cyberactivisme postrévolutionnaire au prisme de l'émergence de la sphère publique. Ainsi, l'analyse de l'évolution de l'action et du discours des cyberactivistes nous renseigne d'abord sur la nature de leur engagement dans le débat public et leur conception de la citoyenneté, ensuite sur leurs stratégies d'adaptation ou non au nouveau contexte. Elle nous donne également un éclairage intéressant sur la nature des débats engagés ainsi que sur les tensions émergentes. Enfin, cette analyse nous permet de mieux apprécier la place qu'occupent les acteurs du Web participatif dans la sphère publique de la Tunisie postrévolutionnaire.

Le cyberactivisme en contexte révolutionnaire

Une immersion par observation participante dans les pages *Facebook* et *Twitter* de *Takriz* et *Anonymous OpTunisia* du 20 décembre 2010 au 31 mars 2011 nous a permis de constater que les cyberactivistes ne sont pas restés à l'écart de la révolution du 14 janvier 2011. Nous avons en effet pu relever un nombre important d'éléments permettant de mettre en évidence leur participation effective aux évènements qui mèneront à la révolution. Cette immersion a permis d'étudier l'actualité et le contenu de ces plates-formes au jour le jour, d'examiner les réactions et les commentaires générés par les informations diffusées et d'interagir avec certains cyberactivistes de façon anonyme.

Le choix de nous intéresser à ces groupes se justifie d'abord par le fait que *Takriz* est le groupe activiste le plus ancien sur le Web tunisien (depuis 1998) et le mieux organisé avec deux branches, l'une active sur le réseau et l'autre dans la rue. Ce groupe se distingue aussi fortement des autres mouvements de résistance électronique en Tunisie par la constance de sa critique du régime de Ben Ali et par le lancement d'un parti politique, le *Parti pirate tunisien*. *Takriz* est d'abord apparu sous forme de site web ensuite de magazine web, puis a investi les réseaux sociaux avec une page *Facebook*, un compte *Twitter* en 2009 et une tentative avortée de télévision en ligne (*Tak TV*). Plusieurs membres de l'organisation vivent à l'étranger, d'autres sont en Tunisie. Les fondateurs soulignent que leur collectif « *comporte une branche intelligence et contre-intelligence ainsi qu'un réseau de groupes d'action terrain indépendants* Takriz Network »[90].

Selon les deux créateurs du mouvement, *fœtus* et *waterman*, la page web *Takriz* est née d'un sentiment de « ras-le-bol de jeunes tunisiens » (18-25 ans)[91]. Précisant qu'ils sont issus des *hwem* (quartiers populaires), ils soulignent que les recrutements des membres sont effectués essentiellement dans les stades lors des confrontations avec la police[92]. Les militants sont aussi recrutés dans les lycées et les universités. Le groupe privilégie un langage grossier et très virulent, d'ailleurs souvent critiqué par le public. Cette virulence est selon nous visible à travers le terme *Takriz*, issu de l'argot tunisien et qui est généralement traduit par « ras-le-bol ». Toutefois, « ras-le-bol » est ici un euphémisme face à un terme porteur d'une puissante charge de colère, de rejet et de perte de patience. *Takriz* est un terme grossier qui lorsqu'il est prononcé, signifie que toute tolérance est épuisée. Une charge de violence aussi est contenue dans ce terme qui reflète certains traits caractéristiques du groupe qui allie l'idéologie de l'action violente à la grossièreté populaire. De plus, *Takriz* lance clandestinement en

---

90. Cf. <www.facebook.com/takriz/>.

91. Cf. Maryam Mnaouar, « Takriz : la violence était légitime face à une dictature meurtrière et barbare, le défouloir d'un groupe tunisien inclassable », 2.6.2011, *Afrik.com*, sur <www.afrik.com/article22996.html>.

92. Cf. <sluggerotoole.com/2011/07/01/in-tunisia-takriz-is-a-name-for-balls-and-a-youthful-rebellion/>.

octobre 2010 le *Parti pirate tunisien*[93] qui représente une nouveauté aussi bien sur la scène politique que cyberactiviste en Tunisie. Ce parti, qui incarne l'aile politique de *Takriz*, est composé de membres du groupe qui ont fait le choix de s'engager politiquement en formant un parti et en demandant sa légalisation auprès des autorités. *Anonymous*, ensuite, est un mouvement regroupant des pirates informatiques engagés dans la défense de la liberté d'expression et dans l'activisme politique et citoyen. Gabriella Coleman les qualifie de mouvement politique à part entière, et précise qu'il « *apparaît clairement qu'ils sont suffisamment cohérents, qu'ils ont une histoire et une substance éthique* »[94]. D'ailleurs, leur entrée en scène durant les manifestations de décembre 2010 et janvier 2011 en Tunisie apportera un soutien technique important aux cyberactivistes et internautes tunisiens. Dans un même ordre d'idées, *Takriz* avec sa branche politique (le *Parti pirate tunisien*) et *Anonymous* partagent un même combat contre la dictature et l'oppression de la liberté d'expression. *Takriz* et *Anonymous* adhèrent à une même politique de l'anonymat et sont unis à travers un code éthique « *qui nuance, à défaut d'éliminer, la concentration du pouvoir, selon lequel le leadership ou la célébrité ne sont en aucun cas une fin en soi* »[95].

Les observations recueillies permettent de souligner que la participation des cyberactivistes aux évènements qui vont mener à la chute du régime en place peut s'apprécier au moins à deux niveaux. Le premier en termes de mobilisation d'une partie de la contestation et de relais de l'information. Le deuxième par rapport à leur contribution à l'inscription de la mémoire collective de la révolution sur les réseaux.

Le Web social, espace de mobilisation et de relais de l'information

En étudiant deux mouvements de contestation organisés sur l'Internet (le premier contre la compagnie *Lotus Marketplace* et le deuxième contre l'algorithme *Chip Clipper* mis en place par l'administration Clinton), Laura Gurak a déjà démontré en 1997 le

93. Cf. Afef Abrougui, « The president of the Tunisian pirate party speaks », sur <http://uncutindexoncensorship.org>, 30.4.2012.
94. Cf. Gabriella Coleman, « From the lulz to collective action », *The new every day*, 4.2011.
95. *Idem.*

pouvoir que le cyberespace avait dans la mobilisation d'une large action de contestation citoyenne[96]. Elle conclut que l'activisme électronique peut jouer un rôle de premier plan dans la création de nouveaux espaces sociaux consacrés au débat politique et dans l'organisation de la protestation. Le Web participe, selon Gurak, à la création de nouvelles formes de mobilisation politique[97].

Pour sa part, Gabriella Coleman souligne le rôle des cyberactivistes dans la définition de l'agenda politique[98]. La fuite des télégrammes hautement confidentiels de la diplomatie américaine orchestrée par *Wikileaks* en est le meilleur exemple. Pour leur part, Barney Warf et John Grimes estiment que l'Internet contribue à maintenir vivants les discours anti-hégémoniques en permettant aux pauvres et marginalisés de défier le système de domination[99]. Au départ, et en marge du suicide de Bouazizi à Sidi Bouzid[100], plusieurs affrontements ont eu lieu entre les forces de l'ordre et les jeunes. *Takriz* revendique la participation active de ses militants de Sidi Bouzid à ces affrontements, allant même jusqu'à affirmer qu'ils les ont provoqués. Pour la première fois en Tunisie, des affrontements ont lieu ouvertement entre manifestants et forces de l'ordre. Dans ce contexte, le poids de l'image est puissant et porteur d'une dimension galvanisante et mobilisatrice. Cependant, la fuite d'informations sensibles a également contribué à alimenter l'actualité et à inciter les internautes à se mobiliser. En diffusant les nouvelles de l'arrestation ou du décès de certains manifestants ou les dernières tractations de la famille régnante au palais de Carthage, le Web social a permis de faire circuler ces informations auprès des internautes et des médias. *Takriz* affirmait que les informations publiées sur son mur sont de sources « sûres » et provenaient de militants sur place (c'est-à-dire sur les lieux des affrontements, à l'aéroport, etc.)[101].

---

96. Laura Gurak, *op.cit.*

97. *Idem.*

98. Gabriella Coleman, « Hacker Politics and Publics », *Public Culture*, n° 23-3, automne 2011.

99. Barney Warf & John Grimes, « Counterhegemonic Discourses and the Internet », *Geographical Review*, *Cyberspace and Geographical Space*, n° 87-2, avril 1997, pp. 259-274.

100. Cf. *supra*, avant-propos, p. 8 et chapitre 3, p. 57.

101. Cf. <www.facebook.com/takrizo#!/video/video.php?v=143886635668429.

Dans le même ordre d'idées, les réseaux sociaux ont permis également d'orienter et de réorienter les trajectoires des manifestations afin d'éviter les barrages policiers ou les tireurs embusqués. Sur *Facebook* et *Twitter*, des consignes appelant à emprunter telle rue ou éviter telle autre circulaient fréquemment permettant ainsi aux manifestants connectés grâce à leurs téléphones portables de rediriger les cortèges.

Il est également pertinent de noter la synchronisation de la mobilisation sur les réseaux sociaux et l'action sur le terrain. À cet effet, certains groupes, tels que *Nawwat*, disposaient de reporters présents sur les lieux des manifestations et qui transmettaient directement ce qui s'y passait en interviewant les participants. Les militants de *Takriz* couvraient aussi plusieurs régions du territoire tunisien[102]. Pour leur part, *Anonymous* a prêté main-forte aux cyberactivistes tunisiens en lançant d'abord l'*Opération Tunisia* le 2 janvier 2011 qui a consisté à rendre inaccessibles certains sites du gouvernement et en fournissant aux cyberactivistes des tutoriels et des instructions qui permettent de contourner la censure. Le mouvement venait donc d'opérer un virage significatif dans son orientation puisque l'*Opération Tunisia* a consacré l'entrée d'*Anonymous* dans l'activisme politique et social réel en s'associant à une révolution populaire contre un régime oppressif. En ce sens, plusieurs messages ont été adressés par les *Anonymous* aux cyberactivistes et aux manifestants tunisiens les incitant à maintenir la pression dans les rues et à ne pas reculer : « *Ceci est votre révolution, elle ne se fera pas sur Twitter ou sur les IRC*[103]*, elle ne sera pas diffusée à la télévision. Vous devez prendre les rues d'assaut, ou vous perdrez cette bataille. Restez constamment sur vos gardes, une fois emprisonné, vous ne pourrez plus rien pour vous ni pour votre peuple. Votre gouvernement est en train de vous surveiller*[104]. »

En plus d'avoir servi dans une certaine mesure comme catalyseur d'une partie de la contestation, les réseaux sociaux ont aussi joué un rôle important de relais de l'information. En ce sens, ils ont permis de contourner la censure exercée sur les médias. Les premières vidéos sont diffusées le 18 décembre sur la page

102. Cf. < www.facebook.com/#!/video/video.php?v=148845591839200>.

103. *Internet Relay Chat* ou « Discussion relayée par Internet », est un protocole de communication textuelle sur Internet (NdÉ).

104. Gabriella Coleman, *op.cit.*

Facebook de *Takriz* et montrent une manifestation des citoyens de Sidi Bouzid contre le gouvernement et le maire de la ville suite à l'immolation par le feu de Mohamed Bouazizi[105]. Les vidéos se sont succédées sur la page *Facebook* du groupe, dont celles filmant les affrontements entre les jeunes et les forces de l'ordre, les voitures brûlées à Sidi Bouzid[106] et ailleurs en Tunisie. En moyenne, chaque jour trois vidéos étaient diffusées et reprises par des centaines d'internautes. À partir du lendemain du suicide de Bouazizi jusqu'au départ de Ben Ali le 14 janvier, une soixantaine de vidéos amateurs ont circulé sur la page de *Takriz*. Ces vidéos couvraient les manifestations et les affrontements région par région, filmaient les arrestations musclées, diffusaient les discours des leaders des manifestations, montraient les manifestants blessés et tués. Elles ont été reprises par les grandes chaînes de télévision étrangère (*Al Jazeera*, *France 24*, *Euronews*, etc.) qui ont mis à la disposition des internautes des liens spéciaux permettant de poster directement leurs vidéos et leurs photos.

Malgré la censure exercée sur l'Internet tunisien jusqu'au 13 janvier 2010, en particulier de *Facebook* et de *YouTube*, *Takriz* et d'autres cyberactivistes ont réussi à déjouer le contrôle en jonglant entre les nouveaux comptes *Twitter*, plate-forme qui est restée accessible la plupart du temps, et en diffusant les tutoriels (consignes de contournement de la censure) via les pages web de certains membres anonymes. De nouveaux proxys qui permettaient d'accéder aux sites censurés depuis l'étranger ont été notamment fournis par des internautes de l'étranger[107]. Dès que la page était censurée, un nouveau lien était envoyé aux membres et les dirigeait directement vers un nouveau compte du groupe. La coopération entre *Takriz* et *Anonymous* a également permis de contourner cette censure[108]. De cette façon, le groupe a réussi tant

105. Sidi Bouzid, Tunisie, 18.12.2010, manifestations contre le gouvernement de Ben Ali suite à l'immolation de Mohamed Bouazizi, jeune en situation précaire, devant le siège du gouvernorat/mairie, vidéo amateur diffusée le même jour sur <www.facebook.com/takriz>.

106. « Sidi Bouzid : النار و لا العار », vidéo amateur diffusée le 19.12.2010 sur <www.facebook.com/takriz>.

107. « Je développe ! Je développe chère ATI je développe ! Tu censures, je développe des proxys qui vont me faciliter la vie », sur <www.takriz.com/emag/article/je-developpe-chere-ati>.

108. Cf. <www.facebook.com/pages/video/video.php?v=148969088493517>, « *TAK + Anonymous : RCD Degage - Ghannouchi Degage. Liberté – Les rues nous*

bien que mal à transmettre les vidéos et les informations aux abonnés dont le nombre n'a cessé d'augmenter : selon nos observations de 12 000 en décembre 2010 à 40 000 en janvier 2011 pour atteindre 86 667 en décembre de la même année.

Au-delà du rôle que ces vidéos ont exercé sur la mobilisation des jeunes internautes qui occupaient les rues dans la journée et passaient les nuits devant leurs ordinateurs[109], leur vrai pouvoir se manifestait quand le téléspectateur tunisien les découvrait le soir dans le célèbre *Hassad al Yaoum* (Récolte de la journée) sur *Al Jazeera*. Le Web social a ici joué un rôle de premier plan auprès des internautes dans la couverture des évènements, mais son rôle auprès des téléspectateurs a été indirect en ce sens que c'est à travers les médias de masse (ici les chaînes de télévision étrangère) qu'il a pu atteindre le public ordinaire. Nous pouvons distinguer ici un schéma de diffusion de l'information qui s'opère à deux niveaux, et selon lesquels le message émane des cyberactivistes et est relayé par les médias de masse. Le rôle que le Web social a joué dans le relais de l'information durant ces évènements a consacré ce qu'Hannah Arendt considère comme le droit à l'information et qui est une condition indispensable à l'émergence d'un espace public démocratique[110].

Réseaux numériques et conservation de la mémoire collective

Il est un fait que le cyberactivisme tel qu'observé sur le Web tunisien pendant et après la révolution de janvier 2011 engage directement notre rapport à la mémoire collective, à l'exercice de la citoyenneté et à la participation au débat public. Il est pertinent de souligner que la révolution tunisienne s'est inscrite sur les réseaux sociaux en bénéficiant de nouveaux rythmes d'écriture et de nouveaux modes de gestion du temps et de l'espace. Elle y a été diffusée, partagée, commentée et s'y est archivée et mémorisée. Nous savons que l'histoire de la technique et de l'outillage est intimement liée à celle de la mémoire[111]. Par conséquent, nous

---

appartiennent. We make revolutions - Libres, Vrais, Anonymes. - a.c.a.b - 1.3.1.2 - n.j.n.p - T/E/S ».

109. « En Tunisie, la révolution est en ligne », *Le Monde*, 18.1.2011.

110. Cf. Hannah Arendt, *Les origines du totalitarisme*, Paris, Gallimard, 2002.

111. Cf. André Leroi-Gourhan, *Le geste et la parole. La mémoire et les rythmes*, Paris, Albin Michel, 1965, p. 9.

considérons la technique telle que Bernard Stiegler[112] l'a souligné : comme un support et un outil d'extériorisation de la mémoire.

Les réseaux numériques ont largement bouleversé les rythmes de contestation comme les modes d'action et ont proposé de nouvelles formes d'écriture, de critique, de transmission des informations et d'archivage des évènements. Les réseaux offrent ici la possibilité de conserver la mémoire collective. En ce sens, l'outil libère la mémoire individuelle et celle-ci va se constituer en mémoire collective. Le Web en tant que *mnémotechnique* permet de stocker et de transmettre les savoirs et les cognitions. « *Ces technologies cognitives, en tant qu'elles agencent selon des dispositifs nouveaux les mémoires internes et les mémoires externes qui forment par leurs relations le fait cognitif complet, constituent une nouvelle époque du savoir*[113]. »

Nous posons ici comme moteur de cette mémorisation numérique l'objectif spontané de participation, de mobilisation et de transmission des informations ainsi que le besoin presque vital d'exhumer une période considérée comme des plus violentes de l'histoire de ce pays, besoin d'autant plus insistant que cette période était caractérisée par l'interdiction de toute tentative d'expression libre. Il est indéniable que l'usage du Web en contexte tunisien, avant ou pendant la révolution du 14 janvier 2011, répond à un besoin de liberté d'expression et d'exercice de la citoyenneté qui étaient réprimés fortement sous la dictature. Le besoin est donc ici au cœur d'une logique de l'usage : « *La relation d'usage est donc un composé complexe d'instrumentalisation et de symbolique. L'usager se trouve au nœud d'interactions complexes entre son projet, son désir profond et le modèle d'utilisation auquel il pense. Porteur de tout cela, il exerce une logique*[114]. »

L'usage des techniques de la communication répond donc à une dynamique qui met en œuvre les besoins de l'usager ainsi que son imaginaire. Nous suivons Michel de Certeau dans son analyse de la dynamique de la communication : « *il est faux de croire que l'importance de l'électronique et de l'informatique supprime l'activité des*

---

112. Bernard Stiegler, *La technique et le temps, t. 2 : la désorientation*, Paris, Galilée, 1996, p.168.

113. Bernard Stiegler, *Enjeux épistémologiques, méthodologiques et politiques des technologies cognitives,* 2005, sur <arsindustrialis.org/node/1934>.

114. Jacques Perriault, *La logique de l'usage. Essai sur les machines à communiquer*, Paris, Flammarion, 1989, pp. 208-213.

usagers. La diffusion générale de ces appareils multiplie les ruses et provoque l'invention des usages[115]. »

Au lendemain de la chute du régime de Ben Ali, les citoyens opèrent une réappropriation de l'espace de la parole publique. La célèbre vidéo dans laquelle un citoyen tunisien scande sur l'Avenue Habib Bourguiba le 14 janvier 2011 à 4 heures du matin « Ben Ali s'est enfui », filmée par un cameraman d'*Al Jazeera*, fait le tour du monde et est diffusée en boucle sur la chaîne[116]. À l'instar de la réappropriation de la rue, l'espace virtuel est réapproprié à son tour. En effet, l'ouverture de la sphère électronique, la levée de la censure sur *YouTube* à partir du 13 janvier 2011 (à la suite du dernier discours de Ben Ali) engendrent une multiplication sans précédent de groupes *Facebook* et *Twitter*, une explosion de la blogosphère avec la sortie de l'ombre de plusieurs blogueurs clandestins et l'apparition de nouveaux sites d'informations, blogs, pages personnelles, magazines, etc. Cet investissement du Web s'accompagne de nouvelles pratiques dont notamment l'organisation de nouveaux débats et controverses, le commentaire et l'analyse de l'actualité… L'explosion de l'écriture citoyenne, aussi bien sur les plates-formes sociales qu'au sein de la blogosphère et des sites web a directement mené à la réappropriation par les citoyens de l'espace de la parole publique jadis monopolisé par l'État. Entre le 15 janvier et le 15 février 2011, des centaines de groupes *Facebook* apparaissent, des groupes dont le nombre d'abonnés atteint rapidement plusieurs dizaines de milliers et qui expérimentent pour la première fois le débat politique sans crainte de censure. Des dizaines de pages tournant en dérision des personnalités et des institutions de l'ancien régime se créent quotidiennement. De plus, la réhabilitation du langage dialectal et de l'arabe classique sur les réseaux a été un élément symbolique fort pendant et après cette révolution. L'analyse des titres des pages *Facebook* apporte un éclairage intéressant sur les émotions que les internautes tentent d'exprimer : joie, patriotisme, satire, autodérision, délation, appels à la mobilisation. Désormais, la moindre déclaration politique ou sortie d'une personnalité publique est décortiquée et se voit

---

115. Michel de Certeau & Luce Giard, *L'ordinaire de la communication*, Paris, Dalloz, 1983, p. 18.
116. Cf. < www.youtube.com/watch?v=0J0_IqRzaCE>.

consacrer une page *Facebook*. De plus, la couleur mauve, symbole du Parti-État et de la chaîne nationale *Tunis 7* subit les affres satiriques des internautes.

Ainsi, le Web social a eu une fonction d'exutoire des traumatismes vécus sous la dictature. Désormais, des pages regroupant des dizaines de milliers d'abonnés sont consacrées à la critique du ministère de l'Intérieur et de la police, principaux appareils de répression de l'ancien régime. Règlements de compte, caricatures, dénonciation et appel à poursuivre la révolution contre ces deux institutions deviennent des passe-temps favoris de milliers d'internautes. Les réseaux numériques ont donc servi, à travers la production, la diffusion et le partage massifs des documents, de support « techno-logique » permettant d'extérioriser informations et émotions vécues sous la dictature, ce qui a permis d'archiver une période cruciale de l'histoire tunisienne. Nous suivons Bernard Stiegler : « *Les réseaux affectent et désaffectent, organisent et désorganisent les rythmes, les mémoires. Le réseau en général est en ce sens* programmatique. *La transmission de rythmes programmatiques venus d'ailleurs, du dehors, suspend d'autres rythmes et d'autres programmes en ouvrant à l'autre, tandis que le devenir-matériel des trames, l'objectivation ou extériorisation qui est territorialisation dans la déterritorialisation est soumis à la tendance technique*[117]. »

Activisme politique et citoyen et réseaux sociaux

Roger Sue définit la participation comme étant : « *faire valoir un avis, bien sûr, mais plus encore s'informer, apprendre, comprendre, écouter, échanger, discuter, argumenter, s'exprimer, négocier, délibérer... bref, "prendre sa part" au quotidien*[118]. » Au lendemain de la révolution tunisienne, les réseaux sont massivement investis par les internautes et les cyberactivistes qui expérimentent une libéralisation sans précédent de l'espace électronique. L'objectif principal de l'usage des réseaux sociaux dans la Tunisie postrévolutionnaire n'est plus de socialiser ou de se faire des amis, mais de participer au débat public et à la vie politique. Suite aux élections, des causes variées sont désormais défendues et célébrées. Cependant, on peut remarquer

---

117. Bernard Stiegler, *op cit.* pp. 168-169.
118. Roger Sue, « L'important c'est de participer », *Transversales*, 24.4.2007.

que deux catégories principales d'internautes deviennent de plus en plus actives et s'affrontent sans cesse aussi bien sur la Toile que dans la rue : les islamistes et les laïques. Les premiers sortis vainqueurs des élections de l'assemblée constituante du 23 octobre 2011, et les seconds représentant une large partie de l'opposition.

Les réseaux sociaux deviennent, à l'instar de la rue et des médias un espace de discussion et de confrontation des opinions et un acteur à part entière de la sphère publique. Les groupes laïques défendent des causes ayant trait aux droits des femmes, des enfants et des minorités et dénoncent les choix politiques du gouvernement en place. Les pages d'obédience islamiste défendent des causes liées à l'application des lois de la *charia* et affichent leur soutien au gouvernement. Au-delà de ces positions, des conflits idéologiques éclatent entre les deux camps presque quotidiennement et se traduisent par des attaques réciproques. Ces attaques peuvent prendre des formes différentes allant de la diffamation aux insultes, à la diffusion de rumeurs, à la dénonciation, etc. Elles peuvent aussi et parfois prendre des formes purement technologiques et consistent à pirater la page de l'adversaire et à la rendre inaccessible. En outre, l'une des caractéristiques principales de ces pages est l'anonymat. En effet, et malgré la libéralisation du Web, les cyberactivistes continuent d'agir sous couvert d'anonymat par crainte des représailles pour certains. Pour d'autres, principalement *Takriz* et *Anonymous*, l'anonymat représente, comme le décrit Coleman, un code d'éthique à travers lequel les cyberactivistes démontrent leur rejet de la célébrité et de l'individualisme. Nous ajoutons que le choix de l'anonymat s'inscrit pour ces groupes dans une dynamique de l'action collective.

Les voies diverses de la participation

Bernard Stiegler et Marc Crépon soulignent que le Web permet une plus grande possibilité de participation à la vie politique[119]. La crise de la démocratie représentative et « la misère symbolique de la télévision »[120] causent ce que les auteurs

119. Bernard Stiegler & Marc Crépon, *De la démocratie participative, fondements et limites*, Paris, Mille et une nuits, 2007.
120. *Idem.*

appellent un manque d'écoute des citoyens. Aussi, l'opposition entre producteurs et consommateurs détruit selon les auteurs toute forme de participation. Parlant du cyberactivisme et de la participation des jeunes et des citoyens au débat public existant en ce moment en Tunisie, il est possible d'évoquer une opposition entre d'une part la classe politique et les médias *mainstream* et d'autre part les jeunes, les révolutionnaires, les chômeurs, etc. dont une large partie recourt au cyberactivisme comme seul moyen de se faire entendre. L'opposition est d'autant plus criante que la classe politique détient le pouvoir de prise de décisions et les médias celui de définition de l'ordre du jour. Ceci est particulièrement le cas de *Takriz*, groupe célèbre sur la Toile, mais dont la présence et l'activisme sont tus par les médias tunisiens. Ceux-ci justifient leur attitude envers le groupe par le fait que le terme *Takriz* est grossier et peut heurter la sensibilité du public. Le groupe n'a donc pas d'accès aux médias nationaux. Dans cet ordre d'idées, l'exclusion de plusieurs catégories de citoyens des deux processus (de prise de décisions et de productions de l'information) représente ici une dissociation au sens stieglerien du terme. Par conséquent, la participation électronique des citoyens permettrait la « *réapparition d'un processus de socialisation, c'est-à-dire d'un processus d'individuation psychique et collective* »[121]. La reconstruction d'un réseau nouveau de participation à la vie politique, sociale et économique constituerait une voie privilégiée pour la mise en place d'une « *[...] infrastructure d'un nouveau monde industriel [...] qui rend possible de nouveaux types de relations entre les citoyens – permettant en l'occurrence de dépasser l'opposition producteur/consommateur* »[122].

Par ailleurs, et à l'instar de la diversité qui caractérise de plus en plus la sphère du débat public postrévolutionnaire tunisien, les modalités de la participation empruntent des voies et des méthodes variées. La couverture de l'actualité est une importante activité qui consiste à commenter les nouvelles politiques et sociales. Les cyberactivistes tentent de couvrir l'actualité des régions intérieures du pays, jusqu'ici tenues à l'écart du débat public. Ceci a été rendu possible grâce à ce que nous

121. Bernard Stiegler, « 3 questions à Bernard Stiegler : dépasser l'opposition des producteurs et des consommateurs », *Transversales*, 24.4.2007.
122. *Idem.*

osons appeler le reportage citoyen. Selon les régions où ils se trouvent, les internautes rapportent les évènements qui se déroulent autour d'eux et les publient sur le Web. Plusieurs régions sont donc sorties de l'ombre grâce à ces initiatives. Les évènements qui surviennent au bassin minier de Gafsa, région du Sud-ouest toujours sous tensions, sont rapportés presque quotidiennement sur le Web et repris par les médias. On peut donc observer ici une participation des cyberactivistes dans l'animation du débat public ainsi qu'un rôle influent, parfois, sur l'ordre du jour. Cependant, et bien qu'ils partagent le même objectif de l'activisme politique et qu'ils collaborent parfois ensemble, *Anonymous* et *Takriz* ne partagent pas les mêmes méthodes de participation. En effet, *Anonymous* opère en lançant les Ops (opérations de piratages informatiques), les DDOS (attaque par déni de service) ou le vol d'informations. En avril 2012, *Anonymous* lance l'opération *Ammar 404* en réponse aux mesures annoncées par le gouvernement visant à mieux sécuriser le Web tunisien. Le groupe lance un canal : #*Revolution404* où les individus peuvent rejoindre l'IRC (le *chat*) afin de participer aux opérations[123].

Plusieurs vidéos dénonçant la politique du gouvernement sont diffusées par le mouvement dont la dernière en date du 25 mai 2012[124]. Cette vidéo appelle à rejoindre le canal en vue de préparer des Ops : « *Ammar 404 qui fût un des procédés de censure sur internet parmi les plus stricts du monde et qui a été longuement utilisé par l'ancien régime referait donc surface sur le Web tunisien avec sa barbe.... Tunisiens, tunisiennes levez-vous et rejoignez-nous, le temps est venu d'agir pour le maintien de nos libertés individuelles, afin de préserver nos libertés d'internet, de préserver notre liberté d'expression si difficilement obtenue. Luttons ensemble contre les dérives de ce régime illégitime qui doit obligatoirement tomber. Participez à l'opération #Révolution404, rejoignez-nous sur IRC*[125]. »

Toutefois, nous notons que depuis le début de l'année 2012, *Anonymous* devient de plus en plus actif sur le terrain non seulement en lançant les appels à manifester, mais en participant aux manifestations. Les membres d'*Anonymous* étaient présents

123. Cf. <https://revolution404.piratenpad.de/1/>.

124. *Anonymous,* Opération #*Revolution404*.

125. *Idem.*

dans la plupart des manifestations prolaïques qui ont été organisées dès le début de l'année 2012 et étaient reconnaissables à travers leur célèbre masque de Guy Fawkes.

De son côté, *Takriz* continue dans la stratégie de l'incitation et de l'appel à la mobilisation à travers les messages écrits et audiovisuels diffusés sur *Facebook* et *Twitter*. En mai 2011, le groupe demande la légalisation de son parti politique l*e Parti pirate tunisien*. En mars 2012, il annonce la fermeture progressive de sa page *Facebook* et lance son propre journal sur le Web dans lequel il livre ses commentaires sur l'actualité politique, sociale et économique du pays[126]. Ces initiatives inaugurent une nouvelle phase de participation au débat public à travers l'action politique réelle et le journalisme citoyen. En outre, *Takriz* contribue à la rédaction du journal controversé *Dhidessolta* (Contre le pouvoir) lancé par le journaliste Taoufik Ben Brik[127]. Par ailleurs, *Takriz* continue son action sur le terrain en participant aux manifestations et en tentant de les provoquer à travers un discours incitatif toujours présent notamment sur sa page *Twitter*.

Concernant les nouveaux groupes apparus sur *Facebook* au lendemain de la révolution, la participation prend également des formes variées allant du simple partage d'informations jusqu'aux attaques informatiques. Celles-ci sont lancées contre un groupe ou une page qui prône une idéologie opposée. Les pages sont piratées et deviennent inaccessibles. Le groupe attaqué crée une nouvelle page et annonce la fermeture de l'ancienne suite à un piratage. Ces attaques sont assez fréquentes surtout entre les pages laïques et les pages salafistes ou islamistes. En outre, plusieurs acteurs : partis politiques de l'opposition, syndicats, personnalités publiques, etc., utilisent les réseaux sociaux pour organiser les manifestations. De ce fait, la plupart des manifestations qui ont eu lieu dans le premier trimestre de l'année 2012 ont été lancées sur *Facebook*. Il en va ainsi de la manifestation du 16 mars dans laquelle des manifestants islamistes réclamaient l'application de la *charia*. La réplique laïque a été donnée sur *Facebook* à travers l'organisation d'une manifestation adverse le 20 mars. L'Union générale des travailleurs tunisiens, la plus importante organisation syndicale,

---

126. *The Takriz jounal*, lancé en mars 2012.

127. Cf. « *Takriz*, Manoubi le suédois, Ghannouchi le saoudien », *Dhidessolta*, 31.3.2012.

utilise également *Facebook* pour diffuser ses appels à la mobilisation (appels pour la manifestation du 9 avril ou du 1er mai). Dans ce cas la fonction de partage massif des appels sur les réseaux permet d'informer un nombre important d'internautes.

Le choix de textes galvanisants et de mots puissants, en lien avec la mémoire des martyrs ou les objectifs de la révolution, qui accompagnent les annonces assure un meilleur impact. Il est donc possible de déduire que les plates-formes d'échange social sont devenues un terrain d'activisme intéressant qui attire non seulement les cyberactivistes mais d'autres composantes de la société telles que les partis politiques, les personnalités publiques, les syndicats, les associations citoyennes, etc.

Les différentes conceptions de l'exercice de la citoyenneté

Même si les groupes étudiés partagent la même idéologie de l'activisme politique et citoyen à travers le réseau, il n'en demeure pas moins qu'ils proposent chacun une conception différente de l'exercice de la citoyenneté. Ces différences sont visibles notamment à travers leurs modes et stratégies d'action. Au lendemain de la révolution, *Anonymous Tunisia* reste dans l'expectative, mais continue dans la logique du *cyberhacktivism*.

À partir du premier trimestre de l'année 2012, *Anonymous* sera de plus en plus actif sur le terrain tunisien aussi bien en opérant des attaques informatiques, qu'en incitant à la mobilisation et en participant aux manifestations. À cet effet, *Anonymous* organise entre mars et avril 2012 des attaques contre les sites web du parti islamiste *Nahdha* et du parti salafiste *Ettahrir*, le mouvement pirate et les comptes courriels de certains membres du gouvernement dont le premier ministre Jebali en mars et avril 2010 et rend publics certains messages. Ces opérations ont largement suscité l'intérêt des médias. Le mouvement orchestre depuis la fuite des contenus de ces courriels, ce qui continue d'animer l'espace public tunisien. Il est possible de constater qu'*Anonymous* affiche son hostilité envers le gouvernement en place – composé en majorité par les islamistes – et envers le mouvement salafiste ainsi que les anciens du régime Ben Ali, et se positionne ouvertement du côté des jeunes révolutionnaires.

Pour sa part, le *Parti pirate tunisien* obtient sa légalisation en mars 2012. Le parti tente de participer légalement aux débats publics et prend part aux évènements en participant aux manifestations et en offrant son soutien aux revendications des blessés de la révolution. Il défend des causes liées aux droits des chômeurs et des démunis et affiche son opposition au gouvernement en place. Prônant l'action politique sur le terrain, le *Parti pirate tunisien* continue aussi d'être actif sur sa page *Facebook*, plate-forme qui lui sert de tribune pour promouvoir ses activités, réitérer ses engagements politiques, mobiliser et recruter des sympathisants. Issu du groupe *Takriz*, le *Parti pirate tunisien* incarne donc la volonté du groupe de s'engager sur le terrain politique. La création de ce parti est significative à plus d'un égard. D'abord, cela démontre une prise de conscience de *Takriz* de l'importance de mener le combat sur le terrain politique et à visage découvert parallèlement à l'action cyberactiviste anonyme. Le lancement de ce parti représente également une nouvelle étape dans l'évolution du groupe. Celui-ci a toujours revendiqué son apolitisme, mais finit par reconnaître l'importance de l'action politique légale en vue de participer au débat politique et de provoquer le changement.

Toutefois, et malgré le lancement d'une aile active sur le terrain politique, *Takriz*, le groupe d'origine, continue son action cyberactiviste anonyme à travers le même discours grossier et révolutionnaire. Il affiche son hostilité envers les politiciens qu'il qualifie d'« opportunistes », les islamistes au pouvoir, les salafistes et les anciens du régime. Le groupe prône la prise du pouvoir par les jeunes révolutionnaires. Aussi, si le langage du groupe est resté constant depuis 1998 en ce sens qu'il associe la vulgarité aux allusions sexuelles grossières, le contenu de son discours, lui, a évolué après la révolution. La diffusion des vidéos, la fuite d'informations et l'appel à la mobilisation ont largement laissé la place aux théories du complot et aux appels à la destruction et à la vengeance contre les membres de l'ancien parti au pouvoir, les forces de l'ordre, le ministère de l'Intérieur… Il appelle au boycott des élections d'octobre 2011 et continue sa dénonciation des partis politiques, de l'ingérence occidentale, etc. Par conséquent, *Takriz* continue de tout rejeter : les gouvernements provisoires successifs, les élections du 23 octobre 2011 et s'en prend au parti islamiste *Nahdha*.

Le groupe justifie son appel à la violence comme étant une réaction légitime face à la violence des politiciens et des forces de l'ordre[128]. On décèle ici une conception révolutionnaire de la citoyenneté proposée par *Takriz* impliquant un discours extrémiste et violent. Le groupe rejette également les résultats des élections et l'arrivée des islamistes au pouvoir, lance un journal électronique et annonce en mars 2012 qu'il quitte graduellement *Facebook*. Par conséquent, et même si le lancement du *Parti pirate tunisien* incarne la volonté du groupe de s'engager politiquement dans le débat, *Takriz* continue de garder l'anonymat et de prôner un discours violent et révolutionnaire. Cette position finit par discréditer le groupe auprès de nombreux internautes qui l'ont soutenu pendant les évènements du 14 janvier. Car si *Takriz* a pu justifier la violence comme étant le seul moyen de combattre la dictature de Ben Ali, cet argument tend à perdre du terrain dans la Tunisie nouvelle. De même, les médias tunisiens multiplient les attaques contre le groupe[129]. Le tribunal militaire ordonne le 10 mai 2011 de fermer la page *Facebook* de *Takriz* pour incitation à la haine[130].

Il convient donc de souligner que la dimension éthique de la participation doit être considérée avec vigilance. Si les cyberactivistes prennent part à travers le Web au débat public et tentent d'influencer le processus de prise de décision, il n'en demeure pas moins que leurs modalités de participation ne font pas toujours l'unanimité. Le recours à la diffamation, la rumeur, la propagande, le piratage des données personnelles, etc., sont ici des pratiques qui témoignent de l'absence d'un cadre éthique. Toutefois, nos observations nous ont permis de relever une tendance à l'autorégulation au sein du cyberespace. En ce sens, les abonnés d'une page n'hésitent pas à dénoncer certaines publications ou pratiques lorsqu'elles sont irrespectueuses.

La publication par *Takriz* en mars 2011 d'une vidéo expliquant la fabrication d'un cocktail Molotov a été fortement dénoncée par les internautes qui ont d'ailleurs signalé cette

---

128. « La violence se donne toujours pour une contre-violence, c'est-à-dire pour une riposte à la violence de l'autre », sur <twitter.com/#!/Takriz/status/52453200657264640>.

129. Cf. Seif Soudani, « *Takriz*, quand les hooligans font de la politique », *La sentinelle de Tunisie*, sur <www.sentinelle-tunisie.com/medias/item/takriz-quand-les-hooligans-font-de-la-politique>.

130. Cf. <www.ati.tn>.

publication auprès de *Facebook*[131]. Ainsi, nous pouvons constater que la participation citoyenne au débat public et au processus de prise de décisions à travers le Web nécessite une meilleure intégration de la question éthique, ce qui implique des citoyens éclairés et responsables[132].

Les cyberactivistes auraient donc avantage à mieux considérer les règles éthiques du débat et de l'expression de l'opinion et à mieux accepter la différence et l'adversité. Expérimentant pour la première fois la libéralisation de la parole, ils évoluent donc en tâtonnant et en apprenant au fur et à mesure à mieux adapter leurs méthodes. Néanmoins, le Web a cela de particulier qu'il permet la participation des citoyens ordinaires dans le débat public en leur offrant la possibilité de produire eux-mêmes l'information, de la diffuser et de la commenter. Le réseau leur permet également d'exister et de faire connaître leurs idéologies et leur activisme sans avoir à passer par les canaux médiatiques traditionnels. Même si la participation doit être nuancée en fonction de sa pertinence et de sa constance, il convient de noter que le Web participatif rompt, dans une certaine mesure, avec le schéma élitiste classique de la production/expression de l'information et de la prise de décisions. Par conséquent, l'intrusion de ces collectifs dans l'espace du débat public nous pousse à considérer autrement la sphère publique qui émerge actuellement en Tunisie.

Une sphère publique post-révolutionnaire en construction

L'investissement de l'espace du débat public par les cyberactivistes et les internautes est porteur de tensions et de conflits multiples qui s'expriment dans des controverses variées, aussi bien politiques, qu'économiques, socioculturelles et religieuses. Au-delà des conflits d'opinion et des querelles d'ego, les cyberactivistes voient leurs discours évoluer et leur activisme parfois changer d'objectifs dans une Tunisie qui continue de se chercher. Cette évolution s'opère dans un contexte caractérisé par l'explosion de la diversité et du dissensus au sein de la société et

131. Cf. <www.facebook.com/takriz/videos>.
132. Cf. Roger Sue, *op. cit.*

sur le Web. Dans un même ordre d'idées, nous assistons depuis l'avènement de la révolution tunisienne à un débat sur l'émergence d'un espace public libre après des décennies de censure des médias par le régime du Parti-État. L'interrogation sur la possibilité de la constitution d'une sphère publique sur le Web a été pour nous cruciale dans la considération de la résistance électronique au régime de Ben Ali depuis le début des années 2000[133].

Selon la définition habermasienne, la sphère publique est la sphère des personnes privées qui débattent de sujets d'intérêts communs[134]. Elle est en même temps « *réglementée par l'autorité, mais directement contre le pouvoir lui-même afin d'être en mesure de discuter avec lui sur les règles générales de l'échange, le terrain de l'échange des marchandises et du travail social* »[135]. L'histoire de la sphère publique remonte selon l'auteur au XVIIIe siècle avec l'apparition des discussions publiques bourgeoises en Europe. Commentant cette conception de la sphère publique, Nancy Fraser souligne que « *[...] la sphère publique connotait un idéal de discussion rationnelle, sans restriction, des affaires publiques. La discussion se devait d'être ouverte et accessible à tous, les sujets d'intérêt exclusivement privés n'étaient pas admis, les inégalités de statut social devaient être suspendues et les participants devaient débattre de pair à pair. Le résultat d'une telle discussion constituerait l'opinion publique, dans le sens fort d'un consensus portant sur le bien commun* »[136]. Cet idéal de la sphère publique est indispensable à l'exercice de la démocratie.

Cependant, la définition habermassienne de la sphère publique a été nuancée et plusieurs auteurs ont souligné la difficulté de continuer de considérer aujourd'hui l'espace public comme un espace homogène, basé sur le consensus et l'argumentation rationnelle.

En 1996, Mark Poster estimait déjà qu'avec l'Internet et les réseaux électroniques, le temps de la sphère publique en tant que

---

133. Samia Mihoub, *Internet dans le monde arabe : complexité d'une adoption*, Paris, L'Harmattan, 2005.

134. Jurgen Habermas, *L'espace public. Archéologie de la publicité comme dimension constitutive de la société bourgeoise*, Paris, Payot, 1997, p. 38.

135. *Idem.*

136. Nancy Fraser, 1992, « Repenser la sphère publique ; une contribution à la critique de la démocratie telle qu'elle existe réellement », in Craig Calhoun (dir.), *Habermas and the Public Sphere*, Cambridge, MIT Press, p. 130.

sphère de discussion en face à face est « révolu »[137]. Néanmoins, la question de la démocratie devrait se poser, selon lui, en tenant compte des nouveaux modes de discours électroniques[138]. Dans sa lecture de la théorie habermasienne de la sphère publique, Nancy Fraser souligne que la sphère publique bourgeoise était loin d'être idéale[139]. En effet, selon elle, cette sphère était exclusive aux hommes de la bourgeoisie et de la classe moyenne, excluant par la même occasion les femmes, dont les intérêts étaient considérés comme domestiques, et les ouvriers qui n'avaient pas accès aux associations civiques, culturelles, philanthropiques, etc.[140] Dahlberg note que le désaccord, la différence et les conflits sont au cœur de la sphère publique[141].

À la lumière de cette analyse, il est donc possible de constater que dans la Tunisie postrévolutionnaire, de nouveaux paradigmes sont à l'œuvre. Ces nouveaux enjeux incitent simples internautes et cyberactivistes à expérimenter la libéralisation de l'espace de la parole publique dans un climat tendu. Tensions et conflits émergent entre ces collectifs activistes, dont les intérêts, les modes de participation et les conceptions de l'engagement sont variés et ne font pas toujours l'unanimité. Par conséquent, notre analyse de l'espace du débat public postrévolutionnaire se démarque des tendances idéalistes. En effet, il convient de repenser la notion de la sphère publique dans un contexte où les réseaux électroniques s'avèrent être un terrain d'activisme politique et citoyen, de mise en scène des subjectivités, de participation et même de manifestation de la violence[142].

Par conséquent, nous considérons le cyberactivisme comme un acteur du débat public. Les activistes y expriment les tensions qui les animent, aussi leurs identités subjectives s'y

---

137. Mark Poster, « Cyberdemocracy: Internet and the public sphere », in David Porter (ed.), *Internet culture,* Cambridge, Routledge, 1996, p. 209.
138. *Ibidem*, pp. 209-210.
139. *Op. cit.*, p. 131.
140. Nancy Fraser, « Rethinking the Public Sphere: A Contribution to the Critique of Actually Existing Democracy », in Robbins Bruce, *The Phantom Public Sphere*, Minneapolis, University of Minnesota Press, 1993.
141. Lincoln Dahlberg, « The Habermasian Public Sphere: Taking Difference Seriously », *Theory and Society*, n° 34-2, avril 2005, p. 129.
142. Margaret Crawford, « Contesting the Public Realm: Struggles over Public Space in Los Angeles », in *Journal of Architectural Education*, n° 49-1, septembre 1995, pp. 4-9.

confrontent. De même, cet espace exprime, à l'instar de la rue, des cafés et des autres lieux publics, émotions, opinions et attentes et peut servir de terrain d'émergence de l'action collective. Les débats qui animent la rue tunisienne y sont effectivement transposés et les conflits qu'il abrite inspirent à leur tour la rue. *In fine*, il convient de considérer la sphère publique émergente comme étant porteuse de dissensus et d'hétérogénéités. Elle est, en effet, composée d'une multitude d'acteurs. Ses composantes ne sont pas homogènes, les débats qui s'y déroulent ne sont par conséquent pas que rationnels, mais au contraire porteurs de passions diverses, reflétant par là même, les subjectivités qui s'y entrechoquent.

En soulignant le rôle des cyberactivistes pendant et après la révolution tunisienne, nous ne nous inscrivons pas dans le déterministe technique et n'ambitionnons pas de considérer le Web social comme à l'origine de la révolution tunisienne. Nous ne pouvons, en effet, sous-estimer le pouvoir des contextes réels et de la force populaire qui, en se conjuguant, ont permis l'éclatement de la colère collective des Tunisiens. L'activisme sur le Web ne peut aboutir à un quelconque changement sans une synchronisation avec l'action réelle sur le terrain, dans les rues. La révolution tunisienne a d'abord eu lieu dans les rues et a été provoquée par un contexte particulier qui a favorisé l'éclatement de la colère populaire. Par conséquent, l'analyse des soubassements de cette révolution ne peut se soustraire à l'examen des éléments politico-socio-économiques qui ont rendu possible l'avènement de ce soulèvement populaire. Toutefois, il est inéluctable que cette révolution a aussi investi les réseaux. Elle s'y est inscrite en bénéficiant de nouveaux rythmes d'écriture et de nouvelles spatio-temporalités. Elle y a été diffusée, partagée, exprimée, commentée et s'y est archivée et mémorisée.

D'ailleurs, la brèche qui a été ouverte sur le Web depuis le début des évènements de décembre 2010 n'a pu être refermée. À l'instar de la rue qui a été réappropriée par les citoyens et où la colère populaire contre le gouvernement actuel ne cesse d'être exprimée lors des nombreuses manifestations qui s'y organisent, le Web constitue également un terrain de prédilection pour l'expression des conflits existants. Les jeunes révolutionnaires y trouvent un espace de parole dans une Tunisie où les médias officiels continuent de leur refuser l'accès. Les débats qui ont lieu aujourd'hui sur les médias sociaux tunisiens ainsi que les mutations qui s'y opèrent reflètent les tensions et les problématiques qui animent la rue tunisienne. Les mouvements de territorialisation qui sont à l'œuvre sur les réseaux sociaux inspirent parfois même la société en ce sens où les actions des cyberactivistes sont à leur tour commentées et analysées par les médias et par la classe politique. À plusieurs reprises, des membres du gouvernement sont déjà intervenus afin de démentir des rumeurs propagées sur *Facebook*[143].

Même si l'activisme se passe avant tout dans la rue, on ne peut pas aujourd'hui négliger l'apport des collectifs cyberactivistes au débat public à travers un engagement politique et citoyen de plus en plus présent. D'ailleurs, il convient de rappeler ici que *Takriz* s'est engagé dans l'action cybermilitante depuis 1998 lorsque l'espace de la parole tunisienne était verrouillé et que toute action sur le terrain était violemment réprimée. Même fortement surveillé, le Web a offert dès cette date aux jeunes Tunisiens un terrain de résistance en servant d'espace de reterritorialisation et d'inscription des signatures[144]. Gilles Deleuze et Félix Guattari expliquent que « *la signature, le nom propre, n'est pas la marque constituée d'un sujet, c'est la marque constituante d'un domaine, d'une demeure. La signature n'est pas l'indication d'une personne, c'est la formation hasardeuse d'un domaine* »[145].

Ayant cette particularité de déterminer un territoire, une appartenance, la signature inscrite sur le réseau a donc offert à ces jeunes la possibilité de confectionner, à leurs manières, un espace d'expression et d'engagement collectif.

Samia Mihoub

143. Intervention de Rafik Abdessalem, ministre des Affaires étrangères, le 14 avril 2012, pour démentir une rumeur circulant sur *Facebook* stipulant l'arrêt de la prise en charge du rapatriement des Tunisiens décédés à l'étranger.
144. Gilles Deleuze & Félix Guattari, *Mille plateaux*, Paris, Minuit, 1980.
145. *Ibidem*. p. 389.

Bibliographie complémentaire

Arendt, Hannah, *Les origines du totalitarisme*, Paris, Gallimard, 2002.

Cardon, Dominique & Hélène Delaunay-Teterel, « la production de soi comme technique relationnelle. Un essai de typologie des blogs par leurs publics », *Réseaux*, 138, juillet-août 2006, pp. 15-71.

Dahlberg, Lincoln, *Radical Democracy and The Internet,* Palgrave, 2007.

Dahlberg, Lincoln, « The Habermasian Public Sphere: a Specification of the Idealized Conditions of Democratic Communication », *Studies in Social and Political Thought,* 2004, pp. 2-18.

Drugeon, Antony, « *Anonymous* : derrière le masque des hackers révolutionnaires », *Rue89*, 9.7.2011, sur <www.rue89.com/explicateur/2011/07/09/sous-le-masque-des-anonymous-ces-hackers-revolutionnaires-213144>.

Hibou, Béatrice, « Tunisie, économie politique et morale d'un mouvement social », *Politique africaine*, n° 121, mars 2011, pp. 5-22.

Mihoub, Samia, « Internet en Tunisie : régulation, usages et conflits émergents », *Horizons maghrébins*, 62, Presses de l'Université du Murail, 2010, pp. 105-110.

Mihoub, Samia, « La question de l'internet arabe ou quand les États se trompent de cible », *Africultures,* 2008, sur <www.africultures.com>.

Poster, Mark, *What's the matter with the Internet,* Minneapolis, University of Minnesota Press, 2001.

Sunstein, Cass, *Republic.com 2.0*, Princeton University Press, 2001.

Stiegler, Bernard, *Enjeux épistémologiques, méthodologiques et politiques des technologies cognitives,* 2005, sur <arsindustrialis.org/node/1934>.

Chapitre 6

Médias et politique en Algérie Paradoxes d'une démocratie.

Il est fréquent dans les études en communication, notamment celles qui ont pour objet la communication politique, de s'intéresser aux interactions entre le média et le politique. Le plus souvent, on met l'accent sur l'impact du politique sur le monde des médias ou bien sur la thématique des effets des médias sur les comportements électoraux, ou, enfin, sur la question des usages des médias en communication politique. Ces pages se proposent de prolonger cette distinction, sans nécessairement adhérer au déterminisme technologique de Marshall McLuhan ou d'Harold Innis. On tentera de répondre à la question suivante : comment la nature d'un média modifie-t-elle le rapport entre le citoyen et le politique ? Plus précisément, comment les médias, en Algérie, en particulier la télévision puis les médias alternatifs, conditionnent-ils, tour à tour, ce rapport ?

On ne peut pas aborder un pareil sujet sans revenir à l'Histoire contemporaine de l'Algérie et à ce qui fait son exception dans la zone géographique. Pour cela, il faut revenir à octobre 1988, date de la première révolte populaire dans la région, dont l'essentielle revendication fut la démocratie et l'ouverture politique. Cette ouverture fut possible grâce à la révision de la constitution en 1989 qui instaura, avec une expérience inédite, le multipartisme et une vraie liberté d'expression et de ton dans la presse écrite. Avec l'avènement du parti islamiste du Front Islamique du Salut (le FIS), le processus électoral fut interrompu. Cette évolution a entraîné l'Algérie dans une vague de violence et de terrorisme, véritable guerre civile qui durera une décennie.

Pendant trois ans, entre la date de révision de la constitution et l'arrêt du processus électoral en 1992, l'Algérie a connu une véritable expérience démocratique en matière de liberté d'expression. Des centaines de titres furent créés où l'on pouvait constater une liberté de ton inédite. D'ailleurs cette liberté dans le domaine de la presse écrite est restée longtemps unique en Afrique du Nord. Cette ouverture médiatique ne s'étendra hélas pas à la télévision. Ce n'est que le 12 septembre 2012 que le gouvernement algérien donne son feu vert à l'ouverture de l'audiovisuel, mettant fin au monopole de l'État sur la télévision et la radio, et, par la même occasion, à un paradoxe qui aura duré 21 ans. On ne peut que s'interroger devant ce paradoxe qui était propre à l'exercice de la démocratie en Algérie : serait-il approprié de qualifier un système politique de « démocratique » quand l'État détient le monopole de la télévision ? Pourquoi le pouvoir politique en Algérie s'obstinait-il à garder ce monopole de l'État sur « sa télé » ? Et n'était-il pas paradoxal qu'on fasse confiance au peuple pour élire ses représentants et institutions politiques, le président en premier lieu, alors que l'on a peur que ce même peuple soit manipulé par la télévision ? C'est justement pour répondre à cette dernière question que l'on pourrait tenter d'élucider ce mystère de la « démocratie algérienne ».

Paradoxe

Il est utile de noter que l'idée de la démocratie – qui garantit au peuple l'exercice de sa souveraineté – est basée sur deux acceptations qui constituent les piliers de chaque régime démocratique. D'une part, une démocratie des institutions qui se caractérise par la liberté du peuple à élire ses représentants et choisir ses institutions et qui peut être désignée comme une acceptation politique de la démocratie. D'autre part, la deuxième acceptation, aussi valable que la première, est ce que nous appellerons « l'acceptation communicationnelle » de la démocratie, illustrée en premier lieu par la liberté d'expression et de pensée. Cette acceptation est également indispensable à l'exercice de la démocratie. Si le suffrage universel représente parfaitement l'acceptation politique de l'idée de la démocratie, on ne trouvera pas de meilleure illustration de l'acceptation communicationnelle de la démocratie que le principe de pluralité médiatique. À commencer par le plus important : la télévision. Autrement dit, il n'y a guère de démocratie sans communication. Elle en est la condition de fonctionnement. Si la pluralité médiatique en matière de presse écrite constitue un acquis démocratique difficilement restituable, la question qui se pose d'emblée est : pourquoi la télévision figure-t-elle comme une exception à cette pluralité ?

Ce sont pourtant les mêmes individus, comme le souligne Dominique Wolton[146], qui votent, qui écoutent la radio et qui regardent la télévision. Comment d'un côté accepter l'intelligence des citoyens, au point d'en faire la source de la légitimité démocratique à travers le suffrage universel, et de l'autre supposer le public des médias influençable et apathique ? C'est ce même individu qui est au fondement des systèmes politiques, avec le suffrage universel, et qui est engagé dans la communication[147].

Si le citoyen est en mesure de distinguer les messages politiques et l'origine de la légitimité, il l'est également face aux messages de communication. La communication est ici inséparable du suffrage universel. Cela ne serait-il pas « une ruse » pour éviter que le peuple ne soit « manipulé » par une éventuelle télévision indépendante des cercles de décisions de l'État et des rouages du système ? Le monopole de l'État sur la télévision ne serait-il pas une sorte de « manipulation préventive » ? Mais avant tout cela, est-il fondé – du moins sur un plan strictement méthodologique – de prendre pour argent comptant cette idée de la manipulation du public par les médias ?

Idée reçue

La problématique de la manipulation par les médias est aussi vieille que le débat sur les effets de la communication sur les individus. On est parti d'un postulat simple, voire simpliste : l'omniprésence des médias et de ses effets sur les comportements et les attitudes des individus. Un des premiers travaux traitant le sujet et s'inscrivant dans ce paradigme est l'ouvrage de l'allemand Serge Tchakhotine, dont le titre illustre bien le courant de pensée dominant pendant cette époque (des années 1930 jusqu'aux années 1950) : *Le viol des foules par la propagande politique*[148]. D'autres

---

146. Dominique Wolton, *Penser la communication*, Paris, Flammarion, 1997, p. 45.
147. *Idem.*
148. Serge Tchakhotine, *Le viol des foules par la propagande politique*, Paris, Gallimard, 1992 [1939].

travaux ont suivi : les premières études du politologue des États-Unis Harold Lasswell et son modèle d'*aiguille hyperdermique*[149], expression forgée pour désigner l'impact direct et indifférencié des médias sur les individus. Ces travaux ont comme point commun d'avoir alimenté l'idée de la toute-puissance des médias et de la propagande, durant la période où l'on sortait à peine de la Deuxième Guerre mondiale.

Depuis beaucoup de choses ont changé. À commencer par les circonstances et les contextes. Les recherches en communication ont, elles aussi, évolué, et ces thèses déterministes ont été réfutées. Du modèle de la toute-puissance des médias, les chercheurs en communication ont compris, dès les années 1940, que le public des médias n'est pas aussi passif qu'on le pensait[150]. Le public des médias a cette faculté critique qui lui permet d'accepter ou non les messages de communication, d'adhérer ou non aux discours médiatiques[151].

Or, en Algérie, on agit, dans le domaine de la politique et des stratégies médiatiques, conformément à ces modèles aussi vieux que les premières tentatives de théoriser la communication. Des modèles théoriquement contestés et empiriquement désavoués. De ce fait, on a pratiqué une politique médiatique de « mise sous tutelle », encourageant ainsi à laisser penser que l'Algérien n'est toujours pas « prêt » à assumer son rôle de « décodeur » de messages médiatiques, qu'il n'est pas assez « politiquement mûr » pour faire le tri et la critique de ces messages, alors qu'il en est étonnement capable lorsqu'il s'agit du taux de participation aux élections présidentielles.

Hypothèse

Mais pourquoi de tous les médias en Algérie, a-t-on persisté si longtemps à laisser la télévision sous le contrôle du pouvoir politique ? Pour répondre à cette question, nous pensons qu'il est

---

149. Harrold Laswell, *Propaganda in the World War*, Cambridge (MA), MIT Press, 1971 [1927].
150. Armand et Michelle Mattelart, *Histoire des théories de la communication*, Paris, La Découverte, 1995.
151. Paul Lazarsfeld, *The People's Choice*, New York, Columbia University Press, 1944.

aussi intéressant de chercher la réponse sous son angle politique que sous son aspect communicationnel pour laquelle une approche *sémiotique* des caractéristiques propres à la télévision en tant que média s'impose d'emblée. En effet, outre les qualités d'accessibilité et de démocratisation qu'offre la télévision, l'importance de l'enjeu est liée à sa capacité à se destiner à plusieurs sens en même temps, par rapport à la presse écrite qui peine à se soustraire d'une certaine image de média « lettré » à l'opposé de la télévision « populaire ». De plus, du fait que la télévision est avant tout une image (du moins dans le sens commun), elle symbolise deux aspects décisifs : *la réalité* et *la vérité*.

La *réalité* est, par définition, le caractère de ce qui a une existence réelle, de ce qui existe comme chose et non seulement comme idée, allusion, ou apparence. La télévision n'est pas très éloignée de cette définition. Dans les représentations collectives, par sa qualité d'image, elle n'offre, *a priori*, que la réalité, elle transmet le réel, qui ne peut être ni modifié ni manipulé – toujours selon ses représentations – comme il pourrait l'être dans le média écrit ou même dans le cinéma et la fiction. Dans la télévision, on peut presque « toucher » le réel. Des phénomènes comme l'identification et l'empathie sont facilités par la nature concrète de l'image télévisuelle. L'écriture n'est, quant à elle, qu'un intermédiaire de plus entre l'idée et le sujet, un deuxième signifiant dans cette sphère de signes qui nous entoure. L'image, par contre, représente directement la réalité. Elle ne s'y substitue pas. Elle l'est.

L'écriture, comme média, dans une « approche piercienne », est d'abord un symbole dans la hiérarchie des signes. C'est-à-dire le type le plus complexe et le plus arbitraire qui nécessite une conventionalité dans les codes et où le transfert du sens se passe assez difficilement et moins directement du processus dans le cas de l'image, d'autant que cette dernière est animée et sonorisée dans la télévision. L'image est une icône, le niveau le plus « abordable » quant aux processus de décodage et le chemin le plus court vers le sens et la vérité. On ne trouve *a priori* aucun intermédiaire qui s'interposerait entre le message iconique de la télévision et son destinataire. C'est pour cette raison qu'il y aurait moins de risques pour que ce message soit manipulé. En effet, le message télévisuel est de tous les messages médiatiques, sur le plan conceptuel, celui qui est le plus proche de la *vérité*. Il est la vérité,

« puisqu'on ne peut pas mentir dans la télévision » dira-t-on dans les interviews de l'étude. Ces visions, archaïques et fondées sur des bases précaires et usées dont le sens commun est la seule référence, pourraient expliquer, en grande partie, pourquoi on tenait autant à garder la mainmise du pouvoir sur la télévision.

Alternatif

Médias alternatifs : est-ce une autre façon de faire la politique ?

Le magazine américain *Time*, en désignant chacun des internautes générant du contenu sur l'Internet, en tant que « personnalité de l'année 2006 », a été l'un des premiers observateurs à avoir mis en lumière ce phénomène qui n'en finit pas de susciter les débats. Avec ces médias sociaux et interactifs, c'est un nouveau rapport qui s'instaure entre les citoyens et la chose publique. C'est un espace public formé autour de personnes privées faisant un usage public de tout, et régi par le principe de publicité – cher au philosophe allemand Jürgen Habermas – par opposition au secret du pouvoir.

Un premier exemple sur ce nouveau rapport nous vient d'Islande : après que le peuple islandais se soit clairement exprimé en donnant une fin de non-recevoir à ceux qui voulaient lui faire accepter la faillite financière des banques en 2008, les autorités ont choisi de faire participer l'ensemble des citoyens connectés à travers les réseaux sociaux pour réécrire la constitution. Avec les deux tiers des habitants sur *Facebook* (la population la plus informatisée au monde), cette forme de démocratie collaborative paraît presque « normale » dans ce contexte.

Que dire alors de l'initiative de deux jeunes Marocains qui ont eu l'idée de soumettre la constitution marocaine au débat sur l'Internet à travers la mise en ligne d'une véritable plate-forme participative ? Le procédé est peut-être trop simpliste : les internautes approuvaient ou non chaque article de la constitution, avec la possibilité d'introduire un commentaire. La nouvelle constitution a fini par être votée, mais cette initiative a mobilisé toute une partie de l'opinion publique marocaine, comme en témoignent les 19 249 participants à ce débat électronique, dont la majorité (76 %) a approuvé le texte, loin des 97,58 % des résultats officiels.

Enfin, comment parler de médias alternatifs et du rapport au politique sans évoquer le rôle des médias sociaux qui ne sont qu'un autre aspect du cyberespace connecté, dans les soulèvements populaires en Afrique du Nord ? Ces « révolutions *Facebook* », tel qu'elles ont été souvent appelées, n'ont été que le prolongement d'un combat qui germait déjà au sein de leurs sociétés et qui était en gestation depuis bien longtemps. *Facebook*, ou tout autre réseau social sur l'Internet, n'est pas la cause de la révolte des peuples arabes, il n'en est qu'un de ses outils.

Les réseaux sociaux, pendant ces soulèvements, ont été décisifs au moins pour deux raisons. D'abord par leur capacité à rassembler et à « mettre en lien » des points distants qui ne se seraient peut-être jamais rencontrés sans l'aide de cet outil ; de plus, ces réseaux ont garanti plus de visibilité à ces mouvements populaires. Les deux révolutions ont atteint leurs objectifs notamment grâce à l'image que l'on a véhiculée d'elles. La révolution égyptienne fut presque « belle », même sur un plan strictement esthétique. Elle fut héroïque sur un plan symbolique. *Facebook*, *Twitter*, ou encore *YouTube* ne sont pas étrangers à ces situations.

Mais est-ce qu'on peut pour autant se demander si le temps de la démocratie représentative et de la délégation sera prochainement révolu grâce à ce nouveau rapport à la chose publique ? Est-ce que les internautes en détenant cet outil peuvent fabriquer désormais un autre rapport au politique ? Et, enfin, est-ce que le cyberespace public 2.0 est la fin de l'intermédiation ?

Dans le cas algérien, cette nouvelle *agora* est à la fois le prolongement et la métamorphose d'un espace public « classique » qui n'existe plus, sinon modestement ; un des derniers bastions de la liberté d'expression inconditionnelle et sans frontière, une analogie d'une certaine idée de l'exercice de la démocratie ; et enfin, une promesse d'un avenir meilleur.

Ce qui revient le plus dans les réponses des interviewés et dans les commentaires, c'est qu'ils sont de plus en plus nombreux à utiliser l'Internet, non pas dans la simple intention de chercher des informations, mais pour y laisser une information. Cette information est souvent un avis ou un commentaire. On passe souvent plus de temps avec les commentaires sur un site d'information qu'à lire les articles. Les commentaires s'avèrent souvent plus intéressants et significatifs que les articles qu'ils sont censés commenter.

Clivage 2.0

Une journée ordinaire d'un e-citoyen algérien pourrait se résumer, dans la plupart des cas, en un cycle répétitif de tâches et une activité systématique qui consiste à critiquer l'actualité. S'il a un avis sur tout, cet e-citoyen est généralement régi, dans cette activité critique par la même logique dogmatique de son rapport avec les thèmes d'actualité, logique qui détermine également son rapport avec les autres sujets de son monde et les objets de la vie de tous les jours. On retrouve sur l'Internet presque les mêmes schémas d'interaction, entre les acteurs d'un même système, qu'offre le spectacle des rapports humains au sein des groupes sociaux. Dans ce sens, cet espace est certes une métamorphose par rapport aux médias classiques, mais il représente un prolongement des schémas dogmatiques qui existent dans la société.

L'analyse de cet espace d'échange manifesterait un phénomène, certes pas insolite, mais néanmoins intensifié par la nature de ce média : une dichotomie entre deux catégories d'internautes, dont la différence se situe surtout dans leurs conceptions respectives du projet de société qu'ils souhaitent. Cela se traduit par deux regards, symétriquement opposés, sur les thèmes proposés par l'actualité. S'il est plus fréquent, dans les pays de l'Afrique du Nord, de parler d'une dichotomie opposant démocrates ou laïques et islamistes (des termes génériques et souvent causes d'amalgames), on préfère en utiliser une autre, empruntée à l'œuvre du sociologue algérien Djamel Guerid, lequel, décrivant le processus d'industrialisation de la société algérienne dans les années 1970 puis en examinant les maux de l'université algérienne des années 1990, propose un modèle d'analyse opposant, dans un système, acteurs classiques et acteurs majoritaires.

Dans son essai *L'exception algérienne*[152], Djamel Guerid revient à ce qu'il voit comme l'origine de la dualité culturelle (et accessoirement linguistique) dans la société algérienne durant la période de colonisation française à partir de 1830 : deux perceptions de l'idée de la résistance se manifestent : « La résistance-dialogue »[153] et la résistance armée, incarnées respectivement par deux figures de l'Histoire de l'Algérie au début de la colonisation française : Hamdan Khodja et l'Émir Abdelkader. Si tous les deux furent deux personnages importants dans l'histoire de la résistance contre le colonialisme, d'autres paramètres les distinguent l'un de l'autre. Le premier fut un aristocrate, fin connaisseur de la civilisation occidentale et polyglotte. Le second venait d'un milieu rural, fortement imprégné par la culture religieuse et la langue arabe.

Pendant la première moitié du XXe siècle, cette dualité se reproduit et divise l'Algérie en deux tendances culturelles différentes, celle des modernistes francophones et celle des conservateurs arabophones[154]. Évidemment, il serait insensé de penser cette séparation comme une muraille étanche entre les deux tendances, mais il serait également absurde de réfuter son existence. La nouvelle ère d'indépendance verra le prolongement de cette dualité, qui s'étendra jusqu'à toucher tous les pans et aspects de la société algérienne et de ses institutions, à commencer par l'université et le monde de la presse.

L'étudiant « classique », héritier de la tradition moderniste francophone, a été le premier à se manifester sur la scène de l'université algérienne à l'aube de l'indépendance. Mais ce représentant d'une « élite au cœur de la modernité occidentale » a laissé sa place, dès les années 1970, à une autre figure, celle de l'étudiant « majoritaire », arabophone, imprégné de codes religieux et ayant, pour la plupart, des origines paysannes. Cela va s'accentuer davantage, puisque l'université des années 2000 a été dans l'impossibilité de reproduire le modèle de l'étudiant classique.

152. Djamel Eddine Guerid, *L'exception Algérienne. La modernisation à l'épreuve de la société*, Alger, Casbah Éditions, 2007.

153. Abdelkader Djaghloul, *De Hamdan Khodja à Kateb Yacine : pour un regard national !*, Oran, Dar El Gharb, 2004.

154. Khaoula Taleb Ibrahimi, *Les Algériens et leurs langues*, Alger, El Hikma, 1997, 2e édition.

On retrouve pratiquement cette dichotomie dans le milieu de la presse, dès les premières années de l'indépendance. On a d'une part, une élite médiatique moderniste francophone, dont les références émanent du modèle symbolique occidental. Elle constituait la majorité dans les années 1960-70. De l'autre côté, on a une élite arabe conservatrice qui se revendique du modèle culturel arabo-islamique. Grâce à la politique d'arabisation, cette élite est désormais majoritaire dans le paysage médiatique algérien[155].

Le cyberespace public algérien 2.0 est, en quelque sorte, un substitut de l'université telle qu'elle devrait être, c'est-à-dire un espace d'échange, tout en prolongeant la dualité culturelle que l'on constate à l'université. Grâce à la visibilité qu'offrent ces médias alternatifs et à la facilité d'accès à la parole publique dont dispose « l'internaute majoritaire », celui-ci est plus que jamais présent dans l'espace public, s'affirmant même comme une catégorie majoritaire. Tout comme son aîné l'étudiant majoritaire, l'internaute majoritaire est plutôt de langue arabe et de culture islamique. Rien d'étonnant donc à ce que les quatre sites algériens les plus visités soient des sites de journaux algériens arabophones[156].

Si le tournant « islamiste » des printemps démocratiques a surpris plus d'un observateur de la chose politique dans les pays arabes, cela n'aurait pas été le cas si l'on avait pris le temps d'observer ce qui se passe dans le cyberespace public algérien. Ce dernier s'érige désormais comme un vrai baromètre des dynamiques sociales. Nourri par l'actualité, il est quotidiennement terrain de confrontations entre « internautes majoritaires », convaincus ou séduits par le courant islamique, et « internautes classiques », devenus, par la force des choses, une minorité composée de « démocrates », parfois de tendance laïque, qui sont souvent conditionnés par une logique d'opposition plutôt que par des convictions. À l'origine de cette discorde, on peut trouver deux perceptions différentes de la démocratie et de la question de l'accès à l'espace public. Contestant le choix de la majorité, la

155. Cf. Gilbert Granguillaume, « Arabisation et démagogie », *Le monde diplomatique*, février 1997, pp. 5-6.
156. Cf. <http://www.alexa.com/topsites/countries/DZ>.

minorité « démocrate » risque d'être discréditée par son propre discours. Si ce clivage n'annonce, en apparence, rien de nouveau dans une Algérie qui en a l'habitude, son déplacement à ce cyberespace public 2.0, risque de favoriser enfin une certaine Algérie, l'Algérie profonde, l'Algérie des « majoritaires », au détriment d'une autre Algérie, représentée et fantasmée par beaucoup de ses intellectuels, qui parlaient d'une société qu'ils croient connaître. Le rapport au politique que proposent les médias alternatifs, à travers un cyberespace 2.0, annonce, avant tout, la fin de l'intermédiaire.

Fayçal Sahbi

Bibliographie complémentaire

Addi, Lahouari, *Mutations de la société algérienne*, Paris, La Découverte, 1999.

Bourdieu, Pierre, *Sociologie de l'Algérie*, Paris, Presses Universitaires de France, 1958.

Bras, Jean-Philippe & Larbi Chouikha (dir.), *Médias et technologies de communication au Maghreb et en Méditerranée : mondialisation, redéploiements et arts de faire*, Actes du séminaire organisé par l'IRMC à Tunis, 6-7 octobre 2000, Tunis, IRMC, juin 2002.

Cardon, Dominique, *La démocratie internet. Promesses et limites*, Paris, Seuil, 2010.

Casilli, Antonio A., *Les liaisons numériques : vers une nouvelle sociabilité ?*, Paris, Seuil, 2010.

Courbet, Didier, *La puissance de la télévision*, Paris, L'Harmattan, 2000.

Guerid, Djamel Eddine, *L'une et l'autre sociétés*, Oran, CRASC, 1995.

Lachraf, Mostefa, *L'Algérie : nation et société*, , Paris, Maspero, 1965.

Maarouf, Nadir, *Les fondements anthropologiques de la norme maghrébine*, Paris, L'Harmattan, 2005.

Mace, Éric, *La société et son double : une journée ordinaire de télévision*, Paris, Armand Colin, 2006.

Mercklé, Pierre, *Sociologie des réseaux sociaux*, Paris, La Découverte, 2011.

Chapitre 7

Au fil de la révolution : de la fiction télévisée aux places de la liberté

C'est à Sofia que ce chapitre a été présenté, dans le cadre d'un colloque réunissant en particulier des contributeurs autour du « Printemps arabe » et de son articulation avec les médias et la démocratie. Sofia, ce nom était déjà, comme une anecdote historique, synonyme d'une révolution dans la voie majeure ésotérique[157] du monde musulman depuis quatorze siècles. Cette voie est suspectée par ses détracteurs d'être un délire imaginaire.

Dans ce même contexte de l'imaginaire, nous aborderons la réalisation révolutionnaire du printemps arabe qui comporte plusieurs facettes et une seule vocation. Cette dernière est la démocratie, dont la mouvance numérique doit normalement engendrer sa forme classique. Ce contexte de l'imaginaire sera adapté à la conjoncture de la postmodernité, dont la caractéristique principale de sa culture, selon Claire Bardainne : « *repose sur son exorbitante réévaluation de l'imaginaire, dimension qui avait été précédemment reléguée aux marges de l'histoire*[158]. »

Au cours d'une aventure intellectuelle au cœur du quotidien, nous parviendrons à comprendre que le printemps n'a pas fleuri par accident dans le monde arabe, mais que l'odeur de son jasmin enveloppait déjà les détails du quotidien le plus banal au sein de chaque foyer arabe, autour du repas, devant la télévision et en passant par les réseaux numériques. D'ailleurs, comme

157. Jean Chevalier, *Le soufisme*, Paris, PUF, Que sais-je ?, 1984, p. 5. D'après lui, le terme « soufisme » ne serait qu'une déformation du mot grec « Sofia », la sagesse. Le terme arabe *tassawf* a été introduit en 1821 dans les dictionnaires occidentaux sous le terme « soufisme » et résume des comportements, des pratiques et des rites qui se sont développés depuis presque les origines de l'islam, derrière sa façade officielle.

158. Claire Bardainne & Vincenzo Susca, *Récréations : galaxies de l'imaginaire postmoderne*, trad. Abienne Perboyer, Paris, CNRS Éditions, 2009, p. 89.

l'affirme Michel Maffesoli, « il n'y a de savoir qu'enraciné dans l'existence courante »[159]. Ce quotidien est banal dans son mal, sa douleur ou encore dans son rapport au développement des TIC (Technologies de l'Information et de la Communication). C'est un mécanisme de banalité, complexe dans sa nature, qui devient, dans une représentation socioculturelle, spécifique au Printemps arabe, un étrange processus de la révolution. Cette banalité montre la puissance de l'alchimie des nouveaux médias à renforcer les feux des contestations populaires sur la place de la liberté ou plutôt sur « les places de la liberté », plurielles dans leur contexte local et une sous un angle global où la liberté est le centre de réflexe de ces places.

Le feu n'est rien d'autre qu'un sacrifice, passage forcé d'une jeunesse locale qui se livre aux flammes. Le fil de ce désarroi qui touchait la région apparaît avant tout comme né d'une réalité sociale contrainte à une précarité féroce. Pourtant le fil a été rattaché à un autre de nature numérique et, entre les deux, la quête de la nouvelle démocratie est nourrie. Cette dernière va se métamorphoser d'elle-même dans un chaos total, une absence de leader charismatique et une coupure radicale des cultures classiques des passions démocratiques.

Migration fictionnelle du moi au moi pluriel

Qu'est-ce que le mouvement révolutionnaire remet en jeu dans la question ? Les questions de l'avenir, de la démocratie et des passions sociales sont en jeu. Mais la question qui se pose probablement aussi dans l'enjeu du printemps démocratique concerne les nouveaux lieux de la révolution.

Chaque révolution a une mémoire de lieu, un attachement et un amour pour un espace, là où elle a grandi et où elle est née, mémoire qui retient à de multiples rythmes toutes les formes de concepts parfois très éloignés les uns des autres, voire contradictoires.

Les lieux peuvent être représentés comme la souffrance la plus intense, tout comme ils peuvent être la source de lumière la

159. Michel Maffesoli, *Le rythme de la vie : variations sur l'imaginaire postmoderne,* Paris, La Table ronde, 2004, p. 16.

plus éclatante. La révolution fait son histoire dans ses lieux et aussi à travers ses ombres, en ajustant le jeu du vide et du plein, la lumière et l'obscurité, le noir et le blanc. À ce sujet, Maffesoli rapporte qu'« animer l'ombre permet de faire du "moi" un "nous" bien plus complet »[160]. C'est grâce à la conscience de ce « nous » que les révolutions émergent.

La révolution de l'ère numérique se rapporte à une nouvelle dimension de l'espace en un autre lieu commun, un lieu sans ombre, un lieu d'une seule couleur, celle de la lumière et du numérique, mais qui répond à la logique de l'ombre, à la pluralité du monde en lui-même. C'est un site ou plutôt une société numérisée, ou même un numérique social, le Web social, un milieu des états multiples qui se suivent et s'enchaînent en construisant certaines relations entre les hommes, un milieu mental et culturel qui se confronte à la matière et aux sciences, mais surtout pas à l'architecture des milieux. C'est un des nouveaux modes de communications abordés par Maffesoli qui constituent « un nouvel environnement, un nouveau rapport de soi à soi et de soi au monde »[161]. Le Web social selon Nicolas Vanbremeersch[162] est un immense espace dans lequel les internautes sont les producteurs de multiples informations et contenus, rendus publics, où la motivation essentielle est celle du partage. Dans la thèse du même auteur, au Web social, s'ajoutent deux autres aspects du Web qui peuvent être complémentaires : le Web documentaire et le Web de l'information.

Le Web en général est un espace lié aux médias et spécifique par l'incapacité de pouvoir l'investir dans toute sa complexité et sa finesse. Enfermer le Web dans un territoire démarquant ses limites est une tâche paradoxale et inadaptée à son sens mobile, qui redessine de nouvelles frontières en baptisant un site ou en prononçant l'agonie d'un autre. Ce sont les e-participants qui décident du sort de ce monde en fonction de la puissance mentale qui veut déconstruire un lieu-lien, pour en construire un autre. Les échanges engendrent une activité dynamique indiquée par Nicolas Vanbremeersch, car ils « *sont un*

---

160. Michel Maffesoli, *op. cit.*, p. 170.
161. *Ibidem*, p. 172.
162. Nicolas Vanbremeersch, *De la démocratie numérique,* Paris, Seuil, 2009, pp. 24-40.

travail vital, le lien et la transmission, par le dialogue, d'informations et d'opinions riches et argumentées »[163]. Les touches et les clics deviennent des liens sociaux, actes d'attachement multidimensionnels inscrits dans le mimétisme de lieu, dans une mémoire qui relève du paradoxe de non-lieu, ou un nouveau lieu enrichissant la terminologie actuelle, un point sur lequel Henri Oberdoff a mis l'accent : « *Les évolutions dues à l'internet et au Web donnent lieu à de nouveaux mots ou de nouveaux concepts : cybersocieté, société numérique ou virtuelle, cité Internet, cyberdémocratie, démocratie électronique, etc. Aujourd'hui, le virtuel, le numérique et l'électrique règnent. L'espace numérique s'est développé très rapidement en quelques années. Le Web est devenu la clef essentielle de cette cybersociété, comme à une autre époque le téléphone ou la télévision ont aussi transformé profondément nos sociétés. Ces innovations se sont propagées à une très grande vitesse. Elles modifient en permanence, et de manière très significative, les relations entre les individus en ouvrant de très nombreuses possibilités en termes de communication*[164]. »

Le Web social est une pratique qui a émergé, avec le développement des TIC et l'intégration totale de la dimension numérique à la vie citoyenne. Selon Michel Berry, ces nouvelles technologies, qui sont devenues une composante essentielle pour le quotidien, ont permis « l'émergence de pratiques sociales novatrices, avec des mobilisations d'autant plus massives »[165]. La diffusion des outils et des données numériques a permis le développement du concept de démocratie numérique. Ce concept original s'est épanoui dans le numérique social. Ce processus va générer une révolution d'innovation sociale, s'appuyant sur la soif des coconstructeurs de nouveaux types d'expression et d'interaction entre les individus, un concept qu'a bien démontré Henri Oberdoff : « *Les libertés d'expression et de communication, sous toutes leurs facettes, sources d'une bonne démocratie, disposent de nouveaux espaces de développement grâce à la croissance de l'environnement numérique*[166]. »

Le monde arabe n'a pas fait défection dans le processus de cette agora numérique où les objets techniques en référence à

---

163. Nicolas Vanbremeersch, *op. cit.*, p. 8.

164. Henri Oberdoff, *La démocratie à l'ère numérique,* Grenoble, Presses universitaires de Grenoble, 2010, p. 7.

165. Michel Berry & Christophe Deshayes, *Les vrais révolutionnaires du numérique,* Paris, Éditions Autrement, 2010, p. 10.

166. Henri Oberdoff, *op. cit.*, p. 47.

Maffesoli, « sont des “totems” où le “je” se pluralise, il devient “nous” »[167]. Ce « nous » sur les pages web a bien contribué et continue à propager des opinions pendant les révolutions et développe, dans l'inconscient du Web même, l'image de la démocratie.

La télé sur le Web : une télévision qui se souvient de l'avenir démocratique

Nous n'allons pas prétendre nous pencher sur la question de la polarité de l'image de la démocratie chez le récepteur arabe de l'image audiovisuelle ou sur une étude épistémologique des liaisons entre la vie démocratique et les nouveaux environnements numériques. Mais nous allons essayer d'appréhender le façonnage de l'image de la démocratie dans le Web social depuis fin août 2010. Pourquoi avoir choisi cette date ? Que vivait le monde arabe juste avant le début du printemps ? Telle est la question qui commande la suite de ce travail.

Ainsi, juste avant l'émergence de ces mouvements de révolte, le monde arabe et musulman vivait-il le mois sacré du *ramadan*[168], alors que les chaînes télévisées et les satellites rivalisaient dans la diffusion des plus grands programmes et séries. Ces derniers devenaient une partie indispensable du quotidien de la population arabe avec un taux très élevé de téléspectateurs, en raison, comme le montre Belkacem Mostefaoui : « *de la monopolisation des programmes audiovisuels qui n'a plus de sens sous les pressions conjuguées des chaînes satellitaires et d'une demande et un équipement des foyers citadins en antennes paraboliques communautaires*[169]. » Cette année-là, en 2010, le programme était annoncé, la plupart des séries parlaient justement de la révolution et incitaient le public à sortir dans la rue pour changer la société jugée précaire et injuste. C'était un moyen pour la fiction télévisée d'influencer l'imaginaire de la société ou même l'image de la démocratie ;

167. Michel Maffesoli, *op. cit.*, p. 171.

168. *Ramadan*, huitième mois du calendrier musulman, mois de jeûne rituel.

169. Belkacem Mostefaoui, « La liberté de communication audiovisuelle au Maghreb », in Freund de Wolfgang Slim (dir.), *L'information au Maghreb,* Tunis, Cérès Productions, 1992, p. 284. L'auteur cite Martin Winckler, *Légendes*, récit autobiographique, Paris, P.O.L, 2002, p. 63.

Joseph Belletante parle de cette contribution de la fiction à l'opinion publique : « *Pour l'écrivain Martin Winckler, la télévision est "une hydre à trois têtes" [...]. La première tête est spectaculaire, elle contient des jeux et des débats démonstratifs, manipulateurs ; la seconde est informative et peut s'insérer dans une tentative d'explication du monde ; la troisième enfin, "susurre des fictions", qui, en travaillant le faux, produisent du vrai*[170]. »

Le drama[171] *en écran miroir*

« Rien de plus magique qu'un miroir » disait Lima de Freitas[172], rien n'est plus magique que le reflet de l'image d'e-participants sur l'écran, un reflet mouvant comme leur reflet sur la surface d'un miroir, d'un fleuve et même d'une mer, un reflet aux dimensions de l'univers qui voit les e-participants en train de se voir sur l'écran. À travers ce dernier, les e-participants dans l'espace arabe ont essayé de donner une vision indirecte de leur réalité locale par l'art des séries télévisées et le numérique social. La réalité locale est comme cette connaissance mystérieuse évoquée par Henry Corbin[173] qui ne peut se comprendre que lorsqu'on a postulé le monde intermédiaire, le lieu du miroir où s'expérimente la réalité imaginale.

Les séries du *ramadan*, l'axe vertébral de ce travail sur la révolution et l'environnement numérique, sont une tradition qui se répète chaque année. Mais, en cette année 2010, ce rituel a spécifiquement pris une nouvelle dimension numérique dans l'espace public. Le Web a offert cette opportunité de débat à propos de ces séries et démocratisé la parole autour de ce que réceptionne le citoyen chez lui. Grâce à cette « prise de la parole des personnes ordinaires dans l'espace public »[174], de multiples blogs, forums, messages, commentaires et même informations

---

170. Joseph Belletante, *Séries et politique : quand la fiction contribue à l'opinion*, Paris, L'Harmattan, 2011, p. 18.

171. Mot emprunté à « dramatique », terme qui qualifie les premières fictions réalisées pour la télévision et utilisé dans la langue arabe pour désigner les feuilletons qui racontent le quotidien d'une façon dramatique.

172. Lima de Freitas, *515 Le Lieu du miroir, art et numérologie,* Paris, Albin Michel, 1993, p. 164.

173. Henry Corbin, *L'Imagination créatrice dans le soufisme d'Ibn Arabi*, Paris, Aubier, 1993.

174. Dominique Cardon, *La démocratie internet. Promesses et limites*, Paris, Seuil, 2010, p. 36.

circulent sur les nouveaux lieux du Web, pour couvrir dans les moindres détails ces séries *ramadiennes*.

Quel est le genre des feuilletons qui sont l'objet de discussions sur le Web ? Les feuilletons les plus abordés sont ceux qui représentent le cœur de la souffrance quotidienne connue sous le nom *drama*, qui, sur le plan étymologique, trouve son origine dans la pièce de théâtre filmée en direct, laquelle, selon David Buxton, « *a été remplacée par la "dramatique", terme qui indique que les premières fictions réalisées pour la télévision ressemblaient davantage à une pièce (surtout du patrimoine) qu'à un film : pas ou peu d'extérieurs et seulement quelques plateaux. La recherche d'une forme de fiction adaptée à la télévision, à mi-chemin entre théâtre et cinéma* »[175]. La plupart du temps, les internautes choisissent les séries qui reflètent la violence de la vie de tous les jours, la violence dans le sens d'un malaise social et de la difficulté de la vie en elle-même, car selon Olivier Mongin « cette violence est le miroir de nos sociétés »[176]. C'est cette société obscène que l'internaute veut revoir sur le miroir de son écran, et même partager avec les autres.

Quels sont donc les e-participants sans lesquels il n'y a pas de Web des séries ? Quels sont ceux qui continuent à se passionner pour la violence devant la magie de l'écran noir ?

Ce sont les mêmes qui, à différentes reprises, internautes assidus ou occasionnels, émotionnés ou raisonnés, apprécient la violence du soi ou de l'autre. Ce choix est devenu une pratique ayant bien intégré culturellement une grande partie de la population qui se sent mise en scène comme une vedette. Ainsi toute personne peut mettre en ligne ses réflexions, chacun peut se mettre en scène à travers le rôle remodelé aux aspirations du propre soi et présenté à un grand public : « Cela favorise la valorisation des ego, mais montre aussi une réelle volonté de communiquer[177] ». Le Web a offert un moyen de collaborer et discuter, organisé par la société elle-même. L'e-participant va devenir un acteur déterminant des séries télévisées et non pas seulement un récepteur simple, et va, à travers sa contribution, provoquer une deuxième production intellectuelle et une nouvelle

175. David Buxton, *Les Séries télévisées. Forme, idéologie et mode de production*, Paris, L'Harmattan, 2010, p. 15.

176. Olivier Mongin, *La Peur du vide. Essai sur les passions démocratiques*, Paris, Seuil, 1991, p. 84.

177. Henri Oberdoff, *op. cit.*, p. 39.

cristallisation de ces séries. Comme le fait remarquer Dominique Cardon, le Web « *ouvre grand les portes d'un univers qui s'était enfermé dans un dialogue entre les journalistes encartés et des professionnels* »[178].

Dans ce miroir global, les e-participants essaient de rendre intelligibles les paramètres de quelques images. Les utilisateurs cherchent à comprendre leur propre soi, leur propre vie, leur quotidien, qui, en tant que sujet social, se reflètent sur les écrans noirs. Cet univers flexible envers toutes les règles et tous les codes de la sociabilité s'est imposé comme milieu un et pluriel duquel a émergé son propre décodage.

Les e-participants sont en rapport d'intériorisation et d'extériorisation, cause et conséquence d'une dynamique innovante où circulent les informations, les pensées et une philosophie. Les échanges entre les e-participants sur la Toile à propos des séries ne sont rien d'autre qu'une manière de vivre qui parle des hommes et tisse leur histoire. C'est une forme de culture humaine, un art de toile éternel et il ne sera pas inutile de prendre en référence ce qu'a dit Nicolas Vanbremeersh : « *to sin a web, littéralement en anglais signifie "tisser une toile". Le Web est une toile d'araignée gigantesque, faite de liens (les liens html) et points de rencontre de ces liens ; les sites et pages qui forment le réseau*[179]. » La toile d'Arachné[180] se renouvelle en échelle numérique où s'entremêlent le tissage et l'écriture, le fil et le mot, la trame et l'image.

Les séries trouvant leur dimension dans le quotidien des e-participants ne font que mettre en scène la propre vie des acteurs sociaux, eux-mêmes héros de cette scène. Le Web des séries produit la société qui l'a produite. C'est un rapport de causalité entre deux phénomènes, dont l'un, le Web, est à la fois l'effet et le reflet de l'autre, la société, mais dans un petit échantillon comme

---

178. Dominique Cardon, *op. cit.*, p. 10.

179. Nicolas Vanbremeersch, *op. cit.*, p. 15.

180. Jeune Lydienne qui apprend d'Athéna l'art de broder et de tisser. Cette paysanne se vante d'exécuter, à l'aiguille, des travaux d'une finesse à faire pâlir les dieux. Cette vantardise excite Athéna, déesse des fileuses qui met la jeune fille au défi de la battre. Arachné sort vainqueur de l'épreuve. Athéna folle de rage, déchire l'œuvre d'Arachné et la frappe à la tête avec sa navette. Arachné, blessée, veut se pendre, mais la déesse Athéna la métamorphose en araignée qui continue à filer. Cf. Ovide, *Métamorphoses*, Livre VI (Trad. et notes de Anne-Marie Boxus et Jacques Poucet, Bruxelles, 2006).

le précise Edgar Morin : « *nous produisons une société qui nous produit. Nous faisons partie de la société qui fait partie de nous*[181]. »

À titre d'exemple, nous apportons une fiche d'identité ou de présentation de quelques séries qui ont eu du succès pendant cette période sur le Web.

Alhara (la cité) : Dans son œuvre, Sameh Abdel-Aziz, un jeune réalisateur, diplômé d'une université française, avait eu l'audace de repenser radicalement l'ordinaire. Le quotidien, le pain, la tâche de tous les jours sont devenus des fardeaux sur le dos des citoyens qui veulent que leurs besoins minimums soient respectés et assurés. S'interrogeant sur la nécessité d'une vie digne, le réalisateur suggère clairement la révolution.

La série *Hara*, qui aborde la diversité culturelle au sein d'une cité du Caire, est axée sur la souffrance et la misère que le réalisateur a constatées et reconstituées pour comprendre le déroulement en temps réel du quotidien des habitants de la cité et leurs rapports socioculturels. C'est une description audiovisuelle qui peut ouvrir un espace à un projet d'élaboration anthropologique et sociologique. Cette œuvre aborde plusieurs questions sur le pain, le chômage, la corruption, l'identité, l'insertion, le malaise social, des sujets blêmes que partagent la plupart des cités arabes.

Octobre Akhar (l'autre octobre) : Le réalisateur égyptien Ismail Abdel Hafid, doyen de la télévision égyptienne et arabe, faisait preuve de prévoyance dans une création artistique où il proposait la révolution comme solution au malaise social. Il y décrit une fugue dans le monde actuel, une fugue dans tous les sens du terme, celle vers la soif de la passion, dans sa polarité la plus profonde et la plus conflictuelle. Ce modèle artistique d'un originel anthropologique a aidé opérationnellement à lire de nombreux phénomènes de la vie quotidienne. Cette lecture fait référence aux expériences des hommes vis-à-vis de leur propre histoire. C'est un processus qui finira par engendrer une révolution trouvant beaucoup d'échos sur les réseaux Web d'où ont émergé les révolutions en version électronique à l'encontre des révolutions traditionnelles de l'histoire fondamentale.

---

181. Edgar Morin, *La Sociologie*, Paris, Fayard, 1984, p. 21.

Dakirate Aljassade (la mémoire du corps) : Si, selon Joseph Belletante, « *l'image télévisée et la fiction deviennent des mythes qui "retirent le sens humain des choses pour leur faire signifier une insignifiance humaine"* »[182], la mémoire du corps nous a enseigné que, même si la mémoire est fragile, le corps se charge de garder ce passé vivant. Dans cette mémoire se mêle le présent à son enracinement dans un passé qui n'est pas trop loin. Ses cicatrices sont encore marquées sur le corps. La série aborde la révolution de la libération algérienne en se focalisant sur la réalité actuelle. Cette série raconte l'histoire du peintre, Khaled Ebn Toubal, qui a vécu à l'époque de la révolution de la libération algérienne. L'histoire est inspirée du roman d'Ahlam Mosteghanemi, *Dakirate Aljasad.* La série a été tournée à Paris, en Algérie, en Espagne, en Tunisie et en Syrie et a été dirigée par Najdat Anzor. Ce réalisateur syrien évoque le changement qui ne peut être réalisé qu'à travers la continuité entre les générations qui doivent se rencontrer comme les montagnes. Cependant celles-ci, avant de se retrouver, doivent se transformer en sable à l'aide d'un grand mouvement. Ce feuilleton sur la révolution de la libération, qui n'a pas été diffusé par beaucoup de chaînes égyptiennes, à cause du boycott culturel en raison des fâcheux évènements qui ont suivi le match entre l'Algérie et l'Égypte, garde tout de même une très grande réputation sur le Web.

Bab Hara (la porte de la cité) : Il s'agit d'un drame historique syrien sous la réalisation de Bassam Al Molla. Il aborde la lutte contre l'occupant dans des quartiers de Damas. Ses clichés, comme les autres séries, ont un contenant particulier, une spirale d'ordre symbolique où se mêlent le caractère individuel et collectif, le présent et le passé. Parfois même le futur est réfugié dans le passé. Un double rythme affiche la vie du soi dans son enracinement dans la quête de ce qu'il a perdu. En fait, on recherche juste ce qu'on a perdu. Avec sa cinquième saison, *Bab Hara* est devenu une narration où se réfugie le récepteur arabe, se laissant emporter par le style cinématographique syrien, dans une narration *shéhérazadienne*, dans laquelle les mille et une nuits et même les mille et un jours ne font que quelques séquences sur le petit écran arabe « *où le temps se plie au contraire avec réticence aux lois de la narration fictive pour se fondre dans un temps social, un temps de la vie et*

182. Joseph Belletante, *op. cit.*, p. 119.

du monde. Nous obtenons alors une autre temporalité, une autre façon de penser et de dire le temps, un type de récit appartenant à une autre tradition narrative, moins prestigieuse que les arts narratifs, mais tout aussi centrale dans nos sociétés. L'acte immémorial de raconter déborde en effet largement le cadre des genres narratifs de fiction : à côté des pratiques exploratoires des arts narratifs, il y a des formes plus banales du récit, des conduites narratives quotidiennes qui participent, à leur façon, à notre besoin irréductible d'histoire. La télévision, premier raconteur de nos sociétés, appartient à cette tradition ordinaire du récit qu'elle prolonge, tout en la modifiant, notamment par son rapport tout à fait original au temps[183]. »

Métamorphose d'un imaginaire ou agitation des images en audiovisuel ?

Sur le Web, autour de ces séries, a été créée une liaison sociale en écrits, en sons, en images, en vidéo, tout simplement en audiovisuel. Ce dernier est, « *comme son nom l'indique, constitué de sons et d'images, de graphiques, de musique, de textes lisibles, à prendre comme autant de signes tangibles qu'il faut arriver à cerner et que l'on peut interpréter* »[184]. Cette manière de communiquer avec des signes n'est qu'un renouvellement du cadre traditionnel du récepteur d'un défi permanent à des épreuves qui relèvent du problème d'identité dans sa perception de conscience de soi et d'autrui.

Les e-participants des nouveaux lieux numériques reflètent au fond un désir de vie d'une puissance qui bouleverse l'individu dans son propre soi et sa mixité et qui bouscule son imaginaire sur le plan social. L'image audiovisuelle joue un rôle considérable dans la construction de l'imaginaire. L'imaginaire, selon Joël Thomas, est « *un système, un dynamisme organisateur des images, qui leur confère une profondeur en les reliant entre elles. L'imaginaire n'est donc pas une collection d'images additionnées, un corpus, mais un réseau où le sens est dans la relation* »[185]. Donc l'imaginaire n'est pas ce que nos yeux nous donnent à voir, mais est une capacité d'interaction avec l'autre. Ce sens de l'imaginaire a préexisté aux inventions du développement numérique et a bien su s'y combiner pour produire un ensemble

183. Jean Mottet, *Série télévisée et espace domestique. La télévision, la maison, le monde*, Paris, L'Harmattan, 2005, p. 75.
184. Mélusine Harlé, *École et télévision : le choc des cultures. Réalité, mythe, imaginaire*, Paris, L'Harmattan, 2004, p. 85.
185. Joël Thomas, *Imaginaire social*, 2005, sur <fr.wikipedia.org/wiki/Imaginaire>.

d'images médianes comme « *les images vues dans les miroirs, lesquelles ne sont ni des objets, ni des idées abstraites, tout cela est réalité intermédiaire* »[186]. Mais ces images restent le processus même des lieux publics numériques. Elles jouent un rôle important dans la nouvelle sociabilité. Elles sont le mécanisme majeur, producteur de l'imagination et l'imaginaire qui « [...] reviennent sur le devant de la scène, et sont amenées à jouer un rôle de premier plan »[187].

Parmi les images réinventées dans cette secousse de l'imaginaire, il y a celle de la démocratie. Dans la dynamique d'échanges entre société et numérique est né le renouvellement de l'exercice de la démocratie dans la nouvelle société. Selon Henri Oberdoff, « *Les internautes sont progressivement devenus des acteurs du Web. Ils apportent, de cette manière, leurs contributions à une alchimie des multitudes ou à une nouvelle intelligence collective. La démocratie ne peut que s'en nourrir* »[188].

À propos de cette démocratie imaginée, les e-participants ont tout dit et n'ont rien dit. Mais la chose est sûre, dans cet univers virtuel, l'idée est la même : le changement total. Cela ne vient que par la révolution tranquille ou violente, une réalité qu'on ne peut comprendre qu'en référence à l'histoire fondamentale des mouvements des peuples vers le changement et la démocratie. Et on est bien conscient que la nouvelle manière de communiquer est une « construction numérique d'un univers complètement virtuel, donc en grande partie imaginaire »[189]. Certes, dans les nouveaux lieux communs numériques, jusqu'à ce stade, la démocratie est un contexte virtuel. La démocratie, ici, n'est qu'une composante imaginaire, un cliché d'images, tantôt visible, tantôt invisible, parfois apparent, d'autres fois voilée sous tous genres de perles. Mais ces images sont puissantes et savent se métamorphoser d'elles-mêmes, si on emprunte l'expression de Catherine M. Muller, « un miroir, qui engendre sa propre réflexion »[190], pour redessiner les traits de l'avenir de la région. Dans l'imagination de cet avenir, la vie en société est plus possible sous le règne d'un sentiment de justice et de règles morales : « *Il s'agit bien, dans l'acte*

186. Henry Corbin, *op. cit.*, p. 168.
187. Michel Maffesoli, *La Contemplation du monde*, Paris, Grasset, 1993, p. 121.
188. Henri Oberdoff, *op. cit.*, p 7.
189. *Ibidem*, p. 38.
190. Catherine M. Müller, *Marguerite Porete et marguerite d'Oingt de l'autre côté du miroir*, Paris, Peter Lang, 1999, p. 15.

d'imaginer, d'existence mentale et non d'illusion ou de fantasme de la pensée[191]. »

Les messages échangés sur le Web entraînent un tourbillon d'images violentes, de sens ardents et de mots brûlants. Le tourbillon enveloppe la réalité locale dans une fumée virtuelle de caractère et rationnelle dans son commerce avec le feu, ce dernier qui n'était, en vérité, pas trop loin. Le tourbillon du Web s'est approprié une vision prophétique, car on sait que le prophète est celui qui se souvient de l'avenir[192] !

Le commerce avec le feu

Au moment où les e-participants du Web social des séries *ramadiennes* vivaient leur extase électrique, le message qui allait mettre la fumée du Web face à sa dimension réelle était envoyé de la Tunisie en feu réel et en fumée d'un corps qui s'était livré aux flammes. Le message se répand dans tout le monde arabe en un feu révolutionnaire, comme si une étincelle dévorait les flammes potentielles numériques pour embraser toute la région. Le feu virtuel était une nourriture favorable à l'appétit du feu pour provoquer le grand déclenchement du printemps de la démocratie.

La jeunesse maghrébine est liée à la culture du feu et brûle même la mer. Échanger, communiquer, et même commercer avec le feu[193] pour tout déconstruire et bien évidemment tout construire est un drôle de commerce dans lequel le feu fuit le feu avec le feu. La souffrance quotidienne pousse la jeunesse à se révolter à travers le commerce du feu, pour fuir le réel. C'est une passion, une faiblesse, un double supplice, qui permettra au présent de se réconcilier avec ses blessures.

Si la couleur a une place dans la symbolique des souffrances, le feu, quant à lui, n'en est pas moins signifiant. Alors

---

191. Gilbert Durand, *Science de l'homme et tradition*, Paris, Berg International, 1979, p. 128.

192. Leon Bloy, octobre 2011, sur <www.scribd.com/doc/68178128/Morale-Ethique-Deontologie-Michel-Maffesoli>.

193. Ceci rappelle le chapitre sur le don en nord-ouest américain, l'honneur et le crédit, où la déconstruction avec le feu n'est qu'une question d'honneur avant d'être un commerce. Cf. Marcel Mauss, *Sociologie et anthropologie,* Paris, Quadrige, 1997, pp. 194-205.

que le feu est insaisissable dans sa nature, sa fonction symbolique s'étale sur plusieurs plans. Rien ne pourrait être sans lui, mais il n'existera pas s'il n'y a rien à brûler. Il est l'outil par excellence, par lequel on exprime une souffrance bien profonde, provoquée par des douleurs et des violences même lointaines, qui peuvent être privées ou publiques. Claude Lévi-Strauss, lorsqu'il parle de la pensée mythique sud-américaine, distingue deux types de feux : « l'un céleste est destructeur, l'autre est créateur »[194]. On a l'impression que le commerce du feu s'inspire de cette philosophie au profit de ceux qui n'hésitent plus à se livrer au feu dans l'espace social, même informellement. Ils soignent la souffrance quotidienne par la souffrance de la chair brûlée. Le commerce du feu est une école de la douleur psychique et physique, la douleur volontaire, la douleur essentielle, le rituel de la vie, la douleur qui façonne les âmes. La pratique du commerce du feu supprime la notion de peur dans la mémoire du corps. La peur n'est qu'une manifestation de l'expérience douloureuse. Jacques Sarano dit à ce propos : « *Je redoute que ne recommence l'alternance terrible de la douleur et de la peur de la douleur (la peur l'appelle), de n'être plus que la peur ou la proie de la douleur* »[195].

Surmonter cette peur et cette souffrance par le feu marque seulement la nécessité d'avancer toujours vers une plus grande perfection pour répondre à la vocation sociale la plus ultime. Comme si le feu illuminait l'obscurité, qui est restée abandonnée par la société en nous, ou abandonnée par nous dans la société, comme l'affirme Jean Chevalier, « *L'homme progresse vers le bien en diminuant cette dose de ténèbres, source du mal dont il est composé* »[196].

Même si les raisons qui ont poussé les uns à l'acte du feu ne sont pas les mêmes chez d'autres, décembre 2010 reste le déclencheur de la révolution qui commença en Tunisie, ne prît pas fin et se propagea dans tout le monde arabe, de révolution en révolution. L'acte de Mohamed Bouazizi est une « mémoire corporelle »[197] de la violence, enregistrée consciemment et inconsciemment, qui, ne l'oublions pas, était le titre d'une série mémorisant la révolution de la liberté algérienne. Cet acte de feu

194. Claude Lévi-Strauss, *Le cru et le cuit*, Paris, Plon, 1983, p. 195.
195. Jacques Sarano, *La Douleur*, Paris, Édition de l'Épi, 1965, p. 131.
196. Jean Chevalier, *Le Soufisme*, Paris, PUF, 1984, p. 126.
197. Yves Guillard, *Danse et sociabilité*, Paris, L'Harmattan, 1997, p. 15.

est une mémoire vivante qui vise à manipuler la colère intérieure en l'engageant dans une action exubérante et vibrante.

Inconsciemment, les gens sont prêts à rejoindre cet acte et à marcher sur le chemin du feu. Leur intention est réfléchie dans une conciliation entre le virtuel et le réel et une logique où l'irrationnel n'est jamais entouré de limites qui ne seraient pas rationnelles. La dimension numérique de l'espace public a migré vers des milieux réels, où va s'extérioriser ce qui était intériorisé en numérique. Les slogans, répétés même sur les places des manifestations, comprennent les mots qui tournaient déjà dans les feuilletons de ce *ramadan* : le changement, la corruption (*fassad*), la justice sociale. Les places des manifestations prennent le nom de places de la liberté et sont connues aussi en tant que places 2011. Ces places dépassent leur partialité locale pour rejoindre l'essence d'une existence qui est la recherche de la vertu et la valeur : la liberté. La « place de Tahrir » va incarner toutes les places portant le feu de Bouazizi pour éteindre le feu des années, l'injustice, la répression, l'ignorance pour tout simplement allumer le feu de la liberté et pour éclairer le chemin d'une bonne démocratie.

La culture numérique s'adapte parfaitement à l'événement du temps. Le numérique rejoint le réel. Par exemple, sur *Al-Jazira*[198], le média principal de la scène politique du monde arabe, dans l'émission intitulée « À contresens » (*Al-Itijah Al-Mouakis*), le présentateur Fayssal al-Qassem se demande où sont les hommes de *Babe Hara.* Cette dernière est une série dont nous avons déjà parlé et qui se rapporte à la résistance. Ses hommes qui ne sont que des personnages de la fiction télévisée ont tout de même pris une position dans la vie réelle. Le mouvement numérique allait en adéquation parfaite avec le mouvement du printemps arabe. Les internautes ont réalisé des vidéos sur l'arrestation des corrompus avec, comme musique d'accompagnement, le générique du feuilleton *Alharame.* Le générique de *Babe hara* était chanté sur les lieux des manifestations. Les manifestants ont reproduit la société à sa vraie échelle sur la place, après que celle-ci a incarné des lieux virtuels à une petite échelle.

Il est évident que la révolution est le mot le plus entendu et le plus traité sur les pages web consacrées aux feuilletons diffusés

---

198. Cf. Olfa Lamloum, *Al-Jazira : miroir rebelle et ambigu du monde arabe*, Paris, La Découverte, 2004.

pendant le ramadan. D'ailleurs deux séries ont traité, comme nous l'avons déjà vu, les événements comme sujet majeur du *drama*, et même le titre était une invitation claire à la révolution. Sur place, les manifestants ont pris conscience qu'ils peuvent changer la réalité locale comme ils l'ont imaginé sur le Web : « *L'imaginaire est plutôt une manière de rendre compte du laisser-faire ou laisser être qui est le propre de tout vitalisme. En ce sens l'image constate un élan vital, une esthétique* (aisthésis) *émotionnelle dans tous ses affects*[199]. »

Le printemps des frères

Dans la logique du mystère qui a activé le mouvement du printemps, le Web, qui a préparé les moindres détails de la révolution, serait incomplet dans sa vision s'il ne s'occupait pas de la construction démocratique après les mouvements des places de la liberté. Les islamistes, qui ont pris le pouvoir à l'occasion des élections législatives, n'ont pas du tout fait défection sur les pages Web consacrées aux vedettes.

Al-Jamaa (la Communauté) : La série écrite par Wahid Hamid et réalisée par Mohammed Yassin, est celle qui a le plus suscité des polémiques sur le Web. Al-Jamaa, raconte l'histoire de la confrérie des Frères musulmans et son fondateur Hassan Al-Bana. La figure est analysée dans le style du contrepoids, où les échanges entre la société et l'autorité et celles entre la passion artistique et le charisme politique tournent dans une spirale conflictuelle. La série Al-Jamaa, pour laquelle un budget colossal et des moyens techniques cinématographiques très développés ont été dispensés, avait pour but de discréditer le mouvement des frères musulmans. Pourtant ce dernier a pu bénéficier d'une bonne publicité et accéder à tous les foyers. Par la suite, de nombreux commentaires ont été échangés sur le Web entre certains qui critiquaient Hassan Al-Bana et les défenseurs du mouvement des frères musulmans, qui ont protesté contre l'image que l'on voulait faire du fondateur de ce mouvement.

Cette fusion du Web et du petit écran a accéléré l'arrivée du printemps arabe ou plutôt du printemps islamique. Sa nomination

199. Michel Maffesoli, *La passion de l'ordinaire : miettes sociologiques*, Paris, Éditions CNRS, 2011, p. 168.

importe peu puisqu'il est le fruit de l'interaction des e-participants sur une page web lisible bien longtemps avant l'arrivée de la saison démocratique. Le Web, dans l'aspect que nous avons traité, paraît être une personne morale qui croyait tellement à sa révolution, qu'il était comme ceux qui ont construit le chemin de fer, en espérant qu'un jour le train passera. Le charisme digital sur le Web ne diffère pas beaucoup du charisme weberien[200]. L'Internet et les réseaux sociaux ont stimulé une nouvelle forme de démocratie dans le monde arabe, au moins dans les endroits où le printemps islamique a eu lieu. À ce sujet, il s'avérait que la richesse emportée de la Toile vers la démocratie semblait être, selon Henri Oberdoff, « *l'émergence, il est vrai encore balbutiante, mais réelle, d'une nouvelle forme d'intelligence collective créée et dégagée par les internautes. C'est l'intelligence du réseau, faite de liens grâce justement à la mise en réseaux. Le collectif se réalise par la connectivité entre les internautes, par la capillarité des réseaux. La connexion des cybercitoyens réalise une forme d'expression collective des citoyens qui ne se considèrent plus seulement comme des récepteurs passifs* »[201]. L'intelligence collective est avant tout une conscience collective qui est le fait d'une synthèse *sui generis* suscitant des sentiments, des idées et des images qui selon Durkheim « une fois nés, obéissent à des lois qui leur sont propres »[202].

La tempête du Printemps

L'arrivée des islamistes au pouvoir est-elle un produit des lois de la conscience collective, ou a-t-elle été le fruit d'une manipulation ou d'un téléguidage, ou encore tout simplement a-t-elle été activée par le mystère ? Dans l'apparent et seulement dans l'apparent, cette arrivée est issue d'une conscience de la réalité locale et d'une confiance pour un vrai projet social islamiste ; qui a pour but le rassemblement autour d'un nouveau genre d'expérience où la démocratie prend forme. Ce projet est une réponse contre l'échec social, la montée des inégalités et de la corruption, l'étouffement de la liberté sur son niveau politique ou

200. Cf. Max Weber, *Le savant et le politique*, 1919, dans lequel il parle du charisme politique, sur <http://classiques.uqac.ca/classiques/Weber/savant_politique/Le_savant.html>.
201. Henri Oberdoff, *op. cit.*, p. 176.
202. Emile Durkheim, *les Formes élémentaires de la vie religieuse*, Paris, Éditions CRNS, 2007.

d'expression dans l'espace arabe. Mais cette hypothèse finit par fondre dans l'eau si l'on suit ce que rapporte Hamoudi : « *Certains pensent d'ailleurs que le monde arabe n'est pas encore mûr pour la démocratie, au sens occidental du mot, et que son stade d'évolution socioculturel ne constitue pas un terrain d'accueil favorable à l'épanouissement d'un "printemps démocratique". On fait observer que les pays européens ont mis plusieurs siècles pour atteindre un niveau satisfaisant de démocratie et que ce processus, essentiellement endogène, a été ponctué de crises et de violences. On met également en avant l'absence de partis politiques, de type occidental, organisés avec des militants et un programme, le risque que peut présenter l'irruption des mouvements islamistes dans la vie politique*[203]. »

Entre les pessimistes et les optimistes de la représentation démocratique qui a émergé dans la région, le malaise social ne paraît pas donner signe d'une éventuelle guérison. En revenant sur les sites nous constatons que les e-participants abordent le mot *hayba*, un des paramètres de l'autoritarisme, loin de la *hayba* abordée par Mohamed Hamoudi, qui « *alimente un courant psychologique emportant la décision et désarmant les réticences* »[204]. La *hayba* dont parle le Web est issue d'une cause matérielle. Elle entraîne la peur, la crainte et l'horreur par l'application d'une force. C'est pour cela que certains qui sont partis dans le chemin politique des islamistes pensent que cela ne marche pas et attendent de rectifier leur choix aux prochaines élections. Si l'on se situe dans la logique des saisons, on constate que le printemps démocratique dans l'espace arabe ne trouve toujours pas son essor et passe par une vraie tempête. Le flou politique nous laisse penser que la démocratie issue du printemps islamique n'est qu'une digitation des images qui n'est pas arrivée à son terme et a exclu un produit prématuré. Ce dernier s'est cristallisé dans un tourbillon d'extase numérique qui a envahi l'environnement public comme on l'a vu. Ce sont des conséquences normales puisque les acteurs de cette démocratie étaient coupés du milieu politique selon Michel Berry : « *Les acteurs de la révolution numérique ne sont pas guidés par l'idée d'un*

---

203. Abdellah Hammoudi, Denis Bauchard & Rémy Leveau (dir.), coordonné par Judith Cahen, *La démocratie est-elle soluble dans l'Islam*, Paris, Éditions CNRS, 2007, p. 40.
204. Abdellah Hammoudi, *Maîtres et disciples : genèse et fondements des pouvoirs autoritaires dans les pays arabes*, Paris, Maisonneuve et Larose, 2001, p. 140.

grand soir, au contraire : ils se défient des idéologies et ont souvent perdu confiance dans la politique[205]. »

Le changement n'a pas prouvé que le feu révolutionnaire sur les places de la liberté puisse rebaptiser une vraie liberté, condition sine qua non d'une bonne démocratie. Ceci apportera le changement et la démocratie dans le monde du printemps arabe, sous le marteau et l'enclume, entre les ambitions locales et les demandes universelles qui ont pris un ton très élevé depuis, selon Denis Bauchard, « *le 11 septembre 2001. De rhétorique, l'appel à la démocratie apparaît comme une condition essentielle de la sécurité des États-Unis et vise essentiellement le Moyen-Orient, au sens américain du terme, c'est-à-dire la région comprise entre la Mauritanie et le Pakistan* »[206]. Selon quelques observateurs, lorsque l'Occident appelle à la démocratie dans l'espace musulman sans s'occuper du plan socio-psychologique de la terminologie islamique [207], cela provoque des insuffisances entre le terme et son signifiant. De cette controverse du terme émerge un amalgame entre le vrai visage de l'Islam et les paramètres des idéologies qui s'en réclament.

Le défi de la démocratie dans le monde arabe est monstrueux. Le printemps ne surmontera pas sa tempête et ne sera accompli que par la réalisation du changement, le bon changement, car, selon Hamoudi, « *L'inéluctabilité du changement a été comprise dès la seconde moitié du XVIII*e *siècle. La question qui se posait était celle des modalités* »[208]. L'enjeu de modalité est une crise historique de l'appareil d'État qui se renouvelle en grands moments sociopolitiques dans l'histoire de la région. Cette crise apparaît sous différentes formes. Ses origines nous ramènent au contexte *sakifa*[209] dans lequel s'était déroulée la désignation d'Abou Bakr, premier successeur du prophète, à un moment où les musulmans prouvèrent leur capacité de responsabilité envers la

---

205. Michel Berry & Christophe Deshayes, *op. cit.*, p. 19.

206. Abdellah Hammoudi *et al.*, *op. cit.*, p. 32.

207. Intégrisme, extrémisme, fondamentalisme et islamisme sont connus en occident, mais ces termes restent ambigus, voire flous. La position entre la Loi (*shari'a*) et la Vérité (*haqiqa*) devrait être un moyen majeur pour pouvoir donner une désignation fidèle du terme, Cf. Karim Ben Driss, *Le renouveau du soufisme au Maroc*, Paris, Éditions Albouraq, 2002.

208. Abdellah Hammoudi *et al.*, *op. cit.*, p. 45.

209. Muhammad Tabari, *Les quatre Califes,* trad. H. Zotenberg, Islam/Sindbad, 1981, pp. 121-122. Disponible aussi sur <www.al-islam.org>, l'avènement du Califat.

liberté verticale, dont la profondeur ne peut être assumée qu'en liberté horizontale dans le cadre de la justice sociale. Et, en vérité, la crise de modalité est plus une introspection psychosociologique du printemps démocratique qu'une crise réelle historique entre la démocratie et le texte authentique de l'Islam.

Le mouvement social dans la rue arabe surprenait le monde entier à tel point que les gens qui l'ont abordé ou même remarqué étaient rares. Si le monde avait jeté juste un coup d'œil sur le quotidien numérique dans la région, il n'aurait pu être surpris par cet événement. Tout simplement, le mouvement social était le fil qui tissait la société et ce même fil qui tissait la toile du Web. Il était le néant le plus existant que vivait l'inconscient ordinaire de la région à tel point que l'on ne pouvait pas y croire, comme les faux cris répétitifs de l'enfant qui avaient affaibli la vigilance du village face au loup du conte.

Paradoxalement, l'ordinaire, cœur du sujet social, reste moins mis en investigation. La banalité des jours et des nuits à un double rythme en est la cause. Limiter cet ordinaire sous un angle est une tâche bien floue étant donnée l'ambiguïté de son sujet. Il reste l'énigme qui comporte les conditions de notre vie tout en portant dans sa mémoire le passé pour refléter l'avenir. Il n'y a pas besoin de chercher trop loin, pas besoin d'aller là où est la lumière pour comprendre le sujet social. Les explications peuvent même exister dans une immense obscurité, la réalité se trouve sur l'écran noir où les e-participants échangent les clichés banals de leur ordinaire. La révolution était pour longtemps des pages de souvenirs digitaux d'une future saison bien lisible. Mais ces souvenirs étaient-ils une source de fleuraison d'un bon printemps ?

Echergui Fouzia

2e Moment

MÉDIAS, PARTICIPATIONS ET INTERNET AU-DELÀ DU MONDE ARABE

Chapitre 8

Les réseaux sociaux virtuels, la subjectivation et la démocratisation

Une étude sur le Mouvement Vert en Iran

Le Mouvement Vert en Iran (du 12 juin à fin 2009) est né de la protestation, par les deux candidats à la Présidence (Mir Hossein Moussavi et Mehdi Karoubi), contre la fraude électorale après l'élection présidentielle de 2009[210]. Ils ont appelé leurs partisans à manifester contre ce qu'ils ont dénoncé comme une fraude électorale, et qui fut, un peu plus tard, qualifié de « coup d'État électoral ». Ces manifestations dans les rues de Téhéran et des grandes villes ont duré 9 mois et ont été réprimées par les milices pour s'achever finalement le jour du deuil du troisième Imam chiite.

Dans ce chapitre, nous voulons traiter quatre sujets : le rôle des nouvelles technologies dans le Mouvement Vert et la création des nouvelles techniques de combat social ; l'évolution de la présence des nouvelles technologies et comment les nouvelles techniques se sont enracinées sur la durée du Mouvement Vert ; les nouvelles techniques et le processus donnant au Mouvement Vert son caractère de subjectivité et de construction d'image ;

---

210. Pourquoi vert ? Mir Hossein Moussavi dans son blog répond à cette question : « *Le vert est le symbole du Prophète et de sa famille et le drapeau de l'Imam Ali ; sous l'oppression et l'injustice, il est comme l'espoir et l'attente pour que l'Imam Mahdi, le douzième Imam chiite apparaisse. Pour nous, les Iraniens, le vert est également le signe de la joie pour tout ce qui arrive de bien et nous prions pour tous ceux que nous aimons, pour que leur vie soit verte. Parce que nous n'avons pas de média et que les médias nationaux sont injustes et hostiles avec nous, le vert est un média pour montrer notre modestie à tout le monde. Pour nous, le vert est aussi la croyance et l'engagement envers les valeurs religieuses* ». D'autre part, selon Moussavi, le vert au cours de la campagne électorale a trouvé un sens au-delà de la dimension religieuse et est devenu un symbole du combat civil pour le changement. Comme le sociologue Behzad Baghidoost l'a souligné, l'écharpe verte autour du cou de Moussavi est symbolique par rapport à l'écharpe autour du cou de Khamenei.

enfin, la subjectivation et la problématique de la démocratisation. Le Mouvement Vert a profité des nouvelles technologies pour mobiliser les partisans pour la première fois, afin de contrecarrer la censure des autorités dans les mass-médias. Ont ainsi été largement utilisés par les activistes à l'intérieur et à l'extérieur du mouvement : caméras des téléphones portables (pour filmer et prendre des photos d'épisodes des manifestations, technique du citoyen-journaliste) ; réseaux sociaux (*YouTube*, *Facebook*, *Twitter*, et divers forums) ; e-mails privés ; Web et blogs ; textos (SMS). Les activistes du Mouvement Vert ont tiré parti des technologies pour créer diverses méthodes dont nous allons discuter dans ce chapitre, avec en particulier l'apparition du citoyen-journaliste qui transmettait les actualités par portable privé et partageait dans différents réseaux ces actualités, analyses et divers clips censurés.

Nous supposons que les nouvelles technologies ont eu différentes fonctions selon les phases de la vie du mouvement. Nous traiterons d'abord les périodes de la vie du Mouvement Vert. Ensuite, nous analyserons l'apogée et le déclin du Mouvement et les critères permettant de les identifier. À notre avis, au moment de l'émergence du mouvement, l'emploi des TIC a eu une influence positive et a favorisé la propagation des alertes vers divers milieux comme la mobilisation des différentes couches sociales. Nous discuterons les points forts de l'emploi des technologies au moment de l'apogée du Mouvement. Notre hypothèse est qu'ayant été réprimé dans les rues, le Mouvement ne pouvait pas dès lors s'exprimer comme véritable réalité sociale, et les TIC se sont alors mises à jouer un rôle diffèrent. D'abord, elles ferment les yeux des activistes du Mouvement Vert sur la vérité de ce qui a eu lieu dans l'espace social et mettent en relief un type d'interprétation de philosophie historique du mouvement social et (en l'absence d'une évaluation rigoureuse des forces sociales en particulier du point de vue de leur devenir) qui les encourage à penser que ce mouvement triomphera dans un avenir très proche. Dans cette étape, nous sommes en face de l'apparition d'un phénomène que nous appelons le « devenir subjectif ou imaginaire » du mouvement. Ensuite, dans l'étape où le mouvement est devenu subjectif ou imaginaire, les TIC créent un mythe qui fonctionne en substitut de la réalité concrète et actuelle. Et ceci a nourri le mouvement pendant un certain temps et a encouragé les activistes bien que le mouvement n'ait généré que des changements de tactique. Cette caractéristique du mythe au sein du mouvement a joué le rôle de « masque de réalité » au point d'empêcher le mouvement d'évaluer de façon correcte les forces sociales, les programmes et les résultats et a enfoncé les activistes dans un imaginaire mythique.

Dans ce chapitre, nous montrons comment, pour les activistes du Mouvement Vert, les technologies et techniques nouvelles ont joué un rôle psychologique lénitif et d'autosatisfaction. La prévision d'un triomphe imminent du mouvement a été l'une des conséquences de l'utilisation des techniques modernes de communication en Iran. Par ailleurs, nous montrons comment la subjectivation influence les attentes du sujet démocratique et cause chez lui la perte de tout lien avec les institutions sociales réelles, une considérable distanciation des réseaux sociaux réels et une perception erronée du pouvoir révolutionnaire des réseaux sociaux virtuels. Ce mécanisme débouche sur une perception incorrecte du processus de démocratisation. Selon cette perception, le résultat final (la société démocratique) n'est pas le produit des institutions sociales réelles, et même pas de l'émergence de rapports sociaux nouveaux et réels, mais se produit à l'occasion d'un évènement dont les activistes pensent qu'il débouchera inéluctablement sur la démocratie. Nous utilisons les sources suivantes : manifestes, articles et discours des chefs du Mouvement Vert en Iran et à l'étranger ; documents se référant au Mouvement Vert et entretiens avec les activistes du Mouvement Vert.

Rôle de la technologie dans le Mouvement Vert et création de nouvelles techniques de combat social

Le Mouvement Vert en Iran a utilisé (ce fut une première mondiale) de nouveaux instruments et de nouvelles techniques pour la mobilisation sociale, pour informer en contournant la censure des médias par le gouvernement. Examinons ces nouvelles technologies utilisées largement par les activistes autant à l'intérieur de l'Iran qu'à l'extérieur.

Les téléphones portables équipés d'une caméra : l'utilisation de caméras sur des portables était un bon instrument pour transférer les actualités concernant ce qui se passait dans les grandes villes iraniennes, sachant qu'à cette époque le gouvernement iranien avait expulsé les journalistes étrangers et en même temps ne permettait pas aux journalistes iraniens de couvrir les actualités. Grâce à cette possibilité, les photos et vidéos ont été diffusées partout sur les portables et sur les réseaux de l'Internet comme *YouTube*, *Facebook* et *Twitter* en quelques instants. La vidéo filmée de « Neda Agha Soltan venant d'être tué par balle », en quelques minutes, est devenue le premier titre d'actualité dans le monde entier, alors qu'aucun journaliste officiel n'était présent. Les films et photos malgré leur mauvaise qualité se sont propagés instantanément sur les sites de l'Internet. Celui-ci a mis en relief le rôle inattendu des sites. De la même façon, les mouvements récents du Moyen-Orient, en Égypte, Tunisie, Lybie, Syrie, Bahreïn et Yémen ont bien utilisé ce système et mis à profit cette fonction.

Les réseaux sociaux virtuels : les réseaux sociaux, notamment *Facebook* et *Twitter* sont bien utilisés par les Iraniens. Donc, les activistes du Mouvement Vert ont pris en compte l'espace de ces sites comme des réseaux et ont commencé à organiser des actes contre l'autorité politique en Iran. Pour cela, ils ont informé et mobilisé le public. Une des pages *Facebook* qui a joué un rôle important pour mobiliser les personnes dans la rue a été « la page de 25 *Bahman* »[211] qui compte environ 67 000 membres.

Les réseaux personnels d'emails : dans une situation où tous les moyens de diffusion des informations sont filtrés, la presse et les chaînes de télévision et de radio censurées et le satellite brouillé, le courriel personnel devient le seul moyen pour activer le mouvement. Dans cette situation, chacun a envoyé et fait suivre des textes politiques (actualités, rapports, articles, comptes rendus) aux amis et connaissances. En Iran, à l'apogée du Mouvement Vert, cet instrument a été utilisé à grande échelle par les activistes et par une grande partie de partisans du mouvement. Mais quand les manifestations ont perdu en intensité et qu'il y a eu une menace de contrôle des emails par l'autorité, cet outil d'échanges d'information a été de moins en moins utilisé et a presque disparu.

Les sites internet et blogs : les événements qui ont suivi l'élection présidentielle de 2009 ont amené l'apparition de

211. Le 25 *Bahman* (14 février 2011) est la date de recommencement des manifestations après un an de pause.

plusieurs sites et blogs concentrés sur la mobilisation publique. Les sites comme *Roozonline*, *Rahesabz*, *Tahavolesabz*, *Kalameh* (site de Mir Hossein Moussavi, un des candidats d'opposition) *Sahamnews* (de Mahdi Karoubi, autre candidat d'opposition) et *Rahana* ont été activés à cette période. Mais des sites établis depuis longtemps comme *Gooya* et *Balatarin* se sont focalisés sur les événements du Mouvement Vert. Ces sites et d'autres ont informé le public, et ont analysé les événements et la situation actuelle. Aujourd'hui encore, beaucoup d'intellectuels et journalistes iraniens, émigrés après la répression du mouvement de 2009, travaillent avec ces sites.

Les textos (SMS) de portables : le SMS, au début du mouvement, a eu une fonction très importante pour mobiliser le public à participer aux manifestations. Mais après les menaces de l'autorité, l'utilisation des SMS a baissé et n'a jamais retrouvé la place qu'elle occupait au début.

Les activistes du Mouvement Vert, avec l'utilisation de ces technologies, ont créé différents modes d'expression de la protestation. Nous traitons les plus importants.

Le citoyen-reporter : aujourd'hui sont diffusés des reportages préparés par des reporters non professionnels. Il s'agit de citoyens-reporters (citoyens ordinaires) qui, volontairement, grâce aux nouvelles technologies, enregistrent des images ou recueillent des documents et tiennent au courant la presse et les agences événementielles[212]. Dans une situation où les journalistes sont interdits, des citoyens activistes prennent des photos, filment les manifestations et les envoient aux chaînes satellites, aux sites de partage comme *YouTube*, aux sites sociaux comme *Facebook* et *Twitter*, aux sites de news comme *Gooyanews* et *Balatarin*. Il est intéressant de constater que les reportages, vidéos et photos prises par les reporters non professionnels, ont été le seul moyen utilisé par des grandes chaînes (*BBC*, *CNN*, *VOA*, *Euronews*, *France24*, etc.) pour diffuser des actualités concernant l'Iran.

Les clips narrateurs : composer des clips sur des sujets liés au Mouvement Vert (manifestation de rue, femmes et hommes blessés ou tués) a été une des techniques utilisées par les activistes

212. Cf. <http ://www.ictpress.ir/Default,fa-IR,ICTPress,Content,NewsDetail, Key,4196.aspx>.

du mouvement. Ces clips ont été montés avec des musiques, des chants, des photos et des vidéos. Les activistes, en les construisant et les diffusant sur l'espace virtuel, ont essayé de favoriser la communication et la sympathie au sein de la société et chez les partisans du mouvement et de convaincre les personnes de rejoindre le mouvement. Une partie considérable de ces clips a été consacrée aux citoyens tués au cours des manifestations notamment Neda Agha Soltan et Sohrab A'rabi.

Publication des écrits : les analyses, critiques, comptes rendus, caricatures sociopolitiques ont été parmi les plus importantes applications de l'Internet. Les analystes et intellectuels iraniens qui ne disposaient pas de ces médias ont publié leurs écrits sur les sites et blogs mentionnés plus haut. Ainsi, une partie considérable du public, chaque matin, au lieu d'acheter les quotidiens, a consulté l'Internet pour prendre des nouvelles. D'ailleurs, la publication sur l'Internet des caricatures critiques après l'élection présidentielle de 2009, a occupé une place importante. Certains caricaturistes iraniens parmi les plus importants à l'étranger (comme Mana Neyestani, Nikahangu Kosar) ou en Iran (comme Hadi Heydari) ont lancé cette activité critique sur l'Internet.

Mobilisation des utilisateurs de l'Internet : l'une des utilisations les plus importantes de l'Internet a été de développer des campagnes pour mobiliser les utilisateurs afin qu'ils participent aux manifestations. Pour ce faire, les activistes ont profité de certains moyens pour convaincre : employer des dessins animés et des logos relatifs au Mouvement ; publier les manifestes du Mouvement ; publier des vidéos, nouvelles, clips, musiques, etc. ; publier des résultats de sondages ou encore annoncer les dates, les horaires, le plan et l'organisation des manifestations. Une des plus importantes campagnes a été celle du 14 février 2011 (25 *Bahman*) sur *Facebook* sur une page qui comprend environ 67 000 membres. Cette campagne a essayé de mobiliser le public pour la manifestation du 14 février 2011 en Iran, et la mobilisation a été réussie. Mais la campagne récente du 15 mai 2011 (25 *Ordibehest*) n'a pas été une réussite sur le plan de la participation des étudiants à la manifestation.

L'utilisation des technologies et des techniques selon les étapes de la vie du mouvement

Le Mouvement Vert a connu des hauts et des bas tout au long de son existence. Nous pouvons diviser la vie du mouvement en quatre périodes :

Première période : du commencement au jour d'Ashoura (13 juin au 27 décembre 2009). Cette période se caractérise par une grande participation aux manifestations avec un haut niveau d'espérance. Le plus fort niveau de participation a été atteint le 15 juin, 3 jours seulement après l'élection présidentielle 2009. Selon les agences de presse, ce jour-là a connu un pic de participation (entre 2 et 3 millions de participants). La première semaine de manifestation a été le sommet de l'activité du Mouvement. À partir du 19 juin, quand une forte répression commence, les manifestations ont lieu seulement certains jours. Cette période continue jusqu'au 11 février, jour où les manifestants n'ont pas pu se réunir en aussi grand nombre que pour les manifestations organisées par le gouvernement à l'occasion de l'anniversaire de la révolution islamique et contre le Mouvement Vert.

Deuxième période : perplexité et désespoir (11 février 2010 au 11 février 2011). Cette période a duré un an pendant lequel il n'y a pas eu de programme et aucun plan sérieux pour faire des manifestations, mais où, par contre, le désespoir a été immense. La plupart des activités du mouvement, des leaders et des intellectuels se sont concentrées sur les réseaux sociaux virtuels et les sites internet. Un grand débat a été lancé sur les objectifs et les stratégies à adopter. Cette période s'est terminée sous l'impulsion d'un facteur extérieur : le début des protestations à Tunis et en Égypte a réactivé les motivations des activistes du Mouvement Vert et a diminué leur passivité avec, en conséquence, une reprise des mouvements de protestation.

Troisième période (14 février 2011 à février 2012). Cette période a commencé en s'inspirant des mouvements du Moyen-Orient. La réussite des protestations de Tunis et ensuite en Égypte a beaucoup stimulé les activistes en Iran à recommencer à manifester. La page du « 25 *Bahman* » sur *Facebook* a déclenché ce mouvement et ensuite les activistes et les intellectuels l'ont rejoint avec les leaders du Mouvement Vert. La vaste participation à Téhéran et dans d'autres villes du pays et la répression de la police montrent l'importante reprise du mouvement qui a continué par les manifestations hebdomadaires du mardi jusqu'à la fête de *Chahar shanbe suri* (le lendemain du dernier mardi du calendrier iranien). À partir de ce moment, le mouvement a bien réduit sa présence dans la rue, mais sur l'espace virtuel, il est resté plus ou moins actif.

Quatrième période : la chute du mouvement (mars 2012 à aujourd'hui). Cette période débute précisément avec la neuvième élection parlementaire en Iran[213]. Bien que les programmes des activistes du mouvement aient prouvé que ce mouvement pour le changement avait échoué et se trouvait dans une impasse, il lui restait tout de même une possibilité : mobiliser le peuple pour qu'il boycotte l'élection. Cela ne constituait qu'un mince interstice pour réanimer le mouvement. Mais la participation aux élections d'une partie des réformateurs (notamment Seyed Mohammad Khatami, l'ancien président) et leur désaccord avec le boycott de l'élection ont suscité un puissant mouvement qui a fait obstacle à la visibilité du Mouvement Vert. Cette partie des réformistes s'oppose à la stratégie de pression sur l'autorité du mouvement social. Ils pensent mieux adaptées une approche de dialogue et une politique d'accord avec les autorités. Le Mouvement Vert s'est ainsi trouvé dans une situation de confrontation et cette forte divergence a affaibli les forces sociales. Nous pouvons voir aujourd'hui les signes de l'échec du mouvement et de ses programmes.

Nouvelles techniques et Mouvement Vert en subjectivation

Ce qu'on connaît sous le vocable d'espace virtuel, a trouvé, grâce à l'Internet, une dimension particulière. L'Internet a donné aux hommes une possibilité d'expérimenter un autre moyen de communication avec les autres et de représenter une autre forme de soi. Il est évident que le monde virtuel a fourni aux internautes des possibilités complètement nouvelles et introuvables dans le monde réel. Le monde virtuel est une « communauté d'étrangers ». Le succès de cette notion de « communauté d'étrangers » est lié à sa contradiction inhérente. De nombreux indicateurs culturels et

213. L'élection parlementaire a eu lieu le 2 mars 2012 en Iran.

sociaux restent invisibles et on ne peut y avoir un premier accès que par la divulgation dans un contexte virtuel, « on entre dans une conversation afin de devenir un autre pour l'interlocuteur ». Ce processus de représentation peut fonctionner afin de compenser un certain manque considéré comme un désir pour l'autre ou pour construire des réalités moins limitées dans la jonction (confluence) de la représentation et de la réalité dans des environnements virtuels.

La technologie devient un moyen dans la déconstruction d'une gamme de catégories normatives de l'interaction. Le déplacement de ces conventions constructives permet aux utilisateurs de l'Internet de générer leurs propres modes de communication, modes qui les définissent comme un réseau d'étrangers, produits et reproduits comme et par la collaboration. Il est clair que la construction unitaire-traditionnelle de la communauté ne peut pas être simplement transposée à un environnement virtuel. Les environnements virtuels favorisent des rencontres avec l'étranger qui, dans la plupart des contextes hors ligne, serait considéré comme un intrus qu'on s'efforcera d'assimiler plutôt que comme une opportunité pour pervertir les formations unitaires de la vie sociale et pour générer des domaines en pleine croissance d'interactivité et de connexion sociale[214].

Les structures et les limites du monde virtuel et du monde réel sont différentes. Dans le monde réel, nous pouvons clairement observer une tendance vers des règles toujours plus strictes et des contrôles sociaux. Ces règles et contrôles sociaux sont induits par la nécessité de maintenir l'ordre dans une population en croissance et à forte densité. Il s'agit d'affronter les conséquences négatives de certaines activités de la population (par exemple épuisement des ressources, abandon de détritus ou changements climatiques). Mais, dans le monde virtuel, il y a moins besoin d'une telle réglementation collective. Car l'interaction est maintenue à des niveaux de plus faible intensité et les effets compilés des comportements microéconomiques ne doivent pas être pris en compte. Nous pouvons dire que, dans le monde réel, on ne peut pas facilement échapper aux règles strictes

---

214. Linda Carroli, « Virtual Encounters. Community or Collaboration on the Internet », *Leonardo*, vol. 30, n° 5, *Fifth Annual New York Digital Salon*, 1997, pp. 359-363.

et aux contrôles sociaux, alors que dans le monde virtuel, il existe une possibilité pour chacun de changer sa propre position et d'avoir une gamme de choix illimitée ou peu limitée pour se situer dans une autre position. Par rapport à la vie réelle, par exemple dans une ville, la circulation dans l'espace virtuel ne présente pas, ou présente peu de risques de collision avec les autres ou bien de risque de perturbation des activités de chacun[215].

Les conflits, les contestations, comme les façons de les résoudre dans le monde réel et virtuel, sont différents. Dans le monde virtuel, les utilisateurs s'occupent moins des conflits que dans le monde réel où le seul moyen pour les activistes sociaux d'atteindre les objectifs passe par la résolution des conflits. Nous voyons que, dans cette perspective, l'espace virtuel n'a pas de prédisposition à développer des mécanismes efficaces d'influence et de contrôle. En fait, à chaque fois que des contestations ou des conflits se produisent, des moyens pour s'en sortir ou les contourner deviennent facilement disponibles. L'utilisateur peut échapper à ses propres engagements et modifier son profil. La plupart des participants sont capables de résoudre leurs problèmes par une simple migration, les autres, pour les résoudre, élèvent le ton, se lancent dans des batailles intenses ou font un effort d'adaptation. Cela peut expliquer pourquoi les aspects politiques et juridiques de l'espace virtuel en sont restés, jusqu'à présent, à un stade assez embryonnaire[216]. En effet, nous pouvons dire que les fonctions des réseaux sociaux dans la vie réelle sont différentes par rapport à celles que l'on rencontre dans les réseaux virtuels, et que cette différence a été sous-estimée par les activistes du Mouvement Vert.

En général, il y a trois fonctions principales aux réseaux : connecter structurellement les manifestants dans un but précis, les socialiser sur un sujet de protestation et les aider à prendre leur décision et leur engagement. Les réseaux sociaux virtuels présentent certaines caractéristiques des réseaux sociaux réels. Il s'agit d'apporter des éléments de réflexion aux adhérents ou aux personnes qui s'intéressent aux actions des protestataires. Mais ces réseaux virtuels ne sont pas structurellement capables de réunir les

---

215. Hans Geser, *Towards a (Meta-)Sociology of the Digital Sphere*, Zurich, Université de Zurich, 2002, sur <http://socio.ch/intcom/t_hgeser13.htm>.
216. Hans Geser, *op. cit.*

activistes et les acteurs d'un mouvement pour une action sociale ou politique.

Comme certaines études nous l'indiquent, il est démontré que les réseaux formels et informels exercent des effets distincts sur l'intensité de la participation. En d'autres termes, l'adhésion à des mouvements ou à d'autres associations et l'ancrage dans un réseau de relations interpersonnelles agissent différemment dans le processus de mobilisation au niveau micro. Deuxièmement, la distinction des liens forts et faibles semble justifiée. Troisièmement, toutes les relations interpersonnelles ne conduisent pas à un fort activisme. La participation est susceptible de devenir plus intense à partir du moment où les participants potentiels sont recrutés par des militants fortement impliqués. Enfin, l'affinité culturelle et idéologique joue un rôle important. La participation intense devient plus probable dans les réseaux où les individus engagés[217] sont culturellement proches de l'organisation dans laquelle ils vont s'engager. La base d'activité du Mouvement Vert est le combat civil pour accéder à la démocratie en Iran. De plus, il fonctionne sur la base de la théorie de la lutte non violente. Moussavi, un des leaders du mouvement, a beaucoup insisté sur « le combat et la résistance civile et sans violence »[218] dans ses manifestes.

Bien que la stratégie du Mouvement Vert ait été affirmée comme une lutte civique et sans violence, la plupart des activistes du Mouvement Vert ont progressivement réduit le combat à « faire de la formation de militants », si bien que les leaders du mouvement ont nommé l'année 2011, « année de la formation à l'émancipation »[219]. Dans cette idée, il y a un message clair, disant que la formation conduit de façon certaine à l'émancipation. C'est en partant de ce principe qu'une grande partie des forces du Mouvement Vert a eu pour objectif principal la formation-information. Mais leur vision de l'information s'est peu à peu réduite à transmettre les actualités et des nouvelles concernant les personnes, dans une exacte conformité avec le modèle de dysfonctionnement propre des réseaux sociaux virtuels. Les

217. Florence Passy & Marco Giugni, « Social Networks and Individual Perceptions; Explaining Differential Participation in Social Movements », *Sociological Forum*, vol. 16, n° 1, 2001.

218. Cf. <www.kaleme.com/1389/03/25/klm-22913>.

219. Cf. <www.kaleme.com/1389/12/29/klm-52527/?theme=fast>.

leaders du Mouvement Vert en Iran n'ayant eu recours à aucun autre moyen que les réseaux virtuels, l'information a été inévitablement réduite à la transmission d'actualités. Lorsque l'information est réduite au fait de donner des nouvelles, les moyens virtuels comme l'Internet et les chaînes télévisées de satellite tiennent le rôle principal. Ils ont donc pris la place des réseaux sociaux et l'attention des activistes du Mouvement Vert a été concentrée sur les sites sociaux virtuels, les actualités et les analyses d'événements politiques. Nous pouvons dire que l'objectif principal du Mouvement Vert a été de poursuivre des actions symboliques, alors que la théorie du combat civil considère que les actions symboliques sont certes efficaces dans une certaine mesure, mais qu'elles ne suffisent pas. Selon Gene Sharp, « *les actions symboliques sont très importantes, mais pas au point de permettre d'ignorer d'autres variables importantes* »[220]. Les obstacles structurels dans les communautés, les normes et les variables comportementales des individus, font aussi partie de l'espace réel de la société.

Le Mouvement Vert : la subjectivation

Le changement du combat civil en combat symbolique a donné aux réseaux sociaux virtuels un rôle plus important. Le primat donné à l'importance des réseaux virtuels, et par là à l'importance du combat symbolique, a conduit à l'apparition d'un phénomène que nous appelons le « devenir subjectif ou imaginaire » du mouvement. En d'autres termes, le fait de devenir subjectif indique une situation dans laquelle la communauté virtuelle se considère comme la communauté réelle. Ainsi les méthodes et les moyens utilisés dans la communauté virtuelle sont perçus comme ceux de la communauté réelle. Nous soulignerons certaines caractéristiques de subjectivation dans le Mouvement Vert :

Considérer la communauté d'étrangers comme le réseau social. Lorsque les réseaux sociaux virtuels sur l'Internet se réunissent autour d'une campagne, ils entrent dans une communauté

---

220. Cf. <www.bbc.co.uk/persian/world/2011/02/110223_l42_vid_sharp_gene .shtml>.

d'étrangers. Cette particularité apparaît clairement dans le Mouvement Vert. En réaction à la tentative du gouvernement iranien de trouver les activistes sur l'Internet et de les réprimer, les participants à la campagne se sont réunis autour d'un objectif général et ambigu et ont fait des commentaires. Dans cette communauté, il n'y a pas de possibilité que se forment des groupes sociaux réels qui se réunissent autour de buts, dans des structures et ainsi mettent en œuvre des mécanismes propres.

Les activistes des campagnes d'opposants, malgré les points faibles des réseaux virtuels, persistent à considérer ces réseaux comme des réseaux sociaux. Il nous semble que cette attitude est une grave erreur. La mesure de la participation aux campagnes (en fait la mesure de la participation ou de la présence dans les pages des réseaux virtuels) équivaut à la participation à une action sociale. Le résultat illusoire, attendu, au vu des motivations et de la participation chez les utilisateurs, est qu'il y ait une participation et une motivation identiques dans l'espace réel de l'action sociale. En général, lorsque les réseaux virtuels suivent les motivations des activistes du Mouvement Vert en espace réel et s'y adaptent, ils jouent un rôle positif et important pour l'expansion et le développement du Mouvement Vert. Le cas de la campagne de 25 *Bahman* est un exemple de cette réussite. Mais en revanche, lorsque les réseaux virtuels sont réduits à un objectif en soi, cela conduit à un échec, comme ce fut le cas de la campagne du 25 *Ordibehesht.*

Considérer le Mouvement Vert comme une activité illimitée au niveau de temps et pas comme un projet social : la subjectivation réduit le mouvement social (en tant que forme compacte d'action sociale pour des objectifs et une durée déterminée comme un projet social) à une activité illimitée et indéterminée. Dans cette situation, parler du Mouvement Vert est plutôt exprimer les rêves et les désirs de personnes qu'analyser les variables d'un environnement réel. Ici, les avis fatalistes, philosophiques et historiques se développent. Les idées que « le mouvement a un chemin long à suivre » ou que « le mouvement va absolument réussir » montrent la domination de la pensée imaginative chez les activistes du Mouvement Vert. Vue sous l'angle de la subjectivation, à mesure que les chemins réels se sont fermés aux changements sociaux (ce qui interdisait au mouvement d'obtenir des succès), l'augmentation de tels types d'analyses et de pensées chez les activistes du Mouvement Vert en est devenue une conséquence logique.

Rappel du passé et absence d'un programme pour l'avenir : La subjectivation amène les activistes du Mouvement à se référer au passé, à se remémorer les manifestations et ainsi à insister sur le fait que le mouvement est toujours vivant. En fait, dans ce cas, le passé tient lieu d'action. Ayant eu des difficultés pour mobiliser le mouvement, les activistes essayaient de garder la communication entre eux par l'Internet. Dans cette situation, les activistes s'assurent que le mouvement est toujours actif et peut répéter le passé. L'objectivation se réfère au passé, celui-ci étant l'obstacle le plus important pour programmer, réfléchir et faire des essais et des erreurs dans une situation réelle. Ainsi, les activistes du Mouvement ne sont pas capables d'estimer les réussites du Mouvement dans un environnement réel. Ils font moins d'essais et d'erreurs pour établir des institutions et groupes sociaux réels. Le Mouvement continue donc son activité afin de répéter le passé et pense que la répétition du passé aura probablement des résultats différents. Cette ignorance du monde réel, de ses obstacles et structures limitatives, renforce l'importance des réseaux sociaux virtuels.

Fuite du monde réel (structures, obstacles et contradictions) et difficulté d'établir les réseaux sociaux : les réseaux sociaux virtuels ne font pas seulement face aux structures limitatives du monde réel, mais ont une identification unique des deux mondes réel et virtuel. Il nous semble que la possibilité de former le groupe ou le réseau social réel est une problématique. En fait, la société civile en Iran est arrivée à la situation de plus grande faiblesse qu'elle ait connue depuis la période des réformistes[221]. Dans cette situation, la formation des groupes de quartier, d'amis et professionnels est quasiment impossible.

Les activistes du Mouvement, peu conscients de ces limites structurelles, font des tentatives pour développer la prise de conscience et la protestation dans le réseau virtuel. Dans ce cas, les activistes se contentent d'avoir des manifestations dans les rues comme objectif principal. En cas de réussite, ils en profitent pour stimuler les adhérents et se stimuler eux-mêmes. Nous voyons que les activistes du mouvement n'analysent pas efficacement la

221. La période de 1998 à 2006 a été dénommée « période des réformes ».

situation réelle et ne cherchent pas de solutions innovantes dans le monde réel. Ils demandent aux citoyens de s'informer et d'augmenter leurs connaissances par tous les moyens possibles. Mais ils ne construisent pas de réseau social réel. Ainsi, le positionnement dans le monde réel du mouvement est faible et fragile. Nous supposons qu'en l'absence du monde virtuel, les activistes seraient obligés d'étudier et d'analyser le monde réel et essayer d'agir dans ce monde. Ainsi, à ce point, nous pouvons dire que le monde virtuel et ses réseaux sont pour le mouvement un obstacle à l'action sociale.

Maintenir la généralité (l'unité virtuelle) : l'objectivation nécessite de maintenir la généralité. Autrement dit, les activistes du mouvement essaient de s'éloigner des désaccords et des conflits et en réduisant les conflits à un combat pour la liberté, ils essaient de renforcer leur unité face à l'autorité. En considérant l'ampleur des désaccords en Iran où on n'a pas expérimenté la société civile réelle, le combat virtuel pour maintenir la généralité conduit à priver la société iranienne d'énergies cantonnées à l'intérieur des groupes sociaux.

Subjectivation et problématique de la démocratie

La subjectivation influence les attentes du sujet démocratique. Le sujet démocratique, sous l'influence du processus de subjectivation, perd tout lien avec les institutions sociales réelles. Dans une société comme celle de l'Iran, le sujet démocratique s'éloigne extraordinairement des réseaux sociaux réels et se forge une perception erronée du pouvoir révolutionnaire des réseaux sociaux virtuels, ce qui conduit à une compréhension incorrecte du processus de démocratisation. Ainsi, dans cette perception, le résultat final (la société démocratique) ne provient pas de la construction des réseaux sociaux réels, de l'influence sur les institutions sociales réelles, ni même de la reproduction des rapports sociaux nouveaux et réels, mais il se produit à l'occasion d'un évènement dont les activistes pensent qu'il débouchera inéluctablement sur la démocratie !

À propos du développement de la démocratie en Iran, nous constatons une confusion théorique parmi des activistes du Mouvement Vert. Comme Christian Welzel et Ronald Inglehart l'ont montré, il existe deux approches du processus transitionnel vers la démocratie, et qui sont en conflit l'une avec l'autre[222]. Dans la première approche qualifiée de « démocratie électorale » ou bien de « définition fine de la démocratie » le rôle des élites et leur accord mutuel ont un poids important et les préférences des personnes jouent un moindre rôle. Dans cette perspective, l'accent est mis sur les élections concurrentielles et la participation. Donc, l'émergence et la survie de la démocratie selon cette approche sont indépendantes du développement économique et social. La deuxième approche qualifiée de « démocratie libérale », se fonde sur l'expression du peuple et l'auto-gouvernance. L'émergence et la survie de la démocratie dépendent donc de pré-conditions sociales telles qu'une large distribution des moyens de participation et de la confiance, la tolérance des citoyens pour lesquels le libre choix a un prix. Ainsi, l'émergence et la survie de la démocratie dépendent du niveau de développement économique et social. La faiblesse des analyses théoriques sur l'état de la société iranienne à l'égard du processus de démocratisation a abouti à l'oscillation des intellectuels et des activistes des mouvements civils iraniens entre ces deux approches.

Après juin 2009, la deuxième approche l'a emporté et les militants politiques et sociaux se sont adressés à la société en renforçant les personnes et en s'appuyant sur le mouvement pour construire un réseau social capable d'influencer le processus politique, et, en utilisant la pression sociale, de forcer la structure politique à accepter, au moins, les activités des groupes démocratiques. Mais deux ans après, une partie importante des forces militantes s'est retournée vers la première théorie et a pratiquement accepté que l'approche axée sur le mouvement soit un échec. Désormais, elle pense que ce n'est que dans les élites et en accord avec la structure politique qu'il est possible de créer un fonctionnement démocratique minimal.

De fait, la subjectivation du Mouvement Vert, comme nous l'avons expliqué, a été un agent efficace qui a conduit certaines des forces réformistes en Iran à comprendre le manque de succès de cette approche. Certains groupes et forces croient à la voie

222. Christian Welzel & Ronald Inglehart, « The Role of Ordinary People in Democratization », *Journal of Democracy*, Vol. 9, n° 1, janvier 2008.

électorale. Bien qu'elles aient constaté l'échec de l'approche du Mouvement Vert, elles n'ont ni plan politique, ni puissance, ni relations efficientes avec la structure politique. En se réfugiant dans l'espace virtuel, les militants du Mouvement Vert confirment qu'ils n'ont pas de moyens efficaces pour agir sur l'atmosphère politique et sociale. Ils ont implicitement confirmé qu'ils sont seulement capables de mettre en pratique leurs mesures sans ampleur et sans efficacité. Mais ils espèrent que ces petites actions deviendront « par magie » une action efficace et de grande importance. Il nous semble qu'ils ont découvert une loi selon laquelle l'accumulation d'actions mineures, dans un moment historique, leur donne efficacité et puissance. Ceci nous rappelle certaines hypothèses du marxisme classique.

On peut dire que, d'une façon générale, le Mouvement Vert en Iran a déçu les souhaits et l'espoir des Iraniens d'un changement social. Les forces sociales, fortement présentes dans les rues pendant 9 mois, ont été épuisées à cause du manque de programme politique clair et efficace chez les leaders, les intellectuels et les activistes, et parfois à cause d'actions contre-productives pour le Mouvement. Ainsi, l'espace virtuel est devenu une sorte d'alternative et le seul choix pour tranquilliser les activistes du mouvement. Mais l'espace virtuel joue comme un sédatif à effet de faible durée, parce que le retour d'une partie des forces sociales vers la voie électorale nous met en face du déclin de l'ardeur des activistes du Mouvement même dans l'espace virtuel. Dans cette situation, nous ne voyons pas chez les activistes civils en Iran de confrontation forte de projet entre les tenants de la voie électorale et ceux de l'occupation de l'espace public. Cette atonie perpétue une attente forte pour une solution à la question nucléaire iranienne. Car ils espèrent que l'affrontement mondial contre l'Iran pourra entraîner la chute du régime iranien ou au moins, amener une situation dans laquelle on aura une possibilité de changement ou d'ouverture politique.

D'une façon générale, nous pouvons dire que la société iranienne ne remplit pas les conditions requises pour le changement social et donc pour l'accès à la démocratie. La structure sociale de l'Iran après la révolution de 1979 a laissé peu de possibilités aux activistes de la société civile. Dans cette situation, nous sommes en face d'un phénomène de passivité de la société civile. La société civile n'a pas les bases et les institutions pour former des groupes et favoriser l'activité collective, donc tous les domaines d'activité ont été occupés par l'autorité.

Dans cette situation, les mouvements populaires et occasionnels ont favorisé des évolutions sociopolitiques et stimulé les intellectuels et activistes de la société civile. L'émergence des réseaux sociaux virtuels a l'apparence d'une solution pour cette faiblesse structurelle de la société iranienne. Dans cette situation, consulter les sites et les réseaux virtuels de façon intensive et y travailler est une alternative au renforcement des institutions et des réseaux sociaux réels. Ce fait a conduit au phénomène que l'on a appelé « subjectivation du Mouvement Vert » dans ce chapitre. Les réseaux sociaux virtuels, en idéalisant leur puissance et leur capacité, essayaient de montrer qu'ils sont capables de suivre les changements sociaux avec des activités virtuelles. Les réseaux sociaux virtuels ont fui la réalité de la société iranienne et, faute d'organisation et de programme pour les activités visant à établir des institutions, ils ont mis l'accent sur le passé comme idéal ou objet désirable. Ils pensent que la répétition du passé ne conduira pas aux résultats du passé, mais amènera des résultats merveilleux. En surévaluant l'importance des réseaux virtuels, le sujet démocratique sous l'influence du processus de subjectivation s'éloigne considérablement de la réalité, des réseaux sociaux et ainsi des institutions sociales. Et il forge une perception erronée de la capacité révolutionnaire des réseaux sociaux virtuels. Il est ainsi conduit à une compréhension incorrecte du processus de démocratisation : il pense que c'est un évènement extérieur qu'il appelle de ses vœux, qui amènera comme résultat final une société démocratique, et, dans sa négation du réel, il n'attend rien de la construction des réseaux sociaux, de leur influence sur les institutions sociales, ni même de la production de rapports sociaux nouveaux. Et cette situation conduit les citoyens au désespoir et la situation sociopolitique actuelle en Iran au *statu quo.*

Ali Jafari & Mohammad Javad Shafiei

Chapitre 9

L'Internet et les médias sociaux : spécificités des pratiques communicatives et participatives médiatisées en Ukraine

L'important développement des progrès scientifiques, techniques et technologiques qui a commencé au XXe siècle, et s'est prolongé au siècle actuel, a changé le design de l'espace social comme le monde de la publicité, et a exercé, et continue d'exercer, une grande influence sur les processus communicatifs au niveau macro-social et sur les pratiques communicatives des interactions quotidiennes au niveau micro. Il est fait tout à fait axiomatique de raisonner à partir de l'évolution technologique comme du principal critère du progrès social qui a conduit l'humanité vers un nouveau type de société : la société d'information[223], la société programmée[224], la société de réseau[225], la société du risque[226], la société mobile[227], la société post-sociale des connaissances[228], etc. Dans une certaine mesure, les auteurs mentionnés s'accordent sur les thèmes de la domination de la connaissance ou de l'information dans la société moderne, sur l'influence dominante des TIC sur la sociabilité, sur la transformation des principes de la formation des liens sociaux, des interactions sociales et des

---

223. Cf. Manuel Castells, *La société en réseau*, t. 1, *Le pouvoir de l'identité*, t. 2, *Fin de millénaire,* t. 3, Paris, Fayard, 1998, 1999 & 1999.
224. Cf. Alain Touraine, *Le retour de l'acteur,* Paris, Fayard, 1984.
225. Cf. Manuel Castells, *op. cit.*
226. Cf. Ulrick Beck, *La société du risque. Sur la voie d'une autre modernité*, Paris, Éditions Aubier, 2001.
227. Cf. John Urry, *Sociologie des mobilités : Une nouvelle frontière pour la sociologie ?*, Paris, Armand Colin, 2005.
228. Cf. Karin Knorr-Cétina, « Scientific communities or transepistemic arenas of research? A critique of quasi-economic models of science », *Social Studies of Science*, Vol. 12, 1982, pp. 101-130.

relations sociales, non seulement des relations sujet-sujet, mais aussi des relations sujet-objet, sans compter l'influence sur la transformation des communications sociales elles-mêmes.

La problématique avancée est assez vaste, mais le cadre de ce chapitre limite le propos aux changements des pratiques communicatives chez les individus au cours de leur interaction quotidienne entre eux et avec des objets (des objets techniques et intermédiaires) qui justement conditionnent les changements donnés. Autrement dit, nous nous intéressons à l'influence que les nouveaux médias, l'Internet et le portable exercent sur le déroulement des communications quotidiennes et comment changent les attitudes des utilisateurs de ces nouveaux équipements au fur et à mesure qu'ils sont intégrés et pénètrent dans les quotidiens.

Au cours des différentes périodes de l'histoire, des équipements de communication sont apparus et ont pénétré la vie sociale : le téléphone public et personnel, la radio, la télévision analogique, la télévision par câble et satellite, la télévision numérique, l'ordinateur, les messagers de poche et les portables, le téléphone sans fil, les téléphones satellites, l'Internet, l'Internet sans fil, etc. Aujourd'hui apparaissent de nouveaux intermédiaires communicatifs, les ordinateurs portables, les téléphones portables connectés sur l'Internet, à côté de la radio et de la télévision apparues il y a bien longtemps, mais qui n'ont pas perdu leur importance et qui caractérisent, avant tout, les processus communicatifs de masse. Ces nouveaux intermédiaires communicatifs se distinguent de leurs prédécesseurs par leur nature multifonctionnelle : ils transforment l'espace et le temps des utilisateurs, effacent la limite entre les sphères publiques et privées, unissent et divisent, éliminent les disproportions sociales et démocratisent la vie sociale. De même, ils intensifient la différenciation sociale et la polarisation sociale, satisfont les besoins non seulement pragmatiques, mais aussi d'expression, de leurs utilisateurs.

On voudrait prêter attention à deux niveaux interdépendants de la réalité sociale, les niveaux macro et micro. Il est nécessaire de distinguer ces niveaux, car ils établissent la différence des effets sociaux des intermédiaires techniques à la fois sur l'individu et sur la société. Bien que John Urry nous appelle à ignorer cette différence, en disant « *qu'il faut se libérer de la distinction entre les sphères publiques et privées, à partir de ce moment, lorsque la vie sociale actuelle ne laisse rien de la ligne de partage des eaux entre eux* »[229]. Néanmoins même une analyse superficielle des discours scientifiques consacrés au déroulement des processus sociaux aux niveaux micro et macro peut persuader de la nécessité d'une pareille distinction. Ainsi, une des scientifiques les plus réputées qui travaille sur les nouveaux principes de la sociabilité et des interactions sociales, Karen Knorr-Cétina, croit que la décadence des principes traditionnels de formation des liens sociaux, la destruction des communautés traditionnelles et des traditions qui les accompagnent et des normes communicatives isolent complètement l'individu, « *il n'y a plus d'instruments psychologiques chez lui pour venir à bout de la liberté du choix* »[230]. Zygmunt Bauman s'associe à cette thèse[231]. Pour John Urry et Scott Lash, la société de l'individualisation survient quand les services rendus autrefois par l'individu sont remplacés par des services automatisés électroniquement, et les structures sociales par des structures électroniques et d'information[232]. En ce qui concerne la société en général, Karen Knorr-Cétina est plus optimiste. Elle croit que « *les relations post-sociales ne sont pas asociales ou non sociales. Dans la société de la connaissance, les relations d'objet remplacent les relations sociales et deviennent leur partie essentielle […]. Nous appellerons une telle socialité la socialité objets-centrée* »[233]. Il s'agit de l'incorporation d'objets matériels et techniques aux interactions sociales et au tissu du social. Les interactions avec les nouvelles technologies supposent la présence de « compétence technique » acquise par l'interaction avec de nouveaux objets techniques, et par voie de contacts avec des « experts ». Ce nouveau type d'interactions sujets-objets contribue justement à la destruction du caractère individuel fermé de l'homme moderne. Il compense jusqu'à un certain degré

---

229. Mimi Sheller & John Urry, « Mobile Transformations of "Public" and "Private" Life », *Theory, Culture & Society*, n° 20(3), 2003, p. 122,

230. Карен Кнорр-Цетина, « Социальность и объекты. Социальные отношения в пост социальных обществах знания », in *Социология вещей. Сборник статей,* Москва, Издательский дом « Территория будущего », 2006, p. 271,

231. Zygmunt Bauman, « Morality in the Age of Contingency », in *Zigmunt Bauman, Detraditionalization: Critical Reflections on Authority and Identity,* Oxford, Blackwell, 1996, pp. 41-70,

232. Scott Lash & John Urry, *Economy of Signs and Space*, London, Sage, 1994,

233. Карен Кнорр-Цетина, *op. cit.*, pp. 276-279.

l'isolation psychologique et l'incertitude existentialiste des relations interpersonnelles dans la société contemporaine. Ce chapitre se limitera à une présentation des tendances empiriques de l'interaction des individus avec des objets techniques en Ukraine contemporaine. La base empirique de l'étude est un sondage sociologique de la population adulte de la ville d'Odessa sur « la consommation et la communication dans la ville moderne ukrainienne », réalisé au printemps 2009[234], et débute par une analyse empirique des effets sociaux créés par les intermédiaires techniques dans les pratiques communicatives de l'auditoire urbain, puis présente les stratégies temporaires et les moyens de communication que les individus utilisent pour les relations et l'échange d'informations avec leurs parents, leurs proches et leurs amis dans le cadre d'interactions quotidiennes informelles.

Tableau n° 1 : Stratégies temporaires et moyens de communication dans le cadre des interactions quotidiennes et des échanges d'information, ville d'Odessa

Vous échangez des informations avec vos parents et amis :	*Pratiquement jamais*	*Rarement*	*De temps en temps*	*Souvent*	*Toujours Constamment*
Par des rencontres personnelles	2,8 %	12,2 %	29,2 %	34,5 %	21,3 %
Par le téléphone personnel	2,1 %	21,5 %	26,6 %	25,4 %	13,3 %
Par le portable	3,9 %	9,9 %	16,8 %	28,7 %	40,7 %
Par Internet (ICQ, Skype)	33,1 %	12,8 %	19,7 %	17,9 %	16,5 %
Par le courrier électronique	36,7 %	18,7 %	25,3 %	12,1 %	7,2 %
Par la poste	58,1 %	18,9 %	13,8 %	6 %	3,2 %

Comme indiqué dans le tableau n° 1, un cinquième seulement des personnes interrogées (21,3 %) se sert régulièrement de « rencontres personnelles » et un tiers (34,5 %) utilise « souvent » les rencontres personnelles pour l'échange

234. 500 personnes interrogées, échantillon obtenu par stratification (régions d'Odessa, bureaux de vote, rues, maisons, appartements), et quotas selon le sexe, l'âge et la formation (variables contrôlées), étude réalisée par Oksana Lychkovska & Tatyana Krivocheya.

d'informations. Ainsi, près de la moitié des répondants utilise des intermédiaires techniques. Le portable sert d'intermédiaire le plus souvent : moins de la moitié des interrogés (40,7 %) ont répondu qu'ils l'utilisaient « constamment » et un peu plus du quart (28,7 %), « souvent ». Plus du tiers des répondants (34,4 %) utilise « souvent ou constamment » les contacts par l'intermédiaire de l'Internet (avec *Skype*, *ICQ* et autres) et/ou un cinquième (19,3 %) utilise les services du courrier électronique. Il est remarquable que les propositions respectives de ceux qui utilisent « de temps en temps » les rencontres personnelles et ceux qui ont recours aux intermédiaires techniques pour les contacts et les échanges d'informations soient presque identiques, ce qui confirme la tendance à l'effacement d'une démarcation précise entre les pratiques communicatives personnelles et médiatisées dans la conscience des individus.

Cette tendance se manifeste de manière plus forte avec l'étude des groupes typologiques d'interactions directes et médiatisées obtenus à l'aide d'une analyse factorielle (construite avec une analyse en composantes principales avec rotation Varimax et normalisation du Kaiser). On peut noter qu'il existe 2 types d'interactions différents dans la conscience et la conduite des individus. Le premier type, « pratiques communicatives médiatisées » (32 % de la variation) comprend l'utilisation de l'Internet (ICQ, *Skype*, etc.) et d'autres pratiques interactives (0,856), le courrier électronique (0,898) et, ce qui est remarquable, la poste (0,528). Le deuxième type, « pratiques communicatives directes » (22,8 % de la variation) comprend, en conséquence, les rencontres personnelles (0,762), le téléphone personnel (0,654) et le portable (0,494). L'interprétation des facteurs obtenus permet, à notre avis, de révéler deux tendances en opposition. Premièrement, on observe une disposition en faveur du téléphone dans la sphère des contacts directs et on peut dire, en conséquence, qu'il y a bien un changement d'attitude par rapport à la téléphonie en tant que telle, à la perception du téléphone qui n'est pas un « intermédiaire technique », mais plutôt un « adjoint » confortable pour les contacts humains, capable de surmonter les barrières géographiques. De plus, il est évident qu'il y a une démarcation assez précise dans la conscience des répondants entre les communications et les contacts *on-line* et *off-line*. La communication directe réalisée avec des programmes interactifs ou avec le courrier électronique est perçue par les répondants comme une « pratique communicative médiatisée », ce n'est pas par hasard que la poste ordinaire se trouve au même niveau : on peut supposer que la différence principale pour les individus concernés est entre la « spontanéité acoustique » des rencontres personnelles ou des contacts par téléphone et la « simultanéité » de la forme écrite de la communication avec des programmes interactifs sur ordinateur, par rapport à la « non-simultanéité » des interactions à l'aide du courrier (poste ordinaire ou courrier électronique).

Les tendances qui apparaissent avec l'analyse typologique d'une partie de l'échantillon, en fonction du sexe et de l'âge des répondants, semblent plus marquées au niveau des hommes et du groupe d'âge moyen (30-49 ans). En ce qui concerne les femmes, on peut mettre en évidence 3 types de pratiques communicatives : « médiatisées », qui se réalisent à l'aide de l'Internet (0,899) et du courrier électronique (0,907), « directe », par rencontres personnelles (0,695) et avec un téléphone personnel (0,842), et « mobiles », qui ne se réalisent qu'à l'aide du portable (0,624). On peut souligner l'importance particulière du portable pour les femmes et, en conséquence, des « contacts spéciaux mobiles » par rapport au fonctionnement étroitement pragmatique du portable pour une grande partie de l'auditoire masculin.

On peut dire que l'utilisation des intermédiaires techniques pour les contacts et pour l'échange d'informations dans les pratiques communicatives quotidiennes est étroitement liée aux caractéristiques sociales et démographiques des individus. Ainsi, le tableau n° 2 montre à quel point la régularité de l'utilisation des téléphones personnels et mobiles, des programmes de l'Internet interactif et du courrier électronique marque une distinction homme/femme. Ainsi, les hommes se servent plus souvent du courrier électronique et de l'Internet interactif pour les contacts quotidiens et pour l'échange d'informations, tandis que les femmes utilisent le plus souvent pour ces mêmes buts un téléphone personnel et/ou le portable. Même si le portable est revendiqué de manière importante par les femmes aussi bien que par les hommes, on peut supposer que pour les femmes, il est avant tout un moyen de contacts de type « communication pour la communication », tandis que pour les hommes c'est plutôt l'échange d'informations qui est primordial.

Tableau n° 2 : Fréquence de l'usage des équipements de contacts et d'échange d'information chez les hommes et les femmes, ville d'Odessa (en % du nombre des répondants)

Fréquence de l'utilisation de l'équipement pour les contacts et l'échange d'information	*Sexe du répondant*		*Coefficients de corrélation de Kramer (seulement les significatifs)*
	Hommes	*Femmes*	
1. Téléphone personnel (fixe)			0,14
Je ne m'en sers jamais	14	11	
Je m'en sers rarement	23	20	
Je m'en sers de temps en temps	30	24	
Je m'en sers souvent	24	28	
Je m'en sers constamment	9	17	
2. Portable			-
Je ne m'en sers jamais	3	5	
Je m'en sers rarement	12	8	
Je m'en sers de temps en temps	19	15	
Je m'en sers souvent	26	31	
Je m'en sers constamment	40	41	
3. L'Internet, ICQ, Skype, etc.			0,17
Je ne m'en sers jamais	29	37	
Je m'en sers rarement	10	15	
Je m'en sers de temps en temps	24	16	
Je m'en sers souvent	22	15	
Je m'en sers constamment	15	18	
4. Courrier électronique			0,21
Je ne m'en sers jamais	31	41	
Je m'en sers rarement	14	23	
Je m'en sers de temps en temps	34	18	
Je m'en sers souvent	13	12	
Je m'en sers constamment	8	6	

De plus, il est à noter que la fréquence de l'utilisation des rencontres personnelles dans un but communicatif ou dans un but d'échange d'informations est à peu près identique chez les hommes et chez les femmes.

La spécificité de l'utilisation des différents intermédiaires techniques est encore plus marquée entre les différents groupes d'âge (tableau n° 3). Le segment plus âgé (50 ans et plus) choisit à 63 % la réponse « je ne me sers jamais de l'Internet pour les contacts », trois fois plus souvent donc que le groupe des répondants plus jeunes (18-29 ans), 21 %. Au contraire, parmi ceux qui se servent de l'Internet constamment on trouve quatre fois plus souvent (31 %) des jeunes que des personnes âgées (7 %). La même tendance est observée en ce qui concerne l'usage du courrier électronique : le groupe de ceux qui ne se servent jamais de ce moyen est deux fois plus important que celui des personnes âgées, et, au contraire, le nombre de ceux qui s'en servent constamment, est deux fois plus grand parmi les jeunes. Les personnes d'âge moyen (30-49 ans) sont en tête dans le choix des positions moyennes, « je me sers de l'Internet (les contacts dans le temps réel) et le courrier électronique de temps en temps ». Les mêmes tendances sont à noter aussi quant à l'utilisation du portable : parmi les jeunes répondants, seulement 0,6 % « ne s'en servent jamais » alors que 11 % des enquêtés d'âge mûr choisissent cette réponse. De plus, 50 % des jeunes et seulement 24 % des répondants d'âge mûr « utilisent constamment » le portable dans leurs pratiques communicatives quotidiennes. Nous observons une tendance un peu différente en ce qui concerne le téléphone personnel ou fixe. Ici tout est directement opposé : 15 % des jeunes répondants ne s'en servent jamais contre seulement 6 % des consommateurs mûrs. En effet, 33 % des personnes d'âge mur se servent souvent du téléphone fixe (contre 20 % parmi les jeunes).

Il existe également des différences d'utilisation des communications directes ou médiatisées par rapport au niveau d'instruction, aux professions, et aux revenus. Il n'est pas possible ici de décrire en détail toutes ces particularités ; aussi nous arrêterons-nous seulement sur les tendances les plus frappantes.

L'Internet est toujours un plaisir assez « cher » pour la majorité de la population de l'Ukraine, c'est pourquoi il est tout à fait évident que ce ne sont que les personnes disposant de revenus élevés qui peuvent se permettre un accès régulier. Ainsi, parmi ceux qui utilisent constamment le courrier électronique, seulement 9 % réussissent à peine à « joindre les deux bouts », et 68 % réussissent à faire des économies. La même tendance s'observe parmi les utilisateurs réguliers et irréguliers de l'Internet et du portable, un objet dont chacun dispose, parfois en plusieurs exemplaires (la part des utilisateurs des liaisons mobiles au

1er janvier 2012 était de 121 % de la population ukrainienne[235]), mais l'utilisation permanente du portable en Ukraine implique néanmoins des dépenses financières considérables.

Tableau n° 3 : Fréquence de l'usage des équipements de contacts et d'échange d'information selon les âges, ville d'Odessa (en % du nombre des répondants)

Fréquence de l'utilisation de l'équipement pour les contacts et l'échange d'information	Âge des répondants			*Coefficients de corrélation de Kramer (seulement les significatifs)*
	18-29 ans	30-49 ans	50 ans et plus	
1. Téléphone personnel (fixe)				0,15
Je ne m'en sers jamais	15	13	6	
Je m'en sers rarement	21	25	18	
Je m'en sers de temps en temps	30	25	24	
Je m'en sers souvent	20	28	33	
Je m'en sers constamment	14	9	20	
2. Portable				0,23
Je ne m'en sers jamais	0,6	2	11	
Je m'en sers rarement	5	11	15	
Je m'en sers de temps en temps	14	16	24	
Je m'en sers souvent	31	29	26	
Je m'en sers constamment	50	43	24	
3. L'Internet, ICQ, Skype, etc.				0,34
Je ne m'en sers jamais	21	27	63	
Je m'en sers rarement	9	17	12	
Je m'en sers de temps en temps	14	29	12	
Je m'en sers souvent	26	17	7	
Je m'en sers constamment	31	9	7	
4. Courrier électronique				0,26
Je ne m'en sers jamais	26	31	63	
Je m'en sers rarement	20	20	15	
Je m'en sers de temps en temps	24	35	9	
Je m'en sers souvent	19	7	10	
Je m'en sers constamment	10	7	4	

235. « Абоненти зв'язку у 2012 році » [Електронний ресурс], in *Державний комітет статистики України. Офіційний веб-сайт*, Режим доступу, <www.ukrstat.gov.ua/>.

On observe également que l'utilisation de l'Internet est étroitement corrélée avec l'état civil des répondants. Parmi ceux qui communiquent constamment sur l'Internet, 61 % « ne sont pas mariés » et seulement 31 % sont mariés légalement. Au contraire, parmi ceux qui ne communiquent jamais sur l'Internet, 60 % des répondants sont marié(e)s et 15 % sont célibataires. Il faut remarquer que le groupe des « non marié(e)s » est plus actif dans ses communications et ses contacts que les répondants mariés, une caractéristique non seulement pour l'usage régulier de l'Internet, du courrier électronique, des téléphones mobile et fixe, mais aussi pour les contacts personnels.

Tableau n° 4 : Typologie de l'utilisation de l'Internet (fréquence et durée)

Type	*Fréquence et durée*	*%*
Non engagés	Non utilisateurs	23 %
Très faiblement engagés	Une à quelques fois par semaine, mais pas plus de 15 minutes	1 %
Utilisateurs irréguliers, engagés faiblement	Une fois par semaine pas plus de 30 minutes	5 %
Utilisateurs réguliers, engagés faiblement	Presque chaque jour ou plusieurs fois par semaine 30 minutes environ	5 %
Utilisateurs irréguliers d'engagement moyen	Pas plus d'une fois par semaine pour 1 à 2 heures	2 %
Utilisateurs réguliers d'engagement moyen	Chaque jour ou plusieurs fois par semaine pour 1-2 heures	18 %
Utilisateurs actifs réguliers	Régulièrement, chaque jour ou plusieurs fois par semaine, de 3 à 5 heures	17 %
Utilisateurs superactifs réguliers	Chaque jour et plus de 5 heures par jour	12 %
Utilisateurs contradictoires	Réponses mutuellement exclusives sur la régularité et le temps	5 %
Incertains	Embarrassés pour répondre	9 %

Ainsi, 27 % des répondants célibataires fréquentent régulièrement des amis et des relations et échangent des informations alors que 17 % des répondants mariés se conduisent de la sorte. On peut supposer que les contacts et les communications avec les amis, les connaissances et les parents jouent un rôle important dans la vie des répondants célibataires qui éprouvent un certain déficit de contacts et de communications en comparaison des répondants mariés qui peuvent s'exprimer en famille. Une pareille corrélation étroite entre l'état civil et l'activité communicative témoigne, à notre avis, de l'existence d'une variable cachée, notamment l'âge des répondants. On peut tout à fait logiquement supposer que la plupart de ceux qui ne sont « pas mariés » sont de jeunes répondants qui sont justement enclins à la communication en général et aux contacts médiatisés en particulier. Quant aux caractéristiques relatives au niveau d'éducation et à la profession, il n'existe pas de corrélation manifeste.

Des paramètres quantitatifs et qualitatifs des pratiques communicatives des individus ont été analysés. Deux questions se contrôlent mutuellement : « Les individus se servent-ils souvent de l'Internet ? » et « Combien de temps par jour passent-ils sur le réseau ? », et deux critères ont été utilisés dans la typologie, la fréquence et le temps employé. Plusieurs types d'engagement à l'Internet ont ainsi été révélés pour la ville d'Odessa.

Pour observer les fonctions sociales et personnelles des pratiques communicatives des individus quant à l'usage de l'Internet, une analyse typologique des motifs de l'engagement a été réalisée à l'aide d'une analyse factorielle. Le premier groupe mis en évidence pour les motifs d'engagement sur l'Internet, « source intégrale de la connaissance, des contacts et de l'émotionnel », correspond à 23,9 % de la variation et comprend des besoins des personnes à « être impressionné » (0,741), « à recevoir des informations utiles pour la réalisation de son hobby » (0,667), « à trouver sur l'Internet des sujets intéressants pour les contacts avec les amis » (0,658), « à trouver sur l'Internet les réponses à des questions importantes » (0,654), « à élargir ses connaissances professionnelles et son expérience » (0,581), « à recevoir un plaisir intellectuel » (0,541). Enfin, « l'Internet est la seule source des contacts » (0,600). On peut supposer que pour ces groupes idéaux-types les motivations pourraient être inhérentes aux utilisateurs réguliers de l'Internet, aux « habitants du réseau » qui réalisent le maximum de leurs besoins cognitifs, communicatifs et émotionnels sur l'Internet.

Le deuxième groupe de motivations, l'Internet comme « moyen de repos, de distraction et de compensation » correspond à 15,6 % de variation et comprend les besoins suivants : « se distraire du quotidien et recevoir des émotions » (0,733), « plaisir esthétique » (0,698), « tuer le temps » (0,678), « se reposer »

(0,530). Le troisième groupe de motivations, l'Internet comme « source universelle d'informations », correspond à 14,6 % de la variation et comprend des motivations telles que « recevoir les nouvelles sur les événements en Ukraine et à l'étranger » (0,819), « recevoir les nouvelles sur les événements amusants et les incidents » (0,775), ou encore « augmenter son niveau d'instruction » (0,510). Dans ce groupe, la fonction d'information de l'Internet se réalise dans toute sa diversité, recherche cognitive comme recherche pragmatique d'informations, réception d'une nouvelle information et satisfaction de la curiosité cognitive.

On peut, en conclusion, mettre en relief les tendances suivantes :

- les relations dans les réseaux sociaux remplacent les traditionnels liens territoriaux ;
- la tendance fonctionnelle principale de l'Internet continue à rester instrumentale, liée à la nécessité d'échange d'informations ; les réseaux sociaux et d'autres possibilités interactives de l'Internet sont orientés, avant tout, sur l'échange d'informations, le soutien émotionnel, la formation du sentiment d'appartenance au groupe et de l'identité sociale ;
- il existe un nouveau type de liens sociaux, les « faibles liens sociaux » qui ne contribuent pas à la maintenance de relations personnelles de longue durée, qui n'a pas souvent le temps et l'énergie émotionnelle pour construire ce type de relations.

Il s'agit ainsi du maintien des « liens solides à distance » dans des situations de séparation forcée avec les proches ou les amis et de l'utilisation des blogs qui sert à la formation des identités, aux présentations de soi-même, à la structuration de l'expérience personnelle, à la recherche de groupes significatifs, de groupes de partisans. On peut donc admettre que les blogs servent d'« extension narcissique » dans la société contemporaine atomisée. Les blogs manifestent ainsi l'effacement frappant des frontières entre la vie privée et publique. Les buts des lecteurs des blogs sont donc de maintenir un contact régulier avec des proches et des amis, de recevoir des informations, de se distraire et, enfin, de surveiller régulièrement l'opinion publique.

La téléphonie mobile s'organise autour « des communautés du choix » et de l'interaction individualisée, qui se fondent sur le choix de la place, du temps et des partenaires d'une telle interaction. La communication à l'aide du portable, comme les communications sur l'Internet, détruit la distinction rigide des sphères privées et publiques, professionnelle et domestique ; crée une sensation de « contact éternel », de « lien constant » en consolidant, par cela, la contrainte sociale entre les individus ; détruit les barrières spatiales et géographiques, construit des relations plus solides et longues entre ceux qui communiquent.

En même temps, la téléphonie mobile engendre la possibilité de l'existence de « communications phatiques, de la communication pour la communication », de « communications sans annoncer d'information » ; accorde aux communicants la possibilité d'éviter, de s'abstenir de communication et d'établir des règles plus rigides au mode de communication qu'aux relations directes.

Les investigateurs signifient de différentes manières l'utilisation des portables dans les communautés riches et pauvres, dans les pays pauvres ils ne remplacent pas la valeur des relations humaines, mais ils sont une sorte de « succédané » dans une situation de nécessité rigide.

En caractérisant la manifestation des tendances énoncées ci-dessus pour la ville d'Odessa, il faut souligner l'effacement de la démarcation précise entre les pratiques communicatives privées et médiatisées dans la conscience et dans la conduite des individus ; la formation de deux types des pratiques communicatives, médiatisées et directes. Pour les hommes, les intermédiaires techniques de la communication accomplissent une fonction instrumentale, alors que les femmes ont tendance à sacraliser les intermédiaires techniques, par exemple, les portables, qui cessent d'être un outil simple et acquièrent l'importance expressive d'un « ami ou adjoint ». Des différences significatives entre les pratiques communicatives médiatisées et directes sont observées également entre les différents groupes d'âge et selon l'état civil. Les jeunes répondants non encore mariés sont les plus engagés dans les pratiques communicatives médiatisées.

L'analyse typologique des motivations de l'engagement sur l'Internet a montré aussi que la Toile est, avant tout, une « source intégrale de connaissance, des contacts et d'émotion ». Une telle motivation est caractéristique justement des « utilisateurs réguliers actifs et super-actifs de l'Internet », ces « habitants du réseau » qui réalisent au maximum leurs besoins cognitifs, communicatifs et émotionnels à l'aide de l'Internet et d'autres types de communications techniquement médiatisées.

Oksana Lychkovska

Chapitre 10

Jeunesse et réseaux sociaux dans la crise postélectorale en Côte d'Ivoire

Les jeunes, les partis politiques et *Facebook*

L'Internet a considérablement révolutionné les possibilités en matière de communication. Il apparaît qu'à côté des médias traditionnels[236] qui ont joué et qui continuent de jouer un rôle de premier plan dans le dispositif de légitimation politique et idéologique, de verrouillage progressif de la sphère publique dans nombre d'États africains, la maîtrise des techniques de communication en ligne constitue un outil incontournable et favorise sans aucun doute l'accroissement des possibilités d'interactions. Initialement conçus pour entretenir ou établir des relations entre les individus, les réseaux sociaux, à travers l'Internet, sont devenus une source alternative d'information.

Le cas de *Facebook* en est une belle illustration. En effet, ce média est devenu l'endroit où il faut être présent pour être vu, faire passer des messages, des infos en temps réel sur les états d'âme et/ou les activités politiques et prises de position. *Facebook* contient vidéos, images et textes, principalement des commentaires, rapports et vidéos de meeting. Les idées des candidats y sont diffusées à travers leurs discours ou des prises de positions sur des sujets importants. N'importe qui peut ouvrir une page sous n'importe quel nom. Les utilisateurs ne sont pas toujours ceux que l'on attend. Entièrement gratuit, il permet de constituer des groupes d'amis – réels ou virtuels – ou de rassembler des personnes ayant les mêmes centres d'intérêt. Au-delà du fait d'abolir les frontières, ce réseau s'avère être un formidable outil de mobilisation, voire de propagande politique. Les groupes de fans partagent ainsi un intérêt pour une même cause ou se mobilisent autour d'une même personnalité. Utilisé en

236. Nous faisons allusion à la radio, la télévision et la presse écrite.

grande partie par la jeunesse, il est devenu non seulement une vitrine du militantisme, mais aussi celle de la culture démocratique et occupe, par conséquent, une place privilégiée dans le marketing politique. Il constitue ainsi aujourd'hui un acteur majeur dans l'émergence de la démocratie dans certains pays. La campagne de 2008 du candidat Obama, par exemple, met en lumière l'importance de la communication digitale dans cette décennie. *Facebook* lui avait permis de gagner la bataille digitale avant celle du monde réel. Il a développé un réseau de millions de supporters qui eux-mêmes envoient des informations et prospectent leurs amis.

En Côte d'Ivoire, suite à la crise militaro-politique que connaît le pays depuis septembre 2002, l'élection présidentielle a été considérée comme la clé de voûte du processus de paix enclenché dans le pays grâce aux différents accords de paix signés[237]. Après avoir été reportée à six reprises pour des raisons techniques et parfois des blocages politiques, ces élections que tous les Ivoiriens appelaient sans cesse de leurs vœux, ont fini par se tenir à l'autonome 2010 dans une ferveur électrique.

Le second tour des élections présidentielles de novembre de la même année a plongé le pays dans l'une des plus graves crises post-électorales de sa jeune histoire. D'un côté, Laurent Gbagbo, Président en exercice de la République de Côte d'Ivoire et candidat à sa propre succession, nommé par un conseil constitutionnel acquis à sa cause ; de l'autre, Alassane Ouattara, candidat de la coalition de l'opposition proclamé vainqueur selon les résultats provisoires de la commission électorale indépendante (54,1 % contre 45,9 %), Président reconnu par ladite institution (commission électorale indépendante), l'ONU et l'ensemble de la communauté internationale. À la faveur de cette situation, les débats autour de la crise post-électorale ivoirienne ont déchaîné les passions. Les protagonistes ont investi le Net[238], à cause

237. Les élections présidentielles des 31 octobre et 28 novembre 2010 étaient l'aboutissement d'un long, complexe et coûteux processus de sortie de crise, initié en 2007 par la signature de l'Accord Politique de Ouagadougou. À travers ces élections, l'enjeu essentiel consistait à mettre un point final à une période de onze années de crise politique intense et de normaliser les relations perturbées que la Côte d'Ivoire entretient avec la Communauté internationale.

238. La Côte d'Ivoire comptait 660 000 internautes en 2009 pour une population d'électeurs d'environ 5 millions, on peut supposer que la moitié des internautes est en âge de voter. Le Web ne permet pas de toucher tous les électeurs mais

notamment de l'étroitesse des grands médias et du monopole exercé par un seul des partis[239] participant à cette bataille électorale. On s'y échange points de vue, petites infos, articles, vidéos, voire interviews audio, sur la crise, avec des commentaires, le plus souvent partisans en fonction de la tendance défendue. Dans les deux camps, le réseau social constitue une forme de « contre-média ». Du côté des partisans de Laurent Gbagbo, il s'agit de faire barrage au « complot politico-médiatique » contre le Président proclamé par le Conseil constitutionnel, en partageant avec les autres *Facebookers* pro-Ggabgo tout ce qui va dans le sens de leur champion, notamment des vidéos contredisant systématiquement les positions du camp Ouattara et de la « communauté internationale ». Dans le camp Ouattara, l'objectif est bien sûr inverse, à savoir partager le maximum d'informations allant dans le sens du chef de l'État reconnu par la communauté internationale. À cette occasion, *Facebook* est devenu, lors de chaque grande occasion, une arène de controverse et de concurrence politique et intellectuelle. Dans chaque camp, les pages du réseau social se multiplient en faveur de l'un ou l'autre président du pays.

Enquête sur le rôle des jeunes à travers *Facebook*

Quel a été le rôle des jeunes des partis politiques dans la conservation/conquête du pouvoir pendant la période post-électorale à travers *Facebook* ? L'hypothèse de cette étude stipule que la jeunesse des partis politiques a été parmi les acteurs les plus visibles de ces périodes de bouleversement sur *Facebook*, ce média constituant pour elle de nouveaux espaces pour sa prise de parole. Elle l'a ainsi investi avec pour objectif la conservation ou la conquête du pouvoir. À travers l'analyse des interactions entre les jeunes du Rassemblement de Houphouétistes pour la Démocratie et la Paix (RHDP), camp de Alassane Dramane Ouattara (ADO) et ceux de La Mouvance Présidentielle (LMP), incarnée par

dans une élection au résultat difficilement prévisible, il n'est pas possible de négliger 6 % des électeurs.

239. Il faut reconnaître que maîtrisant encore les rouages du pouvoir, le camp du président sortant (LMP) a muselé les médias classiques, notamment la télévision et la radio, ce qui n'a pas permis d'ouvrir le débat post-électoral au camp RHDP.

Laurent Gbagbo sur *Facebook*, ce chapitre vise à montrer comment le médium est exploité par les deux parties dans la conservation/conquête du pouvoir pendant la période postélectorale en Côte d'Ivoire. Plus spécifiquement, il s'agit de déterminer la présence effective de la jeunesse du Rassemblement de Houphouétistes pour la Démocratie et la Paix (RHDP) et celle de La Mouvance Présidentielle (LMP) sur *Facebook* ; d'apprécier sur *Facebook* l'interprétation de l'actualité par chaque jeunesse et d'analyser les facteurs exogènes (politiques, sociologiques, économiques, etc.) mis en ligne qui ont affecté de façon positive ou négative la conservation/conquête du pouvoir.

L'étude propose également une analyse du corpus (textes, images, vidéos) mis en ligne par chaque camp concourant aux différents mécanismes de conservation/conquête du pouvoir. Il s'agit d'en apprécier la pertinence et d'identifier les forces et faiblesses. Pour atteindre l'objectif de ce travail, nous avons mené une recherche, qui, à certains égards, a une orientation ethnographique. Les techniques adoptées sont essentiellement qualitatives. Plusieurs étapes caractérisent notre méthodologie de recherche : élaboration et conception d'une grille de lecture et d'analyse du corpus, entretiens par *Skype* et analyse des données.

Les partis politiques ont exploité toutes les ressources, notamment les textes, les images et les vidéos sur *Facebook* en vue de conserver ou de conquérir le pouvoir. La sphère politique, notamment la jeunesse, a progressivement investi le médium et l'a, par la suite, progressivement intégré à sa stratégie de communication lors d'échéances électorales dans un premier temps, puis de façon régulière par la suite.

Nous avons tout d'abord élaboré le corpus, représentatif des échanges mis en ligne par chaque camp. Le potentiel documentaire recueilli sur le Net nous a permis de réunir des informations sur les réseaux sociaux et notamment *Facebook*, les sites où la crise ivoirienne est la plus commentée[240].

---

240. Ce qui nous a permis de retenir <abidjan.net> et <connectionivoirienne>. Nous avons ensuite construit une grille de lecture et d'analyse de celui-ci en tenant compte de façon raisonnée de quatre temps forts de la situation post-électorale : la période de la proclamation des résultats ; la période des violences post-électorales ; l'interpellation de la communauté internationale et la persistance des rumeurs. La liste des textes, images, vidéos mis en ligne par chaque camp n'est pas exhaustive.

Pour constituer la population d'enquête, il a été nécessaire de suivre les sites <abidjan.net> et <connectionivoirienne> au quotidien, afin de relever des exemples des *posts*, donc les modes d'échange respectifs entre les internautes et notamment des jeunes. Nous avons ensuite relevé une centaine de noms ou pseudonymes qui intervenaient sur la crise ivoirienne en fonction de leur représentativité (donc leur fréquence), à laquelle nous avons envoyé des demandes d'amis. Trente-cinq jeunes volontaires issus des deux grandes formations politiques ont été recrutés dans notre liste d'amitiés *Facebook* et ont ainsi constitué notre échantillon. Il convient de signaler que ces jeunes étaient déjà tous sur une des listes d'amitiés des deux candidats. Certaines considérations d'ordre éthique liées principalement au principe de confidentialité des informations à recueillir ont conditionné l'enquête. Il fallait garantir une confidentialité stricte des participants. Cette étude était volontaire et les participantes et participants étaient libres de se désister à tout moment durant l'enquête[241]. L'entretien par *Skype* a permis de déterminer la présence effective de la jeunesse du Rassemblement de Houphouétistes pour la Démocratie et la Paix (RHDP) et celle de La Mouvance Présidentielle (LMP) sur *Facebook*. Comme mode d'analyse des données, nous avons adopté l'analyse de contenu au niveau des *posts* (textes, images et vidéos). L'enquête couvre la période du 29 novembre 2010 au 30 avril 2011. Les résultats de l'analyse des données sont décrits dans la partie suivante.

Facebook et crise postélectorale

Il est facile de constater une présence effective de la jeunesse du Rassemblement des Houphouétistes pour la Démocratie et la Paix (RHDP) comme de celle de La Mouvance Présidentielle (LMP) sur *Facebook*. En effet, comme *Facebook* permet de constituer des groupes d'amis – réels ou virtuels – ou de rassembler des personnes qui ont les mêmes centres d'intérêt,

241. Nous leur avons demandé d'ouvrir chacun un compte *Skype* pour l'entretien. Le but n'étant pas de les voir physiquement, mais seulement de pouvoir échanger avec elles. Nous avons par la suite réalisé les discussions de groupe de 3 personnes par *Skype* (16). Au total, 35 personnes ont participé à l'enquête dont 3 par entretien individuel.

les groupes de fans partagent un intérêt pour une même cause ou se mobilisent autour d'une même personnalité à travers ce nouvel outil. Il constitue aussi et surtout selon les enquêtés *the meeting place*. Leur présence sur ce réseau social est en même temps une confirmation des règles du jeu de *Facebook* qui consistent en une présentation de soi, souvent par une série d'images afin de se connecter avec d'autres « amis » ou individus sur le réseau, et en un acte de marketing politique destiné à gagner plus d'adhérents ou à mobiliser les soutiens existants.

Favorisé par la démocratisation de l'Internet, l'engouement des jeunes pour la Toile, en particulier le réseau *Facebook*, ne se dément pas en Côte d'Ivoire. Qu'ils soient sur place ou à l'étranger, les Ivoiriens utilisent de plus en plus cette voie pour s'informer. Également actifs sur le terrain tant militaire que politique, ils ont investi les réseaux sociaux, qui leur offrent de nouveaux espaces pour leur prise de parole depuis les dernières échéances électorales. L'enquête a révélé que de simples surfeurs, ils sont devenus des acteurs majeurs, utilisant la plate-forme *Facebook* pour réfléchir en communauté, se faire une opinion et donner leur avis sur la politique. Pour certains jeunes du RHDP, « *avec* Facebook *est né un nouvel espace d'expression, social et démocratique ; le nouvel outil technique permet de renforcer la sphère politique. Les thèmes débattus actuellement tournent autour des enjeux des élections au niveau national* ». Pour d'autres, « *désormais avec* Facebook, *on peut réfléchir politique en ligne de façon indépendante et libre. Les blancs nous ont sauvés. N'eût été l'existence de ce nouvel outil digital, notre position serait méconnue du monde entier. Imaginez un peu la confiscation de la radio et de la télévision par le clan Gbagbo. Depuis le 28 novembre, jour des élections du second tour, ce clan refuse de donner la parole à notre groupement politique. Heureusement que* Facebook *nous permet de nous faire entendre* »[242]. Pour eux, le pouvoir LMP a recours aux moyens de l'État (radio et télévision) comme moyen de domination des masses privées du droit à la parole, réduites à l'état de récepteurs de directives et non de producteurs d'autres paroles. Ces médias publics ont pour rôle d'homologuer la parole du camp, de conférer à celle-ci sa valeur plénière, en faisant de la parole la vraie parole. Cette situation les amène donc à s'approprier *Facebook* qui leur permet de pouvoir

242. Cette citation et les suivantes sont des extraits d'entretiens réalisés par l'auteur.

diffuser et d'échanger leurs positions. Le réseau social permet ainsi, d'une part, un accroissement des libertés personnelles et collectives et d'autre part, de donner à la démocratie une autre forme au sein de laquelle le citoyen occupe un rôle beaucoup plus important que par le passé. Quant au camp LMP, il justifie sa présence sur le Web en ces termes : « Facebook *parvient, dans une certaine mesure, à mettre à un même niveau d'informations nos compatriotes et surtout nos militants, les Africains, la communauté internationale, pour fédérer, se mobiliser ou encore pour se forger ou conforter une opinion politique.* » Son émergence permet aux Ivoiriens de mieux prendre position par rapport aux politiques publiques et surtout d'ouvrir le débat sur une multitude de problématiques jusqu'alors taboues ou simplement ignorées. *Facebook* offre ainsi un nouvel espace pour la prise de parole des jeunes. Avant, pendant et après chaque évènement, les actions sont commentées avec beaucoup d'humour et de passion par les internautes.

La conservation/conquête du pouvoir

Après la proclamation des résultats

En plus des images diffusées, on a pu assister à un relais d'informations sur *Facebook* pour conquérir l'espace public au niveau des textes. L'un des temps forts, l'acte 1 en quelque sorte, est accompli par le représentant du ministre de l'Intérieur, par ailleurs Superviseur Régional de la Commission Électorale Indépendante (CEI) pour le compte de la majorité présidentielle. Celui-ci a consisté à enlever certains résultats des mains du porte-parole de la CEI, en direct et en présence de plusieurs organes de presse, le 30 novembre 2010. Les différents articles parus dans les jours qui suivent l'acte sur le Net en ont fait un large écho. Dans le camp de LMP, l'on justifie tout d'abord l'acte : « *Bamba Yacouba s'apprêtait à proclamer des résultats non validés par la commission centrale, sans informer les commissaires. Il se fait arrêter dans son élan par Damana Adia Pickas*[243]. » L'acte lui a valu de nombreux admirateurs par la suite. Il est félicité par une militante en ces termes : « *Bravo Damanan Pikass ! Dieu a accompli le miracle pour la Côte d'Ivoire en*

243. Commentaires d'images ou de vidéos étudiées.

arrachant le faux discours qui devait être livré à la Côte d'Ivoire par le diable Bamba Yacouba de la CEI. » Selon eux, le porte-parole n'avait pas encore reçu mandat de le faire. Majoritaire à la CEI, le camp RHDP voulait donner l'impression au monde entier qu'Alassane était vainqueur. C'est pourquoi ils se sont empressés de publier les résultats qui donnaient vainqueur leur candidat, alors que toujours selon eux, « *le processus démocratique tant souhaité est fortement mis en cause et la crédibilité du vote dans certaines zones CNO contrôlées totalement par les rebelles* ». Contrairement à LMP qui qualifie l'acte d'héroïque, le camp RHDP le fustige : « *les hommes de Gbagbo ont empêché de publier les résultats. Ils ne veulent pas accepter le verdict des urnes* ». Les commentaires sont suivis d'images ou de vidéos qui non seulement expliquent l'acte, mais aussi présentent une certaine image du camp adverse : il s'agit en effet d'en ternir l'image. On les présente comme des vandales. Comme en témoigne les commentaires d'une de nos enquêtées RHDP : « *cette méthode est celle de la FESCI*[244]. *Il faut se rendre à l'évidence ; Gbagbo a perdu ; ça y'a même pas de doute ; le Boulanger est tombé ; la fin est arrivée ; pliez bagage au lieu d'emmerder les paisibles Ivoiriens.* »

Les images sont choquantes, assimilées à la barbarie du camp LMP. Elles ont fait le tour du monde et il semble qu'elles aient été exploitées judicieusement par la jeunesse féminine RHDP à travers *Facebook*. Le camp de M. Ouattara accuse M. Gbagbo de vouloir « confisquer le pouvoir » en « empêchant » l'annonce des résultats. Ainsi, les commentaires, images et vidéos qui défilaient sur *Facebook* ont servi de ressort pour exercer une emprise sur le peuple, influencer les masses populaires pour les faire agir dans le sens souhaité.

Un premier verdict tombe le 2 décembre, c'est l'acte 2 : la commission électorale indépendante donne Ado, le challenger de Gbagbo, vainqueur avec 54,1 % des voix. Ces résultats sont aussitôt invalidés par le Conseil constitutionnel, proche du Président sortant. Le Conseil estime que sont nuls les chiffres annoncés après l'expiration du délai de trois jours prévu par le code électoral. Le lendemain, le Conseil constitutionnel proclame Laurent Gbagbo Président de la République. Gbagbo et Ouattara

244. La FESCI est l'organisation la plus puissante du pays ; elle opérait avant la chute du Président Gbagbo dans une impunité totale. *Human Right Watch* la qualifie d'organisation terroriste à la solde du FPI.

revendiquent alors chacun de leur côté la victoire. Le 4 décembre, Laurent Gbagbo se fait investir Président et son opposant prête serment « en qualité de Président de la République ».

Cette situation donne lieu à un débat houleux sur *Facebook :* « *Séquestrations et tueries d'agents électoraux, membres de la majorité présidentielle empêchés d'être dans des bureaux de vote, votes multiples, vol d'urnes, ouverture tardive de lieux de vote, urnes transportées à vélo ou par des rebelles sans les agents de la CEI, consignes de vote dans certains bureaux, agents électoraux contraints à signer et valider de faux PV, etc.*[245] », tels sont les premiers propos avancés par la jeunesse féminine LMP sur le réseau social pour soutenir le verdict du Président du Conseil Constitutionnel.

Le deuxième argument est la défense de la Constitution ivoirienne. Celle-ci, dans son article 94, stipule que « *le Conseil constitutionnel proclame les résultats définitifs des élections présidentielles* ». La CEI, en charge de l'organisation des élections, ne proclame que les résultats provisoires, avance également la jeunesse féminine LMP. Pour eux, « *Laurent Gbagbo a été élu par les Ivoiriens et proclamé comme tel par le Conseil Constitutionnel selon la Constitution de la Côte d'Ivoire* ». Le respect de la constitution, loi fondamentale de la nation, est mis en avant pour convaincre les internautes comme pour dire « la loi est dure, mais c'est la loi ». Ici, l'entorse à la Constitution est décriée. La réplique des jeunes RHDP est sans équivoque : « *le seul nom de Paul Yao N'dré discrédite le Conseil Constitutionnel et en fait une misère morale au service d'un clan. M. Paul Yao N'dré est l'ami personnel de M. Gbagbo Laurent, candidat à la présidentielle. M. Paul Yao N'dré fut directeur de campagne de son ami candidat Gbagbo Laurent à Divo.* »

Une de nos enquêtées s'est moquée du camp Gbagbo en publiant sur son mur des propos ironiques sur l'investiture de M. Paul Yao N'dré comme Président du Conseil Constitutionnel : « *Je suis heureux naturellement pour Paul Yao N'Dré qui est un ami personnel et que nous appelons "Pablo". Je le dis parce que beaucoup ne sont pas cultivés, ils ne lisent pas, ils ne s'informent pas. Et ils croient que pour nommer un Président du Conseil constitutionnel, il faut aller chercher quelqu'un sur la lune ou sur la planète Mars pour le nommer. Je voudrais dire que le Conseil constitutionnel a été créé en France par le général de Gaulle, et depuis qu'il a été créé, tous les chefs d'État ont nommé leurs amis et leurs partisans.* »

245. Extrait de commentaires sur *Facebook* de LMP.

Avant de s'interroger : « *comment M. Paul Yao N'dré pouvait dire le juste, le droit comme la volonté générale le lui enjoignait ?* », d'autres en ont profité pour expliquer le comportement de Damanan Pikass quelques jours auparavant : « *on a donc créé des blocages inutiles au sein de la Commission électorale indépendante pour que M. Paul Yao N'dré décide en dernier ressort. On a même suscité un débat stérile sur les délais de proclamations de la CEI ou sur le lieu de proclamation.* » Pourtant, selon elles, « *plus de 54 % ont porté leur choix sur M. Alassane Drame Ouattara. À partir de ce moment, le débat est clos. C'est terminé. Maintenant que la CEI met trois jours pour publier le choix du peuple, qu'elle s'enferme dans une boulangerie à Ouangolodougou ou qu'elle rende public le choix du peuple au palais présidentiel, qu'est-ce que cela change à la volonté du peuple ?* » En somme, si les partisans du Président Gbagbo s'arc-boutent sur les résultats proclamés par le Président du Conseil constitutionnel, ceux du Président Ouattara avancent la thèse du refus de l'autre camp (Laurent Gbagbo) de reconnaître leur défaite à l'élection présidentielle du 28 novembre 2010.

Les violences post-électorales

Les violences survenues suite à l'élection présidentielle contestée de novembre 2010 ont entraîné la plus grave crise humanitaire et de droits humains en Côte d'Ivoire depuis la partition *de facto* du pays en septembre 2002. Des centaines de personnes ont été tuées illégalement, souvent uniquement sur la base de critères ethniques ou d'affiliations politiques présumées. Des femmes et des adolescentes ont été victimes de violences sexuelles, y compris de viols, et des centaines de milliers de personnes ont été contraintes de fuir leur domicile pour trouver refuge dans d'autres régions de la Côte d'Ivoire ou dans les pays voisins, notamment au Libéria.

À la demande du Premier ministre, Guillaume Soro, des milliers de militants du RHDP devaient se rendre au siège de la *RTI*, à Cocody, pour y assister à la prise de fonction de Brou Aka Pascal, nouveau Directeur général de ce média d'État, et de ses proches collaborateurs nommés par le Président de la République Alassane Ouattara. Les commentaires, images et vidéos ont fusé de partout, comme en témoignent, par exemple, les images mises en ligne par les jeunes du RHDP, qualifiées de « marche pacifique », puis les photographies de la répression de cette marche par les milices pro-Gbagbo.

Contrairement aux images mises en ligne par les pro-Ouattara, la jeunesse LMP contre-attaque avec des commentaires : « *ce sont des rebelles qui envisageaient de prendre le pouvoir ; l'insurrection a été simplement mâtée.* » Elle dénonce une infiltration des rebelles dans la zone gouvernementale. Elle suggère à l'équipe Aké N'Gbo de tout mettre en œuvre pour « neutraliser les rebelles » en initiant des « actions de ratissage ».

Des faits majeurs marquent le paroxysme de la violence. La guerre de Duekoué, ville située à l'ouest du pays, et les violences à Abidjan. À Abidjan, le paroxysme de la violence s'est surtout manifesté à travers l'assassinat de sept femmes, des obus sur le marché et l'appel de Blé Goudé et de Simone Gbagbo, la 1ère Dame.

L'assassinat de sept femmes à Abobo a alimenté les conversations sur le réseau social. Le 3 mars 2011, la marche des femmes d'Abobo pour exiger le départ de l'ancien Président Laurent Gbagbo, s'est terminée dans le sang. Ces femmes n'avaient pour armes que des bouts de bois, des feuilles d'arbres et des casseroles qu'elles brandissaient joyeusement à la vue des forces de l'ordre. Rassemblées au rond-point d'Abobo en face de la mairie, les joyeuses manifestantes ont chanté et applaudi à la vue des chars et des cargos pour montrer leurs intentions pacifistes aux éléments des ex-FDS qui effectuaient régulièrement des incursions meurtrières dans la commune la plus peuplée de la Côte d'Ivoire. Aux cris de joie et aux applaudissements de ces femmes, les éléments des ex-FDS dans le cortège ont, malheureusement, répondu avec des armes lourdes. Bilan du carnage : sept femmes déchiquetées par les balles tirées par les tueurs de Laurent Gbagbo. Les images insoutenables de l'assassinat de ces femmes aux mains nues ont fait le tour du monde entier à travers *Facebook*[246]. Pour les internautes RHDP, ce sont des crimes ignobles et crapuleux. « *C'est un sentiment de révolte et de résignation qui nous anime en ce moment quand nous revoyons la scène de la mort de nos sœurs.* » Pour certains, « *Gbagbo l'a dit déjà dès sa prise du pouvoir, dans des conditions calamiteuses, en 2000, "mille morts à droite,*

246. Il s'agit de Bamba Massiani, Coulibaly Fatoumata, Touré Adjara, Sylla Malon, Ouattara Gnon Rokia, Koné Mayamou et Coulibaly.

mille morts à gauche, moi j'avance". Pendant son règne, Il a toujours tué » ou « *si Ouattara doit gouverner ce pays, c'est qu'il va passer sur mon corps pour le faire* ». Mais, pour le camp LMP, ces images relèvent de la fiction, « *c'est la pure comédie ; ce n'est pas du sang. C'est du Bissap* »[247].

Un autre épisode dramatique dont les images ont fait le tour de *Facebook* : des obus ont été lancés sur le marché d'Abobo par les forces pro-Gbagbo, faisant des dizaines de morts le jeudi 17 mars 2011. Les discussions s'enflamment ensuite dans les groupes créés sur le Net après les dégâts causés par l'appel de Blé Goudé Charles[248]. Les étrangers sont ligotés et brûlés vifs par les partisans de Gbagbo. Des images très fortes de corps calcinés sont mises en ligne par les jeunes filles pro-Ouattara, en témoignage.

Lors d'un meeting au palais de la culture de Treichville, le 15 janvier 2011, Mme Simone Gbagbo s'était chargée de chauffer à blanc ses partisans : « *il faut récupérer la totalité du territoire, il faut appuyer les FDS, délivrer les peuples du Nord et de l'Ouest, nettoyer nos forêts et nos champs de café-cacao qui sont pillés* », avait-elle conclu en guise de mot d'ordre et en pleine crise post-électorale. Cette dérive nationaliste se traduit par des discours xénophobes accusant les étrangers d'être la cause de la crise économique que traverse la Côte d'Ivoire et de l'augmentation du chômage. Son appel et celui de Blé Goudé livrent les personnes proches du RHDP ou supposées l'être à la vindicte populaire. La version dangereusement empoisonnée de l'ivoirité, le patriotisme et ce nationalisme intransigeant fait son retour en force. Les partisans du camp Gbagbo brandissent la carte du patriotisme et les exactions commises contre les partisans présumés d'Alassane Ouattara sont effroyables. Entre le mois de décembre 2010 et le mois d'avril 2011, les miliciens pro-Gbagbo érigent des barrages et arrêtent des centaines de personnes en fonction de leur tenue vestimentaire ou de leur nom sur une carte d'identité. Nombre d'entre elles sont sauvagement battues puis aspergées d'essence, avant d'être brûlées vives sur des tas de pneus et de bois. La pratique est connue sous le nom d'« article 125 » (essence, 100 francs CFA – 0,15 € –, boîte d'allumettes, 25 francs CFA – 0,04 € –). L'Occident et certains pays de la CEDEAO sont

247. Le Bissap est un jus de fruit local qui a la couleur rouge comme le sang.
248. Blé Goudé est le chef de la galaxie patriotique, force pro-gbagbo.

accusés de tous les maux. En revanche, à l'ouest, le calvaire du peuple *wê* est attribué aux « rebelles de Ado ».

Il faut dire que ces faits ont fini par convaincre la communauté internationale de la nécessité de prévenir le chaos en Côte d'Ivoire, d'où l'adoption de la résolution 1975, le 30 mars 2011, à l'unanimité des 15 membres du Conseil de sécurité. Ce texte donne mandat à l'ONUCI « *de mettre tout en œuvre pour empêcher que les armes lourdes soient tournées contre la population* ». En clair, elle devrait les saisir. Une résolution déterminante permet à l'ONUCI, appuyée par la Force Licorne qui opérait sous mandat onusien, de prendre ses responsabilités pour détruire les armes lourdes dont disposait Laurent Gbagbo, ce qui a favorisé son arrestation le 11 avril 2011, dans le bunker de la résidence présidentielle de Cocody.

La communauté internationale en question

La responsabilité de la communauté internationale a été mise très souvent en cause dans la crise post-électorale. Celle-ci a été interpellée par les deux camps. Le slogan du « complot international contre Gbagbo » est brandi par le régime du Président sortant et relayé abondamment sur *Facebook*. Ses partisans expriment la conviction d'un parti engagé, de longue date, dans la lutte anticolonialiste et panafricaniste contre l'Occident impérialiste, et faisant face à l'agression de l'adversaire qui cherche à l'écarter par tous les moyens après une élection remportée triomphalement. Charles Blé Goudé, leader des « jeunes patriotes » appelle, le 25 février, les jeunes à « s'organiser en comités pour empêcher par tous les moyens » la force de l'ONUCI de circuler, une déclaration largement relayée sur *Facebook*. Pour cela, le camp Gbagbo a utilisé des slogans polémiques, conçus dans le but de développer chez les partisans LMP le sentiment qu'ils sont les défenseurs d'une « forteresse assiégée » par l'ennemi (intérieur et extérieur) qui menace la maison commune, la vie sociale et qui tente d'en saper les fondements. Ils ont généralement une terminaison identique en *isme* : patriotisme[249], colonialisme, impérialisme, nationalisme, etc. La religion a également occupé une place centrale dans cette crise. Avec les pro-Gbagbo, on pouvait, à juste titre, lire sur des murs : *« La Côte d'Ivoire triomphera de l'adversité qu'elle subit en ce moment, parce qu'elle n'est pas seule face à ses adversaires. Elle a avec elle le droit. Elle a avec elle Dieu »* ou *« AVEC DIEU, NOUS FERONS DES EXPLOITS. IL ÉCRASERA NOS ENNEMIS ! »*. En revanche, les jeunes du RHDP ont interpellé la communauté internationale pour mettre fin à la souffrance de la population civile. Selon eux, la communauté internationale devait déloger Laurent Gbagbo, comme ce fut par exemple le cas dans la restauration du Président Kabbah en Sierra Leone en 1997. Certains commentaires allaient dans le sens que la communauté internationale devait apporter à ADO : « *la communauté internationale doit agir impérativement* » pouvait-on lire. L'apparition des réseaux sociaux est un excellent accélérateur de rumeurs. Beaucoup de jeunes filles ont compris l'enjeu des réseaux sociaux en ces périodes de crise politique, y compris les propagateurs de rumeurs. La plus insistante aura été celle de la « grave maladie », voire de la mort d'Alassane Ouattara mise en ligne par le camp LMP. Elle s'est répandue comme une traînée de poudre, jusqu'à ce que des photos ou des vidéos le montrant en entretien avec des visiteurs, ne pouvant souffrir de contestation, viennent la battre en brèche. Le camp RHDP évoquait également des morts, des défections dans l'armée ivoirienne, etc.

Dans la crise ivoirienne, la jeunesse des partis politiques a investi le Net et a beaucoup communiqué durant la crise. La présente étude visait à étudier les interactions entre les jeunes à travers les commentaires, les images et les vidéos.

L'analyse des données montre que les jeunes des partis politiques ont joué un rôle de premier plan dans le dispositif de légitimation politique de leur candidat à travers *Facebook* pendant la période post-électorale en Côte d'Ivoire.

Souleymane Kouyate

---

249. Le terme « patriotisme » qu'emploie le camp Gbagbo désigne « l'ennemi intérieur ».

Bibliographie indicative

Akindes, Francis, *Les mirages de la démocratie en Afrique subsaharienne francophone,* Paris, Codesria-Karthala, 1996.

Banégas, Richard, « La politique du "égbonhié". Mobilisations patriotiques, violence milicienne et carrières militantes en Côte-d'Ivoire », *Genèses,* 2010/4, n° 81, pp. 25-44.

Bamba, Dramane A., « Côte d'Ivoire : ethnicité et démocratie », *Démocraties africaines*, n° 4, novembre 1995.

Charaudeau, Patrick, *Le discours politique. Les masques du pouvoir*, Paris, Vuibert, 2005.

Delporte, Christian, « De la propagande à la communication politique », *Le débat,* n° 138, janvier 2006, pp. 30-45.

Dozon, Jean-Pierre, « La Côte d'Ivoire entre démocratie et ethno nationalisme », *Politique africaine*, n° 78, 2000.

Gerstle, Jacques, *La Communication politique,* Paris, Armand Colin, Cursus, 2008.

Guie, Honoré K., « Les commissions nationales électorales indépendantes », *Débats, revue d'actualité sociale et politique*, n° 11, janvier 2004, Abidjan, INADES - CERAP.

Maarek, Philippe J. (dir.), *La communication politique de la présidentielle de 2007 : Participation ou représentation ?*, Paris, L'Harmattan, Communication et Civilisation, 2008.

Sites complémentaires :

<http://www.pr.ci>, portail de la présidence de la République ivoirienne.

<http://www.presseci.com>, en ligne, la plupart des journaux ivoiriens.

<http://www.rdrci.org>, site du parti d'Alassane Ouattara.

<http://www.notrevoie.ci>, quotidien le plus proche du FPI, le parti du président Gbagbo.

Chapitre 11

L'élection présidentielle béninoise de mars 2011, première élection à haute teneur technologique

En mars 2011, le Bénin organisait la cinquième élection présidentielle de son histoire démocratique. En effet, indépendant depuis le 1er août 1960, le Bénin, à l'instar de la quasi-majorité des pays africains au sud du Sahara, a connu plusieurs régimes politiques : premières et brèves tentatives démocratiques au lendemain de l'indépendance, régime militaire, régime marxiste-léniniste et depuis 1989, la transition pour le renouveau démocratique. Fruit de la « mue politique »[250] opérée suite à la Conférence des Forces Vives de la Nation, ce modèle dit béninois, selon Babacar Guèye, « a influencé le dynamisme politique des pays francophones du début des années 1990 »[251]. Il a été ensuite copié par un certain nombre de pays avec plus ou moins de succès.

Suite à cette « vague de démocratisation »[252] qui s'est déclenchée dans la plupart des pays de l'Afrique subsaharienne au début des années 1990, on assiste à un changement de stratégies de conquête du pouvoir par les acteurs politiques du continent. Si « *entre 1960 et 1990, la quasi-totalité de l'Afrique a vécu sous des régimes autoritaires* » et si « *les régimes autoritaires étaient plus la norme que*

250. Marie-Soleil Frère, « Les Mots et les maux de la démocratie : analyse du registre lexical et thématique de la transition démocratique dans la presse béninoise », *Recherche en Communication*, n° 9, 1998.

251. Babacar Guèye, « La Démocratie en Afrique : Succès et résistances », *Pouvoirs*, n° 129, 2009, p. 5.

252. Samuel Huntington, *The Third Wave. Democratization in the Late Twentieth Century*, Norman, University of Oklahoma Press, 1991.

l'exception pendant les trois décennies suivant l'indépendance »[253], à partir de 1990, la plupart des pays se sont engagés dans un « *processus de démocratisation [qui] a permis dans tous les pays l'instauration du multipartisme, du pluralisme politique, économique et social, l'organisation d'élections disputées…* »[254]. Dans un certain nombre d'entre eux (nous pouvons citer le Bénin, le Ghana, le Sénégal, le Mali d'avant le coup d'État militaire du 22 mars 2002 du colonel Sanogo), la conquête du pouvoir s'opère par la participation à des élections disputées à intervalles réguliers[255]. Dans ces pays, dont le Bénin, l'élection est « devenue un rite démocratique »[256].

Pour accéder au pouvoir, les candidats doivent pratiquer un nouvel exercice : mener campagne dans un contexte « compétitif ». Pour ce faire, la stratégie des candidats aux différentes élections dont les plus importantes sont les présidentielles, est de communiquer avant ou pendant la campagne électorale afin de vulgariser autant que faire se peut leurs idées et/ou leur projet de société, s'ils en ont un. Pour prendre en charge cette nouvelle activité, les candidats font appel à des « experts » en communication politique. Lors des premières élections de l'ère démocratique, les candidats ont recours aux spécialistes de la communication politique des anciennes puissances coloniales : Jacques Séguéla, Thierry Saussez, Marc Bousquet, Alain Napoleoni, etc. Depuis, au fil des scrutins, il se développe sur le continent une nouvelle génération de communicants africains qui mettent leur « savoir-faire » au service des hommes politiques nationaux. La stratégie de communication électorale semble prendre une envergure importante dans le dispositif électoral africain, car, comme l'affirme Michel Bongrand, « *pour parvenir au pouvoir comme pour l'exercer, ou en rendre compte au citoyen, la politique est communication* »[257].

---

253. Mamadou Gazibo & Céline Thiriot, « La Politique en Afrique dans la longue durée : historicité et héritages », in Mamadou Gazibo & Céline Thiriot (dir.), *Le politique en Afrique. État des débats et pistes de recherche*, Paris, Karthala, pp. 21-42.
254. Babacar Guèye, *op. cit.*, p. 6.
255. Djedjro Francisco Meledje, « Le Contentieux électoral en Afrique », *Pouvoirs*, n° 129, 2009, p. 139.
256. Philippe Ardent, *Institutions politiques et Droit constitutionnel*, Paris, LGDJ, 2007, p. 185.
257. Michel Bongrand, *Le Marketing politique*, Paris, PUF, Que sais-je ?, 2e édition, 1993, p. 5.

Ainsi sont mobilisés, pour soutenir les stratégies des différents candidats, tous les instruments traditionnels de la communication (politique) : affichages, chansons politiques, gadgets de promotion électorale et médias qui font l'objet au Bénin d'une régulation stricte par la Haute Autorité de l'Audiovisuel et de la Communication (HAAC). Cette dernière impose et veille à une stricte égalité des temps de parole de tous les candidats dans les organes du service public (la Radiodiffusion nationale, la Télévision nationale et « La Nation », presse publique) ou à un équilibre des temps de parole sur les médias privés.

Cependant, en 2011, un nouvel outil a considérablement investi les différentes stratégies et l'organisation du scrutin. En effet, les élections de 2011 ont été marquées par l'intrusion des technologies de l'information dans le processus électoral et dans la campagne. Au niveau de l'organisation du scrutin, la Liste Électorale Permanente Informatisée (LEPI) a été introduite dans le processus électoral béninois. Du côté des candidats, les équipes de campagne ont mobilisé des opportunités offertes par l'Internet : sites web, réseaux sociaux, etc.

Notre objectif vise à mettre en évidence l'usage des technologies d'information et de la communication (TIC) au cours de cette élection au Bénin et d'analyser la stratégie qui sous-tend la Net-campagne au niveau des états-majors de campagne des trois principaux candidats à l'élection présidentielle, Yayi Boni (président sortant qui succède à lui-même au terme du scrutin), Adrien Houngbédji (candidat unique des partis politiques de l'opposition rassemblés au sein de l'« Union fait la Nation », UN) et Abdoulaye Bio Tchané (*outsider*, venu de la présidence de la Banque Ouest Africaine pour le Développement, BOAD).

Ce chapitre comporte trois parties principales : la première évoque l'apport des TIC dans l'organisation du scrutin. La seconde partie explique le contexte sociologique de l'Internet au Bénin et la troisième et dernière partie identifie les outils web mobilisés par les candidats pour leur communication et les usages qui en ont été faits.

La LEPI, nouveauté technologique du processus électoral en 2011

C'est la première fois que les Béninois votent avec une Liste Électorale Permanente Informatisée (LEPI) dont l'introduction dans le processus électoral rompt nettement avec les habitudes. En effet, les électeurs votent habituellement sur la base de listes établies manuellement à quelques semaines du scrutin. Chaque électeur se fait enregistrer dans le bureau de vote proche de son domicile dans un cahier électoral. Après deux décennies de pratique et d'« habituation électorales »[258], les acteurs de la vie politique et ceux de la société civile prennent la décision de passer à une autre liste électorale plus fiable. En effet, face aux nombreux cas de fraudes recensés et dénoncés lors des précédents scrutins, cet outil s'est vu doté de la mission de réduire les risques (notamment les ventes de carte d'électeur – en faisant délivrer des cartes d'électeur floquées des photos des titulaires, le vote de personnes dont l'identité n'est toujours pas conforme à celle du « vrai » titulaire de la carte…).

À l'Assemblée nationale, les députés ont voté la loi n° 2010-33 sur l'organisation des élections en République du Bénin. Selon l'article 4 : « *L'élection a lieu sur la base d'une liste électorale permanente informatisée (LEPI). C'est une liste unique, exhaustive et nationale avec photo de tous les citoyens en âge de voter.* »

La réalisation de la LEPI nécessite la mobilisation d'une technologie jugée fiable, par les acteurs politiques et par les partenaires au développement, dont la délégation européenne et le Programme des Nations Unies pour le Développement, pour assurer la transparence de l'élection de 2011, mais aussi de toutes celles qui vont se succéder durant les dix années à venir. Cette technologie est déployée pour les différentes phases de réalisation de la liste : opérations de recensement électoral national approfondi (RENA), traitement automatisé d'informations nominatives, personnelles et biométriques obtenues sur l'ensemble du territoire national, mais aussi à l'étranger, dans les ambassades et consulats de la République du Bénin. Il s'agit d'un kit d'enregistrement composé d'un ordinateur portable muni des

---

258. Richard Banégas, *La Démocratie à pas de caméléon. Transition et imaginaires politiques au Bénin*, Paris, Karthala, 2003.

logiciels adéquats, d'une webcam ou d'un appareil photo, d'un scanner d'empreintes digitales, d'une imprimante permettant la production des certificats d'enregistrement ainsi que des rapports journaliers et de fin d'étape de collecte. La mobilisation de cette technologie nécessite également un personnel adapté composé d'agents cartographes, de personnel pour l'enregistrement, de recenseurs, de statisticiens, etc., selon le premier article de la loi n° 2009-10 sur l'organisation du recensement électoral national approfondi et établissement de la Liste Électorale Permanente Informatisée.

Outre l'apport de la technologie dans l'établissement de la liste électorale contrairement à la liste manuelle qui servait lors des précédentes élections (présidentielles, législatives et municipales depuis l'ère démocratique), l'Internet fait pour la première fois, en 2011, son entrée dans le processus d'organisation d'un scrutin au Bénin. En effet, il est mis à contribution par la loi, dans un but de vulgarisation de la liste électorale ; l'article 32 de la loi n°2009-10, déclarée conforme à la constitution, stipule que « *la LEPI est publiée au Journal officiel de la République du Bénin et par tous les moyens d'information : affichage, presse écrite. Il en est de même de la liste dans les bureaux de vote. La LEPI est de même publiée sur internet* ». En demandant que soit publiée, sur le Net, la LEPI, le législateur semble découvrir l'importance de l'outil, mais aussi l'utilité qu'il peut procurer.

Malgré cette volonté affichée, la question revient à connaître le nombre exact de Béninois qui ont accès à l'Internet pour que s'y intéresse le législateur.

Contexte sociologique de l'Internet au Bénin.

Au Bénin, l'Internet ne touche qu'un nombre infime de personnes, électeurs potentiels ou non, malgré les efforts fournis depuis 1995 par les responsables à différents niveaux. Grâce à ces efforts d'amélioration qui ont induit des évolutions technologiques, notamment l'installation de la fibre optique sous-marine, l'Internet qui, au départ était considéré comme un produit très luxueux, tend de plus en plus à se démocratiser. Les cybercafés ont essaimé au fil des années et le prix horaire des connexions a progressivement diminué : d'environ 2 500 francs

CFA[259] au début des années 2000, il s'inscrit désormais dans une fourchette de 300 à 1 000 francs CFA selon le choix de la salle, climatisée, ventilée ou non.

Cependant, la baisse sensible du prix de la connexion n'a pas contribué à limiter la fracture numérique entre les grandes villes et les villages béninois, car, selon un rapport datant de 2001 du Programme des Nations Unies pour le Développement (PNUD), outre la fracture numérique entre le Nord et le Sud, « *fin 2001 […], les utilisateurs d'Internet au sein des pays en voie de développement appartiennent essentiellement aux élites locales : ils sont issus des classes urbaines les plus aisées et qui disposent du niveau de formation le plus élevé* »[260]. Au Bénin, les chiffres sont révélateurs : on constate que ce n'est qu'un faible pourcentage de la population béninoise qui dispose ou a accès à l'outil internet. Cinq facteurs peuvent expliquer cette faible progression de la pénétration de l'Internet. Premièrement, le faible niveau de vie des populations : le Revenu National Brut (RNB) par habitant en 2009 était de 750 dollars par an selon le Fonds des Nations Unies pour l'Enfance[261]. Cette contrainte financière, y compris le coût d'équipement d'un ordinateur et de ses accessoires, n'est pas de nature à encourager tous les citoyens à se connecter aisément à l'Internet.

Tableau n° 1 : Évolution du nombre d'utilisateurs de l'Internet au Bénin depuis 2000

Année	*Utilisateurs*	*Population*	%
2000	15 000	6 419 100	0,2 %
2006	100 000	7 714 766	1,3 %
2009	160 000	8 791 832	1,8 %
2010	200 000	9 056 010	2,2%
2011	277 002	9 325 032[262]	3,0%

Source : Institut Universel des Télécommunications.

Le second facteur est d'ordre socioculturel[263] dans la mesure où l'usage de l'outil informatique suppose certaines

259. Soit environ 3,81 euros. Le coût de parité fixe est d'1 euro pour 655,957 Francs CFA.

260. Thierry Vedel, « Internet et les pratiques politiques », in Anne-Marie Gingras (dir.), *La communication politique : état des savoirs, enjeux et perspectives*, Presses de l'Université de Québec, 2003, p. 207 & Rapport du PNUD, 2001.

261. Cf. <http://www.unicef.org/french/infobycountry/benin_statistics.html>.

262. Estimation de la population béninoise en 2011.

prédispositions à la fois techniques et linguistiques. Le troisième facteur s'apparente à un manque de volonté politique. Les hommes politiques ont tardé à accompagner le développement des TIC. Les écoles et collèges, les universités et même les administrations publiques souffrent cruellement du manque d'outils informatiques.

L'accès à l'électricité constitue également un obstacle entravant la connectivité, car au Bénin, il y a « *un faible niveau d'électrification des ménages du pays qui se situe au plan national à 22 % en 2004 et pour les zones rurales à moins de 2 %* »[264]. Enfin, il y a l'analphabétisme et l'illettrisme qui constituent également des obstacles à la connectivité au Bénin. La population analphabète y est estimée à environ 67,4 % dont 78,1 % de femmes.

En intégrant expressément l'Internet dans les moyens de vulgarisation de la LEPI, le législateur fait l'option de mettre l'outil au service de l'organisation du scrutin. Mais pour quel public cible ? L'offre internet, telle qu'elle est disponible aujourd'hui au Bénin, est destinée à l'élite locale ou aux Béninois de la diaspora qui sont, selon le ministère des Affaires étrangères, de l'intégration africaine, de la Francophonie et des Béninois de l'extérieur, au nombre de 2 millions de personnes. Mais suite à l'établissement de la LEPI, seuls 13 000 Béninois de l'extérieur sont électeurs. L'élite locale, quant à elle, reste aussi composée d'un nombre très limité de Béninois en raison du niveau très important d'illettrisme et d'analphabétisme. Nous sommes en face d'une cible qui est loin de déterminer l'issue d'une élection présidentielle, comme celle de mars 2011. Pourtant, les trois principaux candidats à l'élection présidentielle, Yayi Boni le sortant, Adrien Houngbédji de l'opposition et Abdoulaye Bio Tchané de la « Coalition ABT », utilisent de façon nettement visible les opportunités qu'offre le Web pour communiquer avec et mobiliser les électeurs.

---

263. Thierry Vedel, *op. cit.*, p. 207.
264. Selon les ministères béninois du Développement et de l'Énergie électrique, cf. le document officiel « Stratégie pour la fourniture d'énergie nécessaire pour l'atteinte des OMD au Bénin », décembre 2006.

Les principaux outils de la Net-campagne.

Depuis la première expérience d'une web-campagne en 1992 aux États-Unis marquée par la mise sur un serveur localisé à l'Université de Caroline du Nord-Chapel Hill, par l'équipe de Bill Clinton, d'extraits de discours ainsi que sa biographie, les choses sont allées à une allure vertigineuse faisant aujourd'hui de l'Internet un outil très prisé en périodes électorales dans les démocraties occidentales. Contrairement à la plupart des spécialistes qui s'accordent sur le sujet, Andrew Chadwick[265] estime qu'il ne s'agit là que d'un « faux départ ». Cependant, ils s'accordent tous sur l'ampleur prise par l'Internet en politique notamment en périodes d'élections, à partir de 2000 et surtout 2004.

Kirsten Foot *et al*, rejoints par Chadwick, ont défini trois phases dans l'étude diachronique de la Net-campagne[266]. La première est la phase dite de « découverte » composée de deux sous-phases, à savoir l'expérimentation et l'exploration. Après vient la phase dite de transition que constituent les élections américaines de 2000. Enfin, la campagne de 2004 confirme le rôle de l'Internet dans la mobilisation électorale, inaugurant ainsi la phase de maturité qui se caractérise surtout par la dimension commerciale des sites web[267]. Il s'agit de la première véritable et complète utilisation de l'Internet en campagne électorale[268] avec Howard Dean, gouverneur d'un petit État américain (le Vermont), qui s'en sert pour mener une campagne de pétitions dans le but de briguer les primaires du Parti Démocrate. Certes, il n'atteint pas son objectif principal, mais il réussit, grâce à cette campagne, à se faire une notoriété importante au sein du parti. En 2008, Barack Obama se sert également de l'Internet pour mener sa victorieuse

265. Andrew Chadwick, *Internet Politics: States, Citizens, and New Communication Technologies*, Oxford University Press, 2006, p. 152.
266. Kirsten Foot, Michael Xenos, Steven M. Schneider, Randolph Kluver & Nicholas Jankowsky, « Electoral Web Production Practice in Cross-National Perspective: The Relative Influence of National Development, Political Culture, and Web Genre », in Andrew Chadwick & Philip N. Howard (dir.), *Routledge Handbook of Internet Politics*, Londres, Routledge 2009, pp. 40-55.
267. Richard Davis, Jody C. Baumgartner, Peter C. Francia & Jonathan S. Morris, « The Internet in US. Election Campaigns », in Andrew Chadwick and Philip N. Howard, *op. cit.*, pp. 13-24.
268. Ce qu'Andrew Chadwick a appelé « The First Real U.S Internet Election ».

campagne en mobilisant notamment les jeunes, mais aussi en levant suffisamment de fonds pour la campagne.

Loin des États-Unis, en 2002, lors de la campagne de l'élection présidentielle en Corée du Sud, le candidat victorieux, Roh Moo-Hyun, a largement utilisé le Web à travers un réseau social d'environ 80 000 partisans très actifs dans les forums en ligne[269]. En France, en Angleterre, en Belgique ou ailleurs, l'Internet joue un rôle de plus en plus important dans la communication politique en période électorale. Nous pouvons citer par exemple la dynamique Net-campagne menée en 2007 par Ségolène Royal avec son blog « Désirs d'avenir » lors des élections présidentielles françaises.

Les utilisations faites de l'Internet dans les pays cités plus haut peuvent être résumées en trois outils principaux : les sites web, les blogs et les outils de communication en ligne développés et contrôlés par l'usager[270]. Ces derniers sont composés de deux types d'outils à savoir les réseaux sociaux et les outils de *podcast*, *YouTube* et *Dailymotion* pour les vidéos, dont le développement fait dire à Davis *et al.* qu'il s'agit d'une avancée phénoménale. De ce fait, l'Internet évolue sans cesse vers les médias sociaux avec un nombre de plus en plus croissant d'utilisateurs. Quatre fonctions caractérisent ces outils, « informer, impliquer, connecter et mobiliser »[271].

Selon Kirsten Foot et *al.*, la fonction d'informer consiste à donner des informations relatives à la biographie du candidat, sur le vote, le déroulement des opérations et la mise en ligne d'extraits de discours qu'ils soient en format écrit, audio ou encore visuel. La fonction « impliquer » offre à l'internaute, la possibilité de rejoindre la campagne ou un groupe de sponsors de la campagne, elle sert également à rendre disponible sur le site du candidat, le matériel de campagne, de même que le calendrier pour le déroulement de la campagne du candidat. La troisième fonction, « connecter » aide à communiquer sur le ralliement à la campagne

---

269. Andrew Chadwick, *op. cit.*, p. 163.

270. Richard Davis *et al.*, *op. cit.*, p. 21.

271. *Ibid.* Cf. également Kristen Foot *et al*, *op. cit.* ; Philippe Maarek, *Communication et marketing de l'homme politique*, Paris, LexisNexis Litec, 3e édition 2007, p. 466 ; Richard Nadeau & Frédérick Bastien, « La Communication électorale », in Anne-Marie Gingras (dir.), *La communication politique : état des savoirs, enjeux et perspectives*, Presses Universitaires du Québec, 2003.

du candidat, de nouvelles personnalités particulières qui constituent des soutiens de prestige. Enfin, la quatrième fonction, « mobiliser », dont la mission est de rendre disponible le téléchargement du matériel pour la campagne en ligne (par exemple des posters, des photos, des logos) et hors ligne (fond d'écran d'ordinateur par exemple dont le but est de faire campagne sur ordinateur et de toucher directement les utilisateurs d'ordinateur), ainsi que la possibilité du *web-to-e-mail*, c'est-à-dire la possibilité de recommander depuis le site du candidat des liens via un mail à ses connaissances. L'interactivité étant une des qualités d'un site web se situant dans la phase de maturité, elle apparaît parfois difficile à mettre en œuvre par les candidats pour diverses raisons, notamment logistiques.

Aux États-Unis, en France ou ailleurs où la Net-campagne est très développée, les pratiques électorales en matière d'usage de l'Internet dépendent en grande partie de la culture politique. Kristen Foot *et al.* définissent la culture politique comme un environnement symbolique formé des pratiques et des institutions politiques, mais aussi des expériences historiques, philosophiques, et des traditions religieuses[272]. Il revient donc d'apprécier si l'environnement politique est propice à l'adoption des pratiques électorales via l'Internet, qu'on soit aux États-Unis, en France ou au Bénin.

Étudier la Net-campagne au Bénin appelle donc à tenir compte de la spécificité du contexte. Malgré les premiers, mais très timides et fébriles usages qui en ont été faits lors de la présidentielle de 2006 et du très grand usage à l'occasion du scrutin présidentiel de mars 2011, l'Internet ne vient qu'en complément des outils traditionnels de communication électorale au Bénin. En effet, l'Internet est venu compléter des outils tels que les meetings géants ou les réunions de quartier en petits comités ; les chansons politiques valorisant des candidats (les auteurs sont généralement payés en retour ou invités par les états-majors de campagne pour les meetings du candidat en contrepartie d'un cachet), les médias ; les affichages géants sur les différents panneaux à travers tout le pays ; les affichages dits « sauvages » et la distribution d'affichettes. Sur l'Internet, les

---

272. Kristen Foot *et al.*, *op. cit.* Traduction de l'auteur.

candidats ont des sites web, des blogs, des profils et comptes sur des réseaux sociaux tels que *Facebook* et *Twitter*.

Les sites Web des trois candidats

Tous les trois candidats dont nous étudions la campagne ont chacun un site web, sauf Adrien Houngbédji qui en possède deux, un pour lui-même et un autre pour la coalition UN. Ce qui fait dire à Maurice Tossou, membre de sa cellule de communication que « les nouveaux médias comme Internet ont représenté une dimension importante de notre travail »[273]. Luc Vodounhè, directeur de cette cellule, qualifie dès lors l'Internet d'« hypermédia »[274]. L'objectif de cet usage reste le même au niveau des différents états-majors des candidats. Il s'agit, selon Enoch Gourou-Béra, un des nombreux conseillers en communication du président sortant Yayi Boni, d'« informer le "grand public" »[275]. C'est ce qui explique que dans le camp d'Abdoulaye Bio Tchané, le staff de communication dirigé par Dénis Babaékpa affirme avoir « beaucoup travaillé avec Internet »[276]. Cependant, les usages qui en sont faits varient selon les différents staffs d'après Daniel Sossouhounto, professionnel de la communication publique et observateur de la campagne électorale 2011. Pour ce dernier, les deux factions « *l'Union fait la Nation et le camp Yayi [...] ont beaucoup utilisé Internet. Le camp Abdoulaye Bio Tchané (ABT) n'en a pas vraiment fait usage. C'est vrai qu'il y avait le site d'Abdoulaye Bio Tchané mais c'est un site sur lequel les gens mettaient n'importe quoi. C'est un site qui ne travaillait pas véritablement à aider, à porter le candidat. Pendant ce temps, les autres se servaient de l'outil internet pour affaiblir la candidature de Bio Tchané*[277] ».

---

273. Maurice Tossou, membre de la cellule de communication d'Adrien Houngbédji, entretien personnel, Cotonou, mars 2011.
274. Luc Vodounhè, directeur de la cellule de communication du candidat A. Houngbédji, entretien personnel, Cotonou, avril 2011.
275. Enoch Gourou Béra, conseiller en communication chargé des radios communautaires du Président-candidat, entretien personnel, Cotonou, avril 2011.
276. Dénis Babaékpa, chef de la cellule de communication du candidat ABT, entretien personnel, Cotonou, mars-avril 2011.
277. Daniel Sossouhounto, spécialiste de la communication publique, entretien personnel, Cotonou, avril 2011.

Les deux sites d'Adrien Houngbédji sont <www.houngbedjipresident.com> et <www.adrienhoungbedji.com>. Celui de Yayi Boni est <www.boniyayi.bj>. Enfin, celui d'Abdoulaye Bio Tchané est <www.abt2011.com>. Pour étudier ces quatre sites, nous avons utilisé quatre indicateurs : la page d'accueil des sites, la possibilité d'interactivité, la mise à jour, l'organisation graphique des sites et de leurs rubriques. Ces indicateurs permettent de vérifier comment ces sites s'inscrivent dans les quatre missions d'un site web en campagne électorale à savoir : information, implication, connexion et mobilisation.

La page d'accueil des quatre sites internet des trois candidats bénéficie d'une attention particulière, mais elle varie selon le candidat et le moment de la campagne. Chez Adrien Houngbédji, durant la précampagne, c'est une carte de visite grandeur nature qui s'affichait à peine l'internaute connecté sur le premier site du candidat. Un slogan accompagnait cette photo : « Nous allons remettre de l'ordre dans la maison Bénin ». Mais cette photo est remplacée à l'entame de la campagne par de nombreuses autres où on voit le candidat aux côtés de chacun de ses pairs de l'UN. Sur son second site, « Maintenant, avançons ! », c'est une photo de famille avec certains jeunes cadres de l'UN qui apparaît, tous en mouvement avec un effet de vent, symbolisant ainsi le dynamisme proposé aux Béninois. Cette photo en tête de page est accompagnée d'une série de vidéos officielles de différentes déclarations du candidat ou de ses représentants.

De son côté, la page d'accueil du site de Yayi Boni présentait un publi-reportage très laudatif, réalisé par la chaîne de télévision privée *Golfe Tv.* Cet élément, déjà diffusé sur les antennes de la chaîne, retrace les principales réalisations du président-candidat à la tête du Bénin. Il est remplacé par la suite par toute une succession de vidéos dont celle mise en ligne le jour du scrutin, le 13 mars 2011, dans laquelle Yayi Boni demande pardon à tous ceux qui ont été omis par la LEPI. Cette succession de vidéos est surmontée par une photo du buste du candidat, suivie d'un de ses slogans de campagne : « Ensemble plus loin, toujours plus loin ».

Enfin, le site d'Abdoulaye Bio Tchané affiche sur la page d'accueil un des slogans du candidat : « Avenir d'un Bénin Triomphant ». Ce slogan n'est aucunement anodin puisqu'il s'agit d'un acrostiche électoraliste reprenant les initiales « ABT » du nom du candidat. Son logo de campagne, le baobab, figure aux côtés de l'acrostiche. Toujours à la page d'accueil, des photos en diaporama montrent le candidat aux côtés de hautes personnalités continentales et internationales.

Les couleurs utilisées sur les différents sites s'insèrent dans un ensemble cohérent, car ce sont les mêmes couleurs qui sont utilisées dans les autres outils de campagne des candidats. La charte graphique n'est donc pas isolée, bien au contraire ! Par le choix du bleu, Adrien Houngbédji et son staff cherchent à faire rêver les Béninois, jouant ainsi sur la fonction onirique de cette couleur. Le choix n'est pas fortuit ; Adrien Houngbédji et son staff tendent à mener les Béninois, durant la campagne, par le rêve. Enfin, cette couleur qui évoque l'enfance semble répondre aux attaques du camp du pouvoir sortant qui traite le candidat Houngbédji, âgé alors de 69 ans, et les autres membres de l'UN de « vieille classe politique », le bleu étant par ailleurs le symbole du rafraîchissement. Pour leur part, Yayi Boni et Abdoulaye Bio Tchané préfèrent la couleur verte. Pour le premier, ce choix rappelle sa première campagne victorieuse de 2006. Leurs documents officiels en sont parés, de même que le site web. Sur <boniyayi.bj>, le slogan du candidat est inscrit sur un fond vert avec un trait fin de couleur jaune avec le logo de campagne, un cauris, symbole de l'argent, de la prospérité. Sur le site de Bio Tchané, c'est sur un fond vert clair qu'est écrit, toujours de la même couleur, l'acrostiche-slogan du candidat. L'utilisation de cette couleur renvoie au drapeau national du Bénin et au deuxième couplet de l'hymne national béninois, « dans le vert, tu liras l'espoir du renouveau »[278].

Ces deux candidats se sont présentés comme seuls capables de porter l'espoir à leurs compatriotes. En outre, le vert renvoie à « la vision pour un Bénin vert », un point du programme de société de Yayi Boni en 2006 où il promettait « la renaissance de l'agriculture pour un Bénin nouveau ».

L'interactivité est le second indicateur retenu pour analyser les sites web des candidats. Si au début de la campagne, les différents sites offrent une possibilité d'interactivité à travers différentes rubriques, pendant la campagne proprement dite, elle a

---

278. Composé par l'Abbé Gilbert Dagnon, l'hymne national du Bénin s'appelle l'Aube Nouvelle.

simplement disparu ou régressé. Plusieurs rubriques symbolisent cette possibilité d'interactivité : « Le forum », « Commentaires » et « Contacts » sur les sites de Houngbédji. « Contact » (mettant en ligne un formulaire à remplir pour s'adresser au candidat ou à son équipe) et, « Débattre » sur le site de Yayi Boni ; « les engagements du candidat », « Participer au débat » sur le site d'Abdoulaye Bio Tchané même si les thèmes (douze au total) sont imposés par le camp du candidat. Au regard du caractère très laudatif des commentaires d'internautes de divers horizons, sur tous ces sites, il n'est pas exclu qu'ils aient été aseptisés dans le but de préserver l'image de marque des candidats. Une censure est systématiquement pratiquée. Certains indices confirment, par ailleurs, ce tamis des commentaires. Ce sont les verbes utilisés par les modérateurs du site pour introduire certains commentaires : « martèle untel », « dit untel » ou encore « confie untel ».

En ce qui concerne la mise à jour des sites, elle se fait presque quotidiennement, caractérisée par la mise en ligne de photographies de meetings organisés par les candidats, d'extraits de discours ou encore de revues de presse.

Toutefois, cette stratégie adoptée pour la Net-campagne n'occulte pas un certain nombre de faiblesses à savoir la non-adaptation du discours à la spécificité de l'outil. Ainsi sont publiés *in extenso* les textes destinés à d'autres types de supports : programmes d'actions, déclarations diverses, textes des conférences de presse des partisans, biographie intégrale, etc. Aucune synthèse n'est proposée aux internautes qui doivent y retrouver les informations recherchées. Ce qui confirme une fois de plus que, pendant cette élection, les sites web ne sont qu'un prolongement de la communication écrite et audiovisuelle sans qu'une démarche appropriée ne soit développée. Malgré ces faiblesses notées, les sites ne manquent pas de rester fidèles à l'esprit des quatre fonctions décrites plus haut, « informer, impliquer, connecter, mobiliser ».

Les blogs dans la Net-stratégie des candidats.

À l'instar des sites web, la stratégie ne semble pas adaptée pour les blogs des différents candidats. Les différents états-majors se félicitent néanmoins d'utiliser le blog parmi les nombreuses possibilités qu'offre l'Internet. C'est le cas de Luc Vodounhè, directeur de la cellule de communication d'Adrien Houngbédi, qui déclare que « le blog a été l'un des outils de communication les plus forts de notre campagne »[279]. Les blogs des candidats sont tout simplement un prolongement de leur(s) site(s) internet. On y retrouve quasi intégralement tous les éléments déjà publiés sur les sites web : photos, *podcasts*, articles, agendas de campagne, biographies. Aucune différenciation n'est donc observée entre la conception et l'usage d'un site web et d'un blog.

Les mises à jour sont faites de façon très sporadique, quand elles le sont. Par exemple, créé depuis le 19 janvier 2011, avant l'ouverture officielle de la campagne, le blog du candidat Houngbédji n'est jamais mis à jour. Pourtant toujours accessible, ce blog publie des statistiques web montrant que 1 648 personnes s'y sont connectées depuis sa création, des chiffres qui datent du mois de juin 2011, trois mois après l'élection présidentielle. Les blogs sont écrits à la troisième personne du singulier et très rarement à la première personne, parce que n'étant pas rédigés par les candidats eux-mêmes. La dimension d'expression individuelle n'a pas été la principale caractéristique des blogs.

Les réseaux sociaux dans la Net-campagne.

Facebook et Ttwitter apparaissent comme les réseaux les plus utilisés par les candidats durant la campagne. Sur *Facebook*, les trois candidats ont une quarantaine de profils. Cependant, tous ces profils ne sont pas créés et gérés par leur état-major de campagne. Le candidat sortant, Yayi Boni, et le candidat unique de l'opposition, Adrien Houngbédji ont chacun deux profils sur le réseau social, respectivement intitulés « Yayi Boni » et « Adrien Houngbédji ». De son côté, Abdoulaye Bio Tchané, n'en a qu'un seul du même nom. Au total, seuls cinq profils sont créés et gérés directement pour les trois candidats. Cet afflux de profils non « authentiques » pose réellement la question de la création et de la gestion des profils et donc de la maîtrise de la communication en ligne. Ces nombreux profils sont créés par des sympathisants ou des militants ou simplement des supporters de ces candidats.

279. Entretien personnel.

Généralement sans relation concrète avec les candidats, ils visent à se faire remarquer sans doute par le candidat dans l'espoir de se faire « congratuler » ou « remercier » en retour. Parfois, ces profils sont l'œuvre de gens qui n'attendent rien en retour, ils le font juste par conviction politique.

Les candidats se servent de leurs profils pour faire circuler des informations de promotion électorale, des arguments et contre-arguments dans le but de se démarquer de leurs challengers. Contrairement aux sites web, nous ne remarquons aucune censure des commentaires. Les commentaires contradictoires sont assez souvent postés sur les différents profils et le débat est généralement houleux entre partisans et non partisans. Les internautes formulent plusieurs types de critiques qui sont soit des remises en cause du bilan du candidat sortant, soit des attaques personnelles ou encore des doutes sur la crédibilité de tel ou tel autre candidat. Les discours sont de trois ordres : l'autopromotion électorale, la critique du challenger et enfin, la défense argumentée qui vient aussi des internautes partisans.

En ce qui concerne les profils créés par des militants, partisans ou sympathisants, il convient d'opérer une distinction entre les profils de soutien et les profils d'attaques (parfois virulentes). Les premiers sont créés par des partisans qui souhaitent contribuer à la campagne en ligne de leur candidat. Ils y mettent souvent des éléments téléchargés pour la plupart sur les sites des candidats, comme c'est le cas de la fonction « mobilisation » d'un site web en campagne. De ces différents profils de soutien aux candidats, nous pouvons citer pêle-mêle : « Mouvement des jeunes pour la victoire de Me Adrien Houngbédji 2011 », « Il n'y a de richesses que d'hommes » (qui est d'ailleurs le titre d'un ouvrage sorti il y a quelques années par l'homme politique et ancien avocat), « Votez Yayi Boni », « Les amis convaincus de la réélection de Boni Yayi en 2011 au Bénin », « Un bisou pour Abdoulaye Bio Tchané », « Les jeunes amis d'Abdoulaye Bio Tchané ». Sur tous ces profils, les activités sont les mêmes : il s'agit de faire la promotion de son candidat tout en essayant de déprécier l'image du candidat d'en face. Les partisans de Houngbédji et de Bio Tchané, comme dans une entente spontanée, font de Yayi Boni leur adversaire commun.

En revanche, la deuxième catégorie de profils créés par les partisans est celle des attaques virulentes qui soulèvent la question de la maîtrise de l'outil internet par les candidats. En effet, l'anonymat que confère la création de ces profils au Bénin permet d'introduire des types nouveaux d'arguments dans le débat démocratique sans que l'on ne puisse identifier de qui ils émanent. Ces arguments sont très virulents et bénéficient d'une impunité totale. Ils traduisent l'incapacité des candidats à maîtriser tout ce qui est dit sur le Web par leurs partisans.

Le Web semble se muer en un refuge, un outil de diffusion qui échappe aux dispositifs de régulation de la HAAC, et donc à toute sanction prévue à cet effet. Dans les médias traditionnels béninois, de pareils propos seraient strictement proscrits. L'Internet échappe à tout contrôle et devient un outil permettant de contourner les règles légales et déontologiques. Il est cependant impossible d'imputer aux candidats de pareils propos, même si ce sont leurs partisans qui en sont responsables. Ainsi, le profil « Quelqu'un d'autre, pas Adrien Houngbédji »[280], avec ses quelque 228 membres, est créé par « Non-Violence, Oui-Paix » qui serait un organisme de défense de la paix. Il accuse le candidat Houngbédji d'être un « assoiffé de pouvoir » ou un « apatride ». En remontant les pratiques de cet administrateur sur *Facebook*, nous constatons que plutôt que d'être au service de la promotion de la non-violence, il semble travailler pour le compte du président sortant au profil de qui il est affilié sur *Facebook*. Toutefois, il serait hâtif de conclure qu'il n'en est qu'un affidé. Un autre profil a retenu l'attention : « M. Houngbédji, Dégage ! Nous ne sommes pas en Côte d'Ivoire ». Ce profil accuse, de façon à peine voilée, Houngbédji de vouloir entraîner le Bénin dans une guerre civile. Des propos diffamants, mais qu'il est difficile de poursuivre, car les auteurs agissent dans l'anonymat. Cet anonymat entraîne l'apparition d'un nouveau type de discours militant, violent qui ne peut se diffuser dans les médias classiques béninois.

Dans ce climat de compétition électorale, l'Internet a-t-il été utilisé au service des coups bas ? Pour Enoch Gourou-Béra,

280. En réponse au titre du journal de Monsieur Andoche Amegnisse, dénommé « Tout Sauf Yayi Boni en 2011 ».

« *il y a eu beaucoup d'intox. Il fallait donc au niveau des différents forums, rétablir la vérité, en rétablissant l'équilibre…* »[281].

Tous les camps peuvent être cités dans cette propension à la calomnie sur l'Internet, et beaucoup de propos excessifs y sont prononcés. Tous ces usages signifient qu'en plus d'être un simple théâtre de promotion électorale, l'Internet est aussi un espace où se développent, s'échangent et se confrontent des discours, des points de vue contradictoires[282]. Mais la véhémence de certains propos s'écarte du débat électoral habituel.

L'autre réseau social utilisé par les trois challengers est *Twitter* sur lequel chacun d'eux a un compte. L'utilisation qui en est faite semble similaire à celle de *Facebook*, essentiellement pour la mobilisation ou la critique. Sur le compte du président sortant, est *tweeté* le 5 mars 2011 la question suivante : « Un étudiant, un ordinateur avec une connexion internet… mais financé par quoi ? ». Ce *tweet* s'attaque à l'une des promesses de campagne d'Adrien Houngbédji : « Un étudiant, un ordinateur, une connexion internet ». Du côté d'Adrien Houngbédji, le compte affiche au lendemain de la proclamation des résultats, le 2 avril 2011, le *tweet* suivant : « Je rejette les résultats de la cour constitutionnelle et je dis non à l'imposture ». Contrairement aux deux précédents, ABT n'a pas attendu les trois mois précédant l'élection présidentielle pour créer son compte. Il s'en sert depuis des mois pour s'adresser à ses *followers*. À l'orée de 2011 par exemple, il a *tweeté* un message par lequel il présentait ses meilleurs vœux aux Béninois et Béninoises.

YouTube et *Dailymotion*, deux plates-formes utilisées pour les vidéos.

YouTube et Dailymotion[283] sont les derniers outils mis à contribution dans le cadre la Net-campagne en 2011 au Bénin. Des trois candidats, seul Abdoulaye Bio organise véritablement sa campagne sur cet outil, en y créant un compte personnalisé. Il a

281. Entretien personnel.

282. Dominique Wolton, « La communication politique : la construction d'un modèle », *Essentiels d'Hermès*, 2008, pp. 29-52.

283. *Dailymotion* est un site où sont postées des vidéos comme *YouTube*. Il est plus connu dans le monde francophone.

ouvert une « Web-télévision » qui, durant les élections, est vue 6 027 fois. Différentes vidéos sont également mises en ligne par la cellule de communication électronique des candidats, portant sur leur personne, les conférences de presse, les extraits de journaux télévisés, les marches de soutien, les images de meeting ainsi que les spots publicitaires déjà diffusés à la télévision. Chez Yayi Boni, ce sont des images retraçant ses réalisations durant son premier mandat qui sont surtout disponibles sur *YouTube*. Ces reportages sont préalablement diffusés à la télévision. Il ne s'agit donc pas d'éléments nouveaux conçus spécialement pour ce type d'outil. La mise en ligne de ces documents est l'œuvre aussi bien des équipes de campagne que de simples sympathisants, partisans ou militants.

Au-delà des propos fielleux sur le Net, les candidats Yayi Boni et Adrien Houngbédji se sont également affrontés dans une « guerre » de piratage de sites. Dès 2010, c'est-à-dire un an avant l'élection présidentielle, les internautes qui se connectent sur le site du candidat Yayi Boni, sont redirigés vers le site du candidat Adrien Houngbédji. Pour les partisans du candidat sortant, ce sont là des « actes crapuleux »[284]. Dans les faits, un nom de domaine voisin (<www.boniyayi.net>) à celui du site officiel de Yayi Boni (<www.boniyayi.bj>) est acheté. Ce qui rend la manœuvre facile à effectuer, susceptible d'induire les internautes en erreur. Lors de nos enquêtes de terrain, personne au sein de la cellule de communication du candidat Houngbédji n'a confirmé être responsable de l'acquisition de ce nom de domaine. Rien, cependant, n'exclut un acte de victimisation de la part des « yayistes » eux-mêmes. En effet, il peut paraître possible que cet acte provienne de la part des partisans de Yayi afin de faire passer le camp d'en face pour un tricheur.

Un autre acte de piratage s'est également révélé pendant la période préélectorale : tout usager qui se connecte sur <www.benintelecoms.com>[285] se retrouve sur le site du Président sortant Yayi Boni. Or, le vrai site de la société *Bénin Télécoms SA* est <www.benintelecoms.bj>. À l'UN, on accuse le camp d'en face de vouloir causer un « préjudice très grave dont les

284. Cf. <http://www.lanouvelletribune.info/index.php?option=com_content& view= article&id=7115:quand-wwwyayiboninet-redirige-vers-le-site-du-candidat-houngbedji&catid=27&Itemid=43>, dans le forum qui a suivi l'article.
285. *Bénin Télécoms SA* est la société béninoise des télécommunications.

conséquences sont de faire perdre à *Bénin Télécoms SA*, sa clientèle ». Mais ici aussi, aucune preuve n'a été recueillie. Deux hypothèses se dégagent : soit l'acte provient du camp Yayi ou bien il est le fait du camp de Houngbédji dont le but serait de montrer que le président sortant utilise les moyens de l'État pour battre campagne. Ce qui viserait à livrer Yayi Boni à l'ire collective des internautes et de la population.

La campagne présidentielle de 2011 constitue-t-elle le point de départ pour la *Web campaign* au Bénin ? Assurément, car il fait l'objet, pour la première fois, d'une stratégie réfléchie malgré les insuffisances et faiblesses notées. Cette stratégie est construite avec les moyens techniques et financiers disponibles. Même si le contexte politique et sociologique du Net au Bénin est différent de celui des États-Unis, pionniers de la campagne en ligne, tous les sites électoraux observés et analysés durant l'élection présidentielle de mars 2011 au Bénin, possèdent quasiment les mêmes caractéristiques que ceux des candidats dans les pays développés. L'Internet a fait l'objet d'usages identiques à ceux élaborés dans le contexte occidental, par exemple. Les quatre fonctions d'un site web électoral sont remplies d'une certaine manière. En même temps qu'ils cherchent à informer, ils essaient de contribuer à mobiliser les électeurs, à les associer à la campagne et à les mettre en réseau. Ils sont même allés au-delà. Sur le site d'Abdoulaye Bio Tchané, une rubrique visant à lever les fonds demande aux internautes de contribuer financièrement à la campagne. Il s'agit d'une demande contraire aux réalités, car le Béninois s'attend plus à recevoir « quelque chose » des hommes politiques plutôt qu'à leur donner. Ce qui revient à dire que la connaissance de la culture politique locale s'avère importante dans un tel contexte.

En ce qui concerne le public, la question est de savoir à qui s'adresse toute cette stratégie des candidats vu le faible taux de pénétration de l'Internet au Bénin. La réponse est sans équivoque, il s'agit des élites locales appelées les *Akowé*, considérés comme ceux ayant réussi dans la société, ainsi que les Béninois de la diaspora. En effet, tout Béninois vivant à l'extérieur a généralement, au pays, de la famille ou un cercle d'amis auxquels, de façon sporadique ou régulière, il envoie de l'argent ou divers cadeaux. À ces « bienfaiteurs », nombreux sont ceux qui, au pays, ne manquent de demander des consignes de vote, car ces amis préfèrent voter pour celui qui fera le bonheur de leur bienfaiteur. Si les 2 millions de Béninois de la diaspora donnaient des consignes de vote, leur positionnement deviendrait un enjeu capital. Quant à la mise à jour des sites, elle s'est faite en fonction de l'évolution de la campagne électorale, avec plus d'attention pour les sites que pour les blogs. Par ailleurs, bien que présente relativement, l'interactivité a été fortement orientée sur ces sites.

L'autre faiblesse des sites renvoie aux débuts du Net et à la présence en ligne d'une masse d'information excessive, alors que la densité d'informations sur un site web n'en assure pas *de facto* la clarté et la transparence. Les graphiques « flashy » ne rendent pas un site web plus effectif et efficace. Les sites des trois candidats, notamment ceux d'Adrien Houngbédji et d'Abdoulaye Bio Tchané, ont offert une densité d'informations écrites nécessitant un travail supplémentaire de lecture et un effort de synthèse aux internautes. Les trois ont également adopté un graphisme assez « tape-à-l'œil » comme si la couleur vive et frappante pouvait constituer l'une de leurs principales attractions. Les sites web apparaissent plus comme des « brochures électroniques » que comme vecteurs d'un marketing viral. Même si l'élection présidentielle de mars 2011 a consacré l'entrée en scène de l'Internet comme « nouveau média politique »[286], on ne doit pas en surévaluer l'impact, car plusieurs facteurs en restreignent encore la portée.

Toutefois, les balbutiements soulignés au Bénin sont identiques à ceux constatés au début de la mission électorale de l'Internet aux États-Unis, en France et dans les pays où la Net-campagne joue de nos jours d'importants rôles.

Bellarminus Gildas Kakpovi

---

286. Marc Abélès, « L'élection à l'ère d'Internet. Personnalisation, Ego-isation et désacralisation des rituels politiques », in Fabienne Greffet (dir.), *Continuerlalutte.com. Les partis politiques sur le Web*, Paris, Presses de Sciences Po., 2011, pp. 59-71.

Chapitre 12

Démocratie et force dans les relations internationales

L'Union européenne, une puissance normative cosmopolitique dans un monde toujours westphalien

L'Union européenne, avant-garde de la politique normative internationale

La crise actuelle du système financier de l'Union européenne constitue le contexte du débat sur le sens de l'intégration monétaire supranationale dans les conditions d'une crise financière globale. Il est également devenu le catalyseur du débat sur le sens de l'intégration européenne en tant que projet politique. La question sur la *finalité politique* de l'Union européenne devient, comme jamais dans l'histoire de l'intégration européenne, un problème largement débattu dans la sphère publique des États membres et des institutions européennes. Dans ce contexte se pose également la question de l'identité de l'Union européenne en tant qu'acteur sur la scène internationale contemporaine.

Le débat académique sur l'identité de l'Europe qui est en train de s'intégrer sur la scène internationale politique remonte aux débuts des années 1970. À cette époque François Duchêne a introduit dans le débat académique la notion d'Europe en tant que puissance civile dont l'action sur le milieu international consiste à promouvoir son propre modèle de la paix et de la stabilité du système international basé sur l'intégration économique et politique supranationale en opposition au modèle d'équilibre des forces militaires en tant que fondement de l'ordre international[287].

---

287. François Duchêne, « The European Community and the Uncertainties of Interdependence », in Max Kohnstamm & Wolfgang Hage Kohnstamm (dir.), *A Nation Writ Large? Foreign-Policy Problems Before the European Community*, Londres, Macmillan, 1973.

L'Europe en tant que puissance civile d'après Duchêne devait constituer une formule d'intégration politique en Europe de l'ère de la *détente* alternative et donc avant-gardiste par rapport à la politique de la construction de la position internationale sur la base du potentiel nucléaire. Les communautés européennes et leurs États membres, selon Duchêne, ne peuvent pas et ne veulent pas évoluer en direction d'une structure politique étatique et par là même construire leur position internationale pareillement aux grandes puissances internationales. La position de puissance dans l'économie mondiale et le rôle diplomatique croissant des Communautés européennes les destinaient à jouer le rôle d'une puissance normative dans le milieu international, de promouvoir les valeurs démocratiques, les droits de l'homme, la solution diplomatique des problèmes.

Selon Stelios Stavridis, la période initiale de l'intégration politique européenne peut être définie dans des catégories du rôle de la puissance civile, joué par l'Europe en train de s'intégrer, faute d'autres alternatives[288].

Actuellement la conception de l'Europe en tant que puissance civile est reprise par Ian Manners, Ulrich Beck et Edgar Grande qui parlent de la notion de l'Europe en tant que puissance normative et empire cosmopolitique. L'essentiel de la conception de Manners réside dans la constatation que l'Union européenne est un sujet des relations internationales structurellement différent par rapport aux acteurs étatiques et que, pour cette raison, elle est animée par une autre logique et rationalité du comportement[289].

À la place du principe westphalien de la primauté de l'intérêt national en tant que donnée principale de départ de la politique internationale des acteurs étatiques, l'Union européenne se concentre sur la promotion des valeurs universelles « *de la consolidation de la démocratie, du respect des lois, des droits de l'homme et des libertés essentielles en devenant par excellence un acteur normatif ce qui témoigne de son statut exceptionnel dans la politique internationale*[290] ».

---

288. Stelios Stavridis, « Militarizing the EU: the Concept of Civilian Power Europe Revisited », *The International Spectator*, vol. 36, n° 4, octobre-décembre 2001.
289. Ian Manners, « Normative Power Europe: A Contradiction in Terms? », *Journal of Common Market Studies*, 2002, vol. 40, n° 2.
290. *Ibid.*, p. 242.

La dimension essentielle du caractère normatif de la puissance de l'Union européenne est la poursuite de la « normalisation » des standards de coexistence de la communauté internationale. Cette normalisation s'atteint à travers les moyens civils d'action ou plutôt civilisateurs, tels que la promotion et le soutien aux processus de démocratisation, la défense des droits fondamentaux et des libertés individuelles, les instruments de la coopération économique et politique multidirectionnelle (politique de voisinage) ou la promotion des standards globaux de la protection du milieu naturel et du principe du développement durable.

Cette dimension normative de l'action de l'Union européenne sur la politique internationale trouve sa confirmation dans la conception d'Ulrich Beck et d'Edgar Grande de l'Union européenne en tant qu'empire cosmopolitique[291]. L'Union européenne est ici présentée en tant qu'une *politeia* post-moderne, un empire de la promotion de l'acception européenne des normes universelles. Dans le monde des interconnexions mutuelles post-westphaliennes dans le domaine de l'économie, de la politique et de la culture se fait sentir le besoin d'encourager la compréhension de l'essence des défis globaux pour le système international et des standards universels « normatifs » des solutions de ces problèmes. L'Union européenne est une forme de *politeia* qui propose de telles solutions et les promeut à l'échelle globale.

De la même manière que dans les conceptions de Duchêne et Manners, l'Union européenne n'est pas et ne peut pas être appréhendée en tant qu'une *politeia* basée sur une logique, une éthique et une rationalité du comportement dans les relations internationales centrées sur l'État. En d'autres termes, l'empire cosmopolitique – l'Union européenne – est une forme de *politeia* basée sur les principes d'une expansion intérieure et extérieure de l'espace des valeurs normalisant les relations de coopération et de la dépendance mutuelle des sujets qui la forment.

La règle qui fonde l'empire cosmopolitique est la reconnaissance de la diversité des formes d'organisation du pouvoir et de la société. Une telle construction de la *politeia*, selon

---

291. Ulrich Beck & Edgar Grande, *Europa kosmopolityczna. Społeczeństwo i polityka w drugiej nowoczesności (Cosmopolitan Europe. Society and power in the second modernity)*, Varsovie, Scholar, 2009

Beck et Grande, fait de l'Union européenne un modèle post-moderne, avant-gardiste de la politique internationale, particulièrement prédestiné à jouer un rôle important dans le monde post-westphalien où la force nue est une manifestation de l'impuissance face aux défis globaux, notamment dans la sphère de la sécurité. Beck et Grande argumentent que dans le monde post-westphalien « *avancer seul est improductif et ineffectif. Pour garder et multiplier son pouvoir, les États doivent (a) coopérer, (b) négocier les règles internationales et (c) fonder des institutions internationales adéquates. Autrement dit : puisque les États veulent survivre, ils doivent coopérer. La coopération durable modifie cependant l'autodéfinition des États dans son essence. Leur égoïsme de survivre et d'élargir le pouvoir les force à s'unir et à s'auto-transformer. Ce n'est plus la rivalité, mais la coopération qui maximise les intérêts nationaux. Il existe donc une voie d'autodestruction (l'autisme national) et une voie de maximisation du pouvoir qui tend vers la défense des intérêts nationaux (cosmopolitisme)*[292]. »

C'est donc une forme nouvelle de coopération entre les États qui se crée – un empire cosmopolitique où le pouvoir a le caractère des interdépendances tant verticales qu'horizontales. Le liant axiologique d'une telle forme de la *politeia* est la reconnaissance de la diversité en tant que fondement de l'identité collective à tous les niveaux de l'organisation de la vie en société dans l'empire.

Démocratie et force dans le monde post-westphalien dans la perspective de l'Europe normative

Comme l'argumente Roman Kuźniar, « *il n'existe pas de sécurité sans ordre international* », car « *la situation globale de la sécurité n'est pas quelque chose d'abstrait ou encore moins de réel qui pourrait exister ou être considéré en dehors de son contexte naturel (milieu) qu'est la réalité internationale au stade actuel de son évolution. Cette réalité est aujourd'hui, au seuil du XXIe siècle, l'ordre international de l'ère de la globalisation*[293] » dont le fondement réside dans l'idée de la *global governance,* un

292. *Ibid.*
293. Roman Kuźniar (dir.), *Porządek międzynarodowy u progu XXI wieku (International order in the beginning of the 21st Century)*, Varsovie, Université de Varsovie, 2005, p. 216.

réseau multidimensionnel de gestion de l'économie globale, du pouvoir politique et du pouvoir symbolique avec le rôle clé des moyens globaux de communication de masse.

L'essentiel de ce système politique global réside dans l'asymétrie du code d'accès aux biens et dans sa résultante, asymétrie des positions et des rôles joués par les acteurs de ce système. Le monde de la *global governance* est un monde du centre et de la périphérie, un monde de ceux qui sont riches et en relative sécurité et de ceux qui sont pauvres et menacés. C'est un monde structurellement instable. C'est enfin un monde sans les fondements solides de l'ordre normatif et du sentiment des liens sociaux. Dans ce sens c'est un monde socialement injuste, incitant à la contestation, conduisant à « une guerre civile mondiale »[294]. Dans un tel monde, les relations de la démocratie et de la force constituent un des fils principaux du débat académique dans le domaine des études des relations internationales.

Bolesław Balcerowicz identifie trois perspectives analytiques dans la science moderne des relations internationales, reprenant la problématique de la relation entre la démocratie et la force en tant que facteur clé de la dynamique du milieu international[295]. La première d'entre elles est selon lui la perspective du « monde divisé en trois »[296].

Les trois formes d'arrangement du monde vécu, trois cercles de civilisation, le cercle des acteurs *ante*-industriels, nouveaux-industriels et, enfin, postindustriels, forment un milieu international multidimensionnel, complexe et interdépendant. Les guerres du Kosovo (1999), du Koweït (1991), d'Afghanistan (2001) et d'Irak (2003) sont des exemples des guerres internationales d'un type nouveau, c'est-à-dire des guerres se caractérisant par les traits typiques des conflits appartenant à des époques de civilisation antérieures dans une configuration spécifique, postindustrielle des particularités[297].

Une deuxième perspective analytique importante des recherches sur le milieu contemporain international, indiquée par Bolesław Balcerowicz, est la conception des « trois mondes » de la

294. *Ibid.* p. 219.
295. Bolesław Balcerowicz, « Teorie, koncepcje wojny (i pokoju) po zimnej wojnie », in Roman Kuźniar (dir.), *op. cit.*, p. 472.
296. *Ibid.*
297. *Ibid.*

modernité[298]. L'effort de la recherche se concentre ici sur l'identification des critères de l'avancement de la modernisation en tant que processus principal définissant le caractère de l'ordre social. Dans ce sens nous parlons du milieu international qui est un amalgame d'un monde avant-moderne (« États déchus »), d'un monde moderne (monde de *Machtpolitk*) et d'un monde post-moderne (monde normatif).

La troisième perspective de recherche, mentionnée par Bolesław Balcerowicz, définissant les cadres du débat contemporain consacré aux conditions du changement dans le milieu international, est la conception du « choc des civilisations »[299]. L'idée principale de cette perspective analytique est la constatation que les tensions et les conflits dans les relations internationales contemporaines font suite à un conflit entre les civilisations sur fond de différences culturelles impossibles à supprimer dans l'approche des normes clés et des institutions de l'ordre social. Le conflit des cultures devient dans cette perspective la base de l'asymétrisation des formes de manifestation de l'identité collective et détermine le caractère des menaces qui planent sur la sécurité.

Ces trois perspectives analytiques peuvent être ensemble définies comme paradigme constructiviste des relations internationales. C'est la réflexion sur le système international dans des catégories des mondes vécus construits objectivement et subjectivement *condamnés* à un conflit. Comme l'argumente Marek Madej : « *la sécurité [dans le système international] est de plus en plus traitée non en tant qu'état objectif ou processus, mais en tant que "construction sociale" relativisée, comportant les phénomènes qui seront reconnus par le sujet donné comme étant ses éléments*[300]. »

Cette construction naît suite à la définition de la situation dans laquelle se trouve l'acteur donné dans la catégorie de la « menace » pour l'intégralité et l'identité du système social dans lequel cet acteur vit. Il convient de souligner ici que l'acte de définir la situation concrète dans des catégories de menace par l'acteur social donné est une évaluation subjective du caractère de

298. *Ibid.*, p. 474.
299. *Ibid.*
300. Marek Madej, « Terroryzm i inne zagrożenia asymetryczne w świetle współczesnego pojmowania bezpieczeństwa narodowego i międzynarodowego - próba teoretycznej konceptualizacji », in Roman Kuźniar (dir.), *op. cit.*, p. 490.

la menace et pour cette raison, selon cet auteur, elle « l'autorise » à employer des moyens « adéquats » et aussi « exceptionnels ».

La subjectivisation et la relativisation de l'évaluation du caractère de la menace légitiment l'usage des moyens exceptionnels dans des situations qui en d'autres circonstances auraient été considérées par ce même acteur comme ne nécessitant pas l'emploi de moyens exceptionnels.

Une telle attitude des acteurs dans un milieu de sécurité conduit à créer un état de menace dans l'imagination de la société, ce qui a pour objectif de justifier l'emploi permanent de moyens exceptionnels face à une menace exceptionnelle. Ceci constitue également, comme certains pourront le dire, avant tout, un instrument commode de la mobilisation du soutien aux élites du pouvoir. Un exemple d'une telle approche pour définir la situation de menace a été la doctrine de « la guerre contre le terrorisme » de George W. Bush.

Dans la réflexion théorique, le processus de la subjectivisation et de la relativisation de l'état de menace par les acteurs responsables de la sécurité collective se définit sous le nom de *sécuritisation*.

Dans les recherches les plus récentes sur la sécurité dans le monde après le 11 septembre 2001, la conception de la sécuritisation est souvent citée pour expliquer la rétroaction entre le caractère extraordinaire de la politique sécuritaire des États face aux menaces dites asymétriques et l'escalade des formes de la guerre asymétrique de la part des réseaux des organisations terroristes.

Il faut cependant souligner que le paradigme de la sécurité ainsi compris constitue une approche alternative par rapport à l'approche toujours dominante, basée sur la primauté de la force en tant que critère principal des comportements des acteurs de la sécurité.

La possibilité d'employer la force continue de constituer le principal sujet des recherches sur la géopolitique contemporaine et, plus largement, sur les relations internationales. C'est également le sujet clé des études contemporaines stratégiques consacrées aux causes, symptômes et suites des conflits armés. Dans l'opinion des chercheurs s'identifiant avec la vision *réaliste* du milieu sécuritaire, c'est l'unique perspective analytique qui se laisse traduire en exigences de la stratégie opérationnelle militaire.

Dans ce contexte du problème clé de l'analyse une question se pose : est-ce que l'idée de l'Europe en tant que force normative n'est pas seulement l'expression des vœux pieux dans un monde où, comme l'argumentent Ulrich Beck et Edgar Grande, « *il ne s'agit pas des normes internationales et de la coopération transnationale, mais surtout de la force militaire où, en dernière instance, ce sont des États nationaux et leurs potentiels militaires qui décident ? Est-ce que la clé pour réaliser l'idée de l'Europe normative ne doit pas être, paradoxalement, la création et le développement, de ses propres forces militaires ? Est-ce qu'on a besoin d'une force militaire européenne pour aider son pouvoir civil à atteindre une importance mondiale*[301] *?* »

La réponse à la question ainsi formulée demande de déconstruire la signification de la notion du pouvoir dans le système international. Aux premiers temps de la modernité, le pouvoir dans le milieu de l'anarchie westphalienne signifiait la possibilité d'influencer les comportements des autres acteurs de la scène internationale, principalement par la violence sous forme d'une force militaire et d'une exploitation économique. Une telle acception de la catégorie du pouvoir dans le milieu international de la modernité tardive n'est plus adéquate. Le syndrome de l'équilibre de la peur des temps de la Guerre froide, se manifestant par une course aux armements absurde entre les États-Unis et l'Union Soviétique, a cédé la place à une psychose de la peur dans une société globale du risque.

Dans *Le Monde*, après le 11 septembre 2001, « *le plus fort n'est plus protégé contre les attaques du plus faible [...] et même une puissance militaire la mieux armée, la plus parfaite, produite par l'histoire, est presque impuissante face aux attaques terroristes auxquelles ne s'applique ni le principe de la dissuasion ni celui que l'ennemi qui vient de l'extérieur (il se trouve plutôt à la fois à l'intérieur et à l'extérieur de la société attaquée)*[302] ».

Le 11 septembre 2001 a relancé la manière manichéenne de la compréhension du monde. La peur, la frustration et l'incertitude qui ont saisi les sociétés tant de l'Occident que de l'Orient ont renforcé les tendances à une vision bidimensionnelle du monde, en devenant la référence principale du discours théorique et de l'action pratique dans le milieu de la sécurité internationale post-

---

301. Ulrich Beck & Edgar Grande Edgar, *op. cit.*, p. 391.
302. *Ibid.*, p. 393

westphalienne. La rhétorique de la guerre manichéenne entre la lumière et l'ombre de l'ère post-westphalienne fait appel à la notion imaginaire du « choc des civilisations ». Cette vision bidimensionnelle du monde après le 11 septembre 2001, quoique réduisant quelque peu sa complexité, trouve son reflet dans la pensée et dans l'action dans des relations internationales. Un exemple de cette pensée est constitué par la conceptualisation des relations transatlantiques dans des catégories de la guerre des mondes de Vénus et de Mars selon Robert Kagan.

« *Il est temps de cesser de se leurrer que les Européens et les Américains partagent la même vision du monde et même qu'ils vivent dans le même monde* », argumente Kagan[303]. « *Considérant la question fondamentale qu'est le rapport à la force – la conviction de son efficacité, moralité et nécessité, leurs positions divergent. L'Europe tourne le dos à la force ou, pour le dire d'une manière différente, sort de la logique de la force et entre dans un monde différent des règles et des lois, des négociations internationales et de la coopération. Elle entre dans le paradis de la "fin de l'histoire" qui est la réalisation de la "paix perpétuelle" de Kant – le monde où règnent le calme et le bien-être relatifs. Pendant ce temps-là les États-Unis demeurent dans l'histoire, dans un monde anarchique hobbesien où on ne peut pas compter sur les lois et les règles internationales et où la sécurité véritable, la défense et la propagation de l'ordre libéral exigent la possession et l'utilisation de la force armée. Pour cette raison, aujourd'hui dans des questions stratégiques les plus importantes et internationales les Américains viennent de Mars et les Européens de Vénus*[304]. »

Les relations internationales contemporaines – en suivant la logique du conflit du monde westphalien et post-westphalien – sont fatalement condamnées aux tensions internes quant au caractère de la relation entre la démocratie et la force. Comme le dit Kagan : « *Les difficultés transatlantiques d'aujourd'hui ne sont pas liées à la volonté ni aux capacités de l'Amérique, mais aux tensions morales caractérisant la situation internationale actuelle. Comme cela arrive souvent dans les affaires des hommes, le vrai problème réside dans ce qui est intangible – dans les craintes, les passions, les convictions. Le problème réside dans le fait que les États-Unis doivent parfois agir conformément aux règles du monde*

---

303. Robert Kagan, *Potęga i raj. Ameryka i Europa w nowym porządku świata (Of Paradise and Power. America and Europe in the New World Order)*, Varsovie, Studio Emka, 2003, p. 9.
304. *Ibid.*

hobbesien bien qu'en faisant cela, ils violent les normes contemporaines de l'Europe. Ils doivent refuser d'observer certaines conventions internationales qui limitent leur capacité de lutter efficacement dans la jungle décrite par Robert Cooper. Ils doivent soutenir le contrôle des armements bien que pas toujours dans leur propre cas. Ils doivent appliquer les standards doubles. Et ils doivent parfois entreprendre une action unilatérale, non en raison du goût pour de telles actions, mais parce qu'en considérant la faible Europe qui est sortie de la logique de la force, les États-Unis n'ont d'autre choix qu'agir unilatéralement[305]. »

Bien que nous puissions observer une certaine évolution dans l'attitude de l'Amérique quant à l'usage unilatéral de la force dans les relations internationales du temps de la présidence de Barack Obama, principalement l'Europe et l'Amérique vivent dans des mondes différents et agissent conformément à leurs logiques divergentes. Comme le dit Robert Cooper, cité par Robert Kagan : « *L'Europe vit aujourd'hui dans un système postmoderne qui ne s'appuie pas sur l'équilibre des forces, mais sur le renoncement à l'usage de la force et sur les règles de comportement qu'elle s'était imposées elle-même. Dans un monde post-moderne, la raison d'État et l'immoralité de la théorie machiavélique du gouvernement de l'État… ont été remplacées par la conscience morale dans les affaires internationales*[306]. »

Grzegorz Pożarlik

305. *Ibid.*, p. 115.
306. Robert Cooper, *The Observer*, 7.4.2002, in Robert Kagan, *op. cit.*, p. 68.

Conclusion

La nouvelle esthétisation du politique

Dans une petite vidéo que nous avons réalisée dans notre laboratoire sur le mouvement organisé par des étudiants de gauche « *Prisiv* » (Appel), nous avons été étonnés par le fait que les militants passaient leur temps à inventer les scénographies de leurs actions, à peindre des affiches, répéter les slogans, ou télécharger des clips, alors que le travail d'organisation et d'élaboration des positions idéologiques était laissé à l'improvisation : les décisions étaient prises par un cercle fluctuant d'amis sans attache formelle, suivant le hasard des propositions venues d'en bas. « *On n'est pas là pour imposer nos convictions aux autres, ça ne serait pas démocratique* », disait un de ces non-chefs.

Il me semble que c'est bien un cas typique pour les nouveaux mouvements citoyens. Le manque de volonté centralisée commence à devenir une nouvelle culture hégémonique : pas de leader, pas de programme, même pas de visage (comme en est le cas avec les *Anonymous*). Par contre, les investissements dans la créativité et l'originalité ne cessent de s'accroître. Donc disparition de la *persona* éthique et surinvestissement de la *persona* esthétique. J'appellerai ce tournant la nouvelle esthétisation du politique.

La phrase renvoie évidemment à Walter Benjamin. En 1936, il voyait dans la montée du fascisme le remplacement des intérêts réels de travailleurs par le spectacle créé par la nouvelle technologie, surtout celle du cinéma. Plutôt que de lutter pour leurs droits, les citoyens étaient trompés par une sorte d'auto-contemplation passive à travers l'écran. L'esthétisation de la politique consiste donc en une production de masse contrôlée d'images, inspirée par la volonté unique du leader, d'une sorte de méta-auteur exprimant l'unité du peuple. Au pôle inverse, la gauche, telle que l'imagine Benjamin (mais certainement pas le régime stalinien réel), demande la politisation de l'art, c'est-à-dire qu'il effectue une sorte de « désesthétisation » du politique, se concentrant sur l'essentiel : les intérêts, les relations de production et de propriété. Ce seront les gens ordinaires qui vont être vus comme ayant droit à l'image, et pas les héros ; ce sera le travail au quotidien qu'on va glorifier, et pas l'exploit militaire.

La nouvelle esthétisation est due à la constellation médiatique qui s'est imposée dans les dernières décennies et qui commence à fragmenter les causes citoyennes, à dissoudre les idéologies, à multiplier les chefs. Dans la plus grande partie de la planète, nos sociétés sont passées d'un déficit structurel d'information à une surproduction. Le monopole sur le savoir a été délégitimé, les sources d'information se sont émancipées, fragmentées et désinstitutionnalisées, la technique a démocratisé l'accès à l'image, aux données et à l'édition.

Jadis, un acte éthique de résistance suffisait pour attirer l'attention : signer une pétition, brûler sa convocation pour l'armée, faire grève… La censure de la part des pouvoirs faisait partie intégrante de l'économie de la fascination : plus on vous punit, plus vous devenez important. Dans un monde de la surproduction et, par conséquent, de l'inflation des images, ce mécanisme ne marche plus : on peut tout télécharger, et la sanction ne relève que du domaine du droit ; elle a donc perdu sa légitimité politique et idéologique. Comment fait-on dans cette nouvelle situation pour se faire entendre ? On esthétise son message, on joue sur le registre du comique, du grotesque, de la parodie, on est original, on surprend.

Quels pourraient être les conséquences d'un tel passage de l'éthique vers l'esthétique ?

Prenons l'exemple du mouvement *Otpor* (Résistance, 1998-2003) d'opposition non violente contre le régime de Milosevic. La Serbie était formellement une démocratie et ledit président était élu avec le soutien d'une large majorité de la population, même sous pression constante, les médias nationaux étaient loin du contrôle tel qu'on l'a connu sous les régimes totalitaires, en étant branchés sur des réseaux internationaux (comme l'étaient branchés les comptes en banque des dirigeants). Que pourrait faire dans cette situation un petit groupe de jeunes militants occidentalisés pour secouer la majorité « zombifiée » par le nationalisme ? Ils ont commencé à théâtraliser l'action de contestation. L'image de Milosevic fut offerte à des coups de bâton contre un dinar pour la cause et son anniversaire fut célébré en place publique par la collecte de cadeaux tels que des menottes ou des billets à sens unique pour la Hague.

La ressemblance avec les mouvements contre la guerre du Vietnam aux États-Unis n'est que superficielle. À l'époque, le souci d'originalité n'était pas au premier plan ; des milliers de jeunes répétaient les mêmes gestes, brûlaient donc leurs convocations à l'armée, se faisaient traîner par la police hors des places publiques, passaient des soirées dans des débats idéologiques (d'ailleurs, y a-t-il plus fade et non-original que l'idéologie ? Par définition, la pensée idéologique répète les mêmes formules dans différentes circonstances !). Le sens premier des mouvements américains des années 1960-1970 était d'entraîner des masses de semblables dans le refus de la guerre, tant mieux si un journaliste honnête couvrait les protestations. L'action d'*Otpor*, elle, était ciblée, dès le départ, sur les médias, dans l'espoir qu'après ceux-ci allaient agir sur un public plutôt hétérogène, voire hostile. Cette médiatisation *a priori* me semble être à l'origine de l'esthétisation.

Le mouvement fut imité dans nombre de pays semi-démocratiques en Europe de l'Est, tels que la Géorgie, l'Ukraine, la Russie. Le genre impliquait créativité et esprit jeune, bonne humeur et pacifisme, *networking* amical et digital, etc. Les avantages en étaient immédiatement visibles : un tout petit groupe pouvait rapidement agir sur de vastes couches de la population, sans investissement financier important, les actions originales et plaisantes se propageaient toutes seules comme des virus à travers des médias affamés de *scoops*, dans la lutte à mort concurrentielle.

Les désavantages sont devenus apparents dans un deuxième temps. Comme tout produit esthétique, les protestations théâtralisées ont eu tendance à s'épuiser assez rapidement. On ne peut pas répéter des messages originaux ; or, pour atteindre des buts politiques, il faut de la constance. Dans un entretien, le fondateur du mouvement Albanais *Mjaft* (Assez), Erion Veliaj, me l'a décrit de la manière suivante : « *Lors de notre 30e action, nous avons tout à coup eu un sentiment étrange de fatigue, la mise en scène était parfaite, les slogans bien répétés, les plaisanteries avec les journalistes préparées... et soudainement on s'est senti lassé.* » Puis, *Mjaft*, comme *Otpor* avant eux, s'est fondu dans le paysage politique traditionnel.

Dans le nouvel univers médiatique, l'esthétisation commence à devenir la norme de la contestation. Ses formes vont d'une allégorie politique univoque (telle que *Billionaires for Bush*, où des militants habillés en riches soutiennent leur candidat) aux *flashmobs* qui sont souvent privés de message déchiffrable. En contrepartie, on peut observer la déperdition graduelle de leur aspect idéologique et programmatique. Elle s'exprime souvent dans l'affirmation « on n'est ni de droite, ni de gauche ». Reste à savoir si la disparition des identités politiques est la raison du tournant esthétique ou, au contraire, si c'est le jeu de l'esthétisation avec les médias dépolitise les mouvements citoyens, privilégiant l'émotion et la fascination aux loyautés collectives.

Par ailleurs, l'outillage esthétique semble de plus en plus nécessaire pour comprendre les mouvements citoyens. Quel rôle y joue la transgression des normes non seulement éthiques, mais aussi esthétiques, les jeux de langage, la provocation, l'absurdisme ? Aurait-on déjà vécu cela dans le domaine des avant-gardes au tournant du XXe siècle ? Ou prenons la « fonction de l'auteur » qui se dégage chez les *Otpor*, les *Occupy*, les *Indignados*. C'est comme s'il commençait à apparaître un certain *copyright* sur la technologie de la résistance médiatisée, une sorte de franchise transnationale à l'instar des éditions locales des revues ou des *reality shows* « glocalisés ». Récemment j'ai pris connaissance d'un groupe bulgare qui offrait la mise en scène de *flashmobs* sur commande : la technologie est bien connue, le prestige international incontestable, la couverture médiatique assurée – reste à voir quel message faire passer.

Un effet positif du tournant esthétique dans les mouvements citoyens réside dans la possibilité de subjectivation de petits groupes et d'individus en dépit des majorités passives, ainsi que la montée générale de la température citoyenne : les explosions de passion, d'empathie pour des souffrances lointaines. Quant aux effets négatifs, ce sont le morcellement des efforts, l'absence de vision claire pour l'avenir, la montée de l'impatience qui ne permettent plus à aucun but d'être mené à bien. Pour paraphraser McLuhan, *aesthetics is the message*, car il faudrait encore tenir compte de la tendance vers un déplacement de la libido sociale vers la technique : ce qui est intéressant, fascinant, passionnant est la nouvelle plate-forme, la possibilité de filmer ses actions, de travestir les messages de l'ennemi, de télécharger en *live* depuis la place publique et ainsi de suite. Cependant, on avait cru apprendre, au cours du XXe siècle, que la dimension esthétique implique une certaine distance, voire ambiguïté par rapport au monde réel…

Ivaylo Ditchev

Les Auteurs

Chirine Ben Abdallah est doctorante en cotutelle à l'Université Paris Descartes et l'Université de Tunis. Chercheur à l'Institut de recherche sur le Maghreb contemporain (CNRS) en sociologie de la culture, de la communication et des médias.

Dominique Cardon est sociologue au Laboratoire des usages (SENSE) d'Orange Labs et chercheur associé au Centre d'études des mouvements sociaux de l'EHESS. Il est l'auteur de *La démocratie internet. Promesses et limites*, Paris, Seuil/La République des idées, 2010 et, avec Fabien Granjon, de *Médiactivistes*, Paris, Presses de science po, 2010.

Ivaylo Ditchev est professeur d'anthropologie culturelle à l'Université de Sofia St-Clément-d'Ohrid et écrivain. Ses recherches portent sur les cultures politiques et les identités nationales et urbaines.

Fouzia Echergui est docteur en sociologie, membre du GEPECS (Groupe d'Études pour une Europe de la Culture et de la Solidarité) et directrice d'un atelier socioculturel au Maroc financé par l'association « Partage ton pain » qui intervient auprès des enfants défavorisés en Afrique.

Antoniy Galabov est professeur associé et directeur du département des sciences politiques de la Nouvelle Université Bulgare. Ses recherches portent sur la participation des citoyens et les évolutions politiques et sociales des pays balkaniques.

Petia Gueorguieva, docteure en sciences politiques de l'Université Libre de Bruxelles, membre associé du Centre d'étude de la vie politique CEVIPOL, enseigne au département de sciences politiques de la Nouvelle Université Bulgare. Ses recherches portent sur les partis et régimes politiques, la gestion de conflits et les acteurs sociopolitiques des PECO.

Daniela Irrera est professeur adjoint de sciences politiques et de relations internationales à l'Université de Catane. Elle est membre du comité exécutif du Groupe permanent ECPR sur la criminalité organisée. Ses recherches portent notamment sur la lutte contre le terrorisme mondial, la criminalité transnationale organisée, la société civile et des affaires humanitaires.

Ali Jafari est doctorant en sociologie à l'Université Paris-Sorbonne, Groupe d'étude des méthodes de l'analyse sociologique de la Sorbonne. Ses travaux portent notamment sur l'éducation, les médias, la jeunesse, la consommation, les minorités, la discrimination sociale et les mouvements sociaux.

Bellarminus Gildas Kakpovi est doctorant à l'Université Libre de Bruxelles et à l'Université Catholique de Louvain. Ses recherches portent sur la communication politique dans les démocraties émergentes africaines et l'élection présidentielle de mars 2011 au Bénin.

Masoud Imani Kalesar est journaliste pour la chaîne perse d'Euronews basée à Lyon, docteur en relations internationales de l'Université Jawaharlal Nehru de New Delhi. Ses champs d'étude sont principalement la géopolitique et la sécurité énergétique de la région de la Mer Caspienne, du Caucase et de l'Asie centrale.

Souleymane Kouyate est doctorant en Sciences de l'Information et de la Communication à l'Unité de Formation et de Recherche en Information, Communication et Arts (UFRICA), Université de Cocody d'Abidjan.

Oksana Lychkovska est docteure en sociologie, professeure associée au département de sociologie et sous-directrice scientifique de l'Institut de sciences sociales de l'Université nationale I. Metchnikov d'Odessa.

Samia Mihoub est chargée de cours et chercheure à l'Université de Sherbrooke, docteure en sciences de l'information et de la communication de l'Université Paris Diderot et spécialiste des usages et de l'évolution du Web tunisien et arabe, du cyberactivisme et de la participation citoyenne sur les réseaux et des médias citoyens.

Grzegorz Pożarlik est professeur associé à l'Institut d'études européennes de l'Université Jagellon à Cracovie. Ses recherches actuelles portent sur les problèmes de démocratie et de légitimité du système politique de l'UE, sur la transformation des identités collectives après l'élargissement à l'Est et sur le problème de la sécurité dans le système international néo-westphalien.

Gilles Rouet est professeur de sciences de l'éducation (Reims) et d'études européennes (Banská Bystrica), membre du GEPECS (Paris Descartes), Chaire Jean Monnet *ad personam* « Identités et Cultures en Europe », attaché de coopération à l'Ambassade de France en Bulgarie.

Fayçal Sahbi est enseignant-chercheur au département des sciences de l'information et de la communication à l'université d'Oran. Chercheur-associé à l'UCCLLA/CRASC.

Jamil Sayah est habilité à diriger des recherches en droit public, chercheur au CERDHAP, Université Pierre Mendès France, Grenoble. Il est également Président de « l'Observatoire Tunisien de la Sécurité Globale ».

Mohammad Javad Shafiei est doctorant en sociologie à l'EHESS, Centre d'Analyse et d'Intervention Sociologiques (CADIS). Ses travaux portent notamment sur la religion, la jeunesse, les minorités, la démocratie et les mouvements sociaux.

Table des matières

L'HARMATTAN, ITALIA
Via Degli Artisti 15; 10124 Torino

L'HARMATTAN HONGRIE
Könyvesbolt ; Kossuth L. u. 14-16
1053 Budapest

ESPACE L'HARMATTAN KINSHASA
Faculté des Sciences sociales,
politiques et administratives
BP243, KIN XI
Université de Kinshasa

L'HARMATTAN CONGO
67, av. E. P. Lumumba
Bât. – Congo Pharmacie (Bib. Nat.)
BP2874 Brazzaville
harmattan.congo@yahoo.fr

L'HARMATTAN GUINÉE
Almamya Rue KA 028, en face du restaurant Le Cèdre
OKB agency BP 3470 Conakry
(00224) 60 20 85 08
harmattanguinee@yahoo.fr

L'HARMATTAN CAMEROUN
BP 11486
Face à la SNI, immeuble Don Bosco
Yaoundé
(00237) 99 76 61 66
harmattancam@yahoo.fr

L'HARMATTAN CÔTE D'IVOIRE
Résidence Karl / cité des arts
Abidjan-Cocody 03 BP 1588 Abidjan 03
(00225) 05 77 87 31
etien_nda@yahoo.fr

L'HARMATTAN MAURITANIE
Espace El Kettab du livre francophone
N° 472 avenue du Palais des Congrès
BP 316 Nouakchott
(00222) 63 25 980

L'HARMATTAN SÉNÉGAL
« Villa Rose », rue de Diourbel X G, Point E
BP 45034 Dakar FANN
(00221) 33 825 98 58 / 77 242 25 08
senharmattan@gmail.com

L'HARMATTAN TOGO
1771, Bd du 13 janvier
BP 414 Lomé
Tél : 00 228 2201792
gerry@taama.net

524013 - Mars 2013
Achevé d'imprimer par
1livre.com